炎黄二帝　拍摄图
参见：第一章第一节走近中华传统文化

仓颉造字台遗址照片（采自百度百科）
参见：第一章第一节走近中华传统文化

商代甲骨文。（采自中国国家图书馆网站）
参见：第一章第一节走近中华传统文化

商四羊青铜方尊（采自中国国家博物馆网站）
参见：第一章第一节走近中华传统文化

战国虎足青铜器座（采自中国国家博物馆网站）
参见：第一章第一节走近中华传统文化

明代《孔子燕居像》（采自孔子博物馆网站）
参见：第二章第一节中华传统哲学文化

《青牛独驾 环中九九》抄本，昆腔。唱词旁附注曲谱（采自故宫博物院网站）
参见：第二章第三节中华传统审美文化

梅兰芳思凡（采自梅兰芳博物馆网站）
参见：第二章第三节中华传统审美文化

《富春山居图》轴，清（采自故宫博物院网站）
参见：第二章第三节中华传统审美文化

瑶台步月图页（采自故宫博物院）
参见：第二章第三节 中华传统审美文化

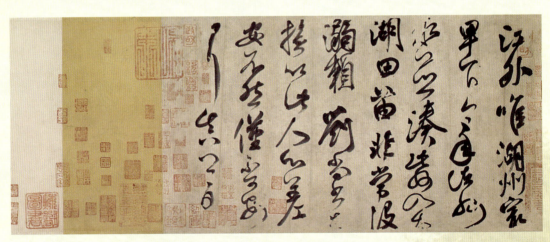

颜真卿行书湖州帖卷（采自故宫博物院网站）
参见：第二章第三节 中华传统审美文化

王羲之行书兰亭序卷(传唐褚遂良摹本)(采自故宫博物院网站)

参见：第二章第三节中华传统审美文化

王希孟千里江山图卷(采自故宫博物院网站)

参见：第二章第三节中华传统审美文化

顾闳中韩熙载夜宴图卷(采自故宫博物院网站)

参见：第二章第三节中华传统审文美化

《唐宫仕女图》(采自网易历史)

参见：第二章第三节中华传统审美文化

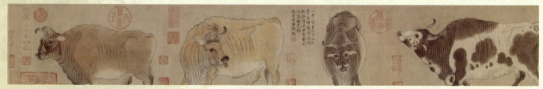

《五牛图》部分(采自故宫博物院网站)

参见：第二章第三节中华传统审美文化

水运仪象台图（采自中国国家博物馆）
参见：第三章第一节中华传统科学文化

日晷（采自中国国家博物馆）
参见：第三章第一节中华传统科学文化

提环式日晷，清（采自中国国家博物馆）
参见：第三章第一节中华传统科学文化

铜漏（采自中国国家博物馆）
参见：第三章第一节中华传统科学文化

明仿宋针灸铜人（采自故宫博物院）
参见：第三章第一节中华传统科学文化

《御纂医宗金鉴》清吴谦等编纂（采自故宫博物院网站）
参见：第三章第一节中华传统科学文化

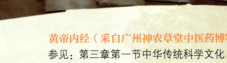
黄帝内经（采自广州神农草堂中医药博物馆馆藏）
参见：第三章第一节中华传统科学文化

汉代司南（采自中国地质博物馆）

参见：第三章第二节中华传统技术文化

宋代缕悬式罗盘（采自川教社历史课程网）

参见：第三章第二节中华传统技术文化

铜镀金七政仪表（采自故宫博物院网站）

参见：第三章第二节中华传统技术文化

西汉·马王堆一号墓T型帛画 湘绣（采自故宫博物院网站）

参见：第三章第二节中华传统技术文化

泥活字板（采自川教社历史课程网）

参见：第三章第二节中华传统技术文化

薛文华绣紫藤双鸡图轴（采自故宫博物院）

参见：第三章第二节中华传统技术文化

秦良玉传世绣袍蜀绣（采自重庆博物馆藏）

参见：第三章第二节中华传统技术文化

咸罐大凸花茶（采自故宫博物馆网站）
参见：第三章第三节中华传统生活文化

玛瑙茶盏，清雍正（采自故宫博物院网站）
参见：第三章第三节中华传统生活文化

粉彩开光人物茶壶（采自故宫博物院网站）
参见：第三章第三节中华传统生活文化

沉香木刻东坡游赤壁图酒斗，明（采自故宫博物院网站）
参见：第三章第三节中华传统生活文化

黄酒坛用于宫廷（采自故宫博物院网站）
参见：第三章第三节中华传统生活文化

陶俑女（采自中国国家博物馆网站）
参见：第三章第三节中华传统生活文化

三彩凤首壶，唐（采自故宫博物院网站）
参见：第三章第三节中华传统生活文化

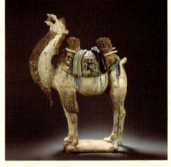
唐三彩骆驼（采自唐三彩艺术博物馆网站）
参见：第三章第三节中华传统生活文化

唐三彩马（采自北京国家博物馆）
参见：第三章第三节中华传统生活文化

北宋汝窑天青釉三足樽承盘（采自北京故宫博物院网站）
参见：第三章第三节中华传统生活文化

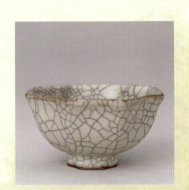
哥窑八方碗（采自故宫博物院）
参见：第三章第三节中华传统生活文化

清乾隆缎绣吉庆有余纹象牙璎珞衣（采自腾讯网）
参见：第三章第三节中华传统生活文化

云肩（采自新浪微博）
参见：第三章第三节中华传统生活文化

清光绪明黄色缎绣栀子花蝶夹衬衣（采自故宫博物院网站）
参见：第三章第三节中华传统生活文化

颐和园谐趣园（采自颐和园官网）
参见：第三章第三节中华传统生活文化

河北承德的避暑山庄（采自旅游网）
参见：第三章第三节中华传统生活文化

沧浪亭清风（采自搜狐网）
参见：第三章第三节中华传统生活文化

留园小景（采自搜狐网）
参见：第三章第三节中华传统生活文化

狮子林图（采自百度百科）
参见：第三章第三节中华传统生活文化

拙政园的雪景（采自搜狐网）
参见：第三章第三节中华传统生活文化

官学国子监（采自国子监网站）
参见：第四章第一节中华传统教育制度文化

岳麓书院（采自岳麓书院官方网站）
参见：第四章第一节中华传统教育制度文化

应天书院（采自应天书院网站）
参见：第四章第一节中华传统教育制度文化

白鹿洞书院（采自白鹿洞书院网站）
参见：第四章第一节中华传统教育制度文化

嵩阳书院（采自文化艺术网）
参见：第四章第一节中华传统教育制度文化

罗东舒祠（采自摄影网）
参见：第四章第二节中华传统宗法制度文化

安徽绩溪县的胡氏宗祠（采自搜狐新闻网）
参见：第四章第二节中华传统宗法制度文化

黄帝祭祀大典（采自百度百科）
参见：第五章第一节中华传统礼仪文化

吃灶糖岁暮方思媚灶王　王弘力　著（采自古代风俗百图）
参见：第五章第二节中华传统节日文化

百年送名帖　王弘力　著（采自古代风俗百图）
参见：第五章第二节中华传统节日文化

端午阶前采凤仙　王弘力　著（采自古代风俗百图）
参见：第五章第二节中华传统节日文化

中秋木樨插鬓香　王弘力　著（采自古代风俗百图）
参见：第五章第二节中华传统节日文化

重阳饮菊花酒　王弘力　著（采自古代风俗百图）
参见：第五章第二节中华传统节日文化

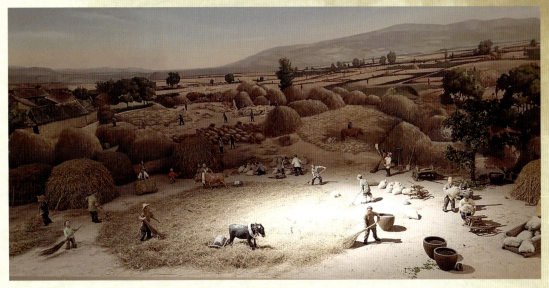

温县小麦农耕文化　温县小麦博物馆（采自搜狐新闻网站）
参见：第六章第一节中华各民族传统文化的融合

元阳梯田（采自携程网）
参见：第六章第一节中华各民族传统文化的融合

塔公草原（采自学习强国APP）
参见：第六章第一节中华各民族传统文化的融合

碌曲草原锅庄舞（新华网）
参见：第六章第一节中华各民族传统文化的融合

舞乐图壁画中的胡腾舞（采自敦煌博物馆网站）
参见：第六章第一节中华各民族传统文化的融合

赵武灵王的胡服骑射（采自国学网）
参见：第六章第一节中华各民族传统文化的融合

民族大融合（采自强国APP）
参见：第六章第一节中华各民族传统文化的融合

民族大融合（采自强国APP）
参见：第六章第一节中华各民族传统文化的融合

古丝绸之路（采自地图网）
参见：第六章第二节中外传统文化交流

郑和下西洋图（采自历史地图网）
参见：第六章第二节中外传统文化交流

茶马古道（采自地图窝网站）
参见：第六章第二节中外传统文化交流

高等职业教育公共基础课创新系列教材

中华优秀传统文化

主　编 ◎ 李　光　　肖　珑　　吴向东
副主编 ◎ 王丽萍　　张志莹
编　委 ◎ 王映霞　　张　静　郭　婧
　　　　　吴　菡　　朱　宝

北京理工大学出版社
BEIJING INSTITUTE OF TECHNOLOGY PRESS

版权专有　侵权必究

图书在版编目（CIP）数据

中华优秀传统文化/李光，肖珑，吴向东主编．—北京：北京理工大学出版社，2020.9

ISBN 978-7-5682-9091-3

Ⅰ．①中… Ⅱ．①李… ②肖… ③吴… Ⅲ．①中华文化－高等职业教育－教材 Ⅳ．①K203

中国版本图书馆 CIP 数据核字（2020）第 182508 号

出版发行 / 北京理工大学出版社有限责任公司
社　　址 / 北京市海淀区中关村南大街5号
邮　　编 / 100081
电　　话 / (010) 68914775（总编室）
　　　　　 (010) 82562903（教材售后服务热线）
　　　　　 (010) 68944723（其他图书服务热线）
网　　址 / http://www.bitpress.com.cn
经　　销 / 全国各地新华书店
印　　刷 / 唐山富达印务有限公司
开　　本 / 787毫米×1092毫米　1/16
印　　张 / 15.25
彩　　插 / 8　　　　　　　　　　　　　　责任编辑 / 徐艳君
字　　数 / 292千字　　　　　　　　　　　文案编辑 / 徐艳君
版　　次 / 2020年9月第1版　2020年9月第1次印刷　责任校对 / 周瑞红
定　　价 / 49.00元　　　　　　　　　　　责任印制 / 施胜娟

图书出现印装质量问题，请拨打售后服务热线，本社负责调换

致热爱中华优秀传统文化的朋友们

代前言

　　人类向往了解自己所在的世界，这是天性使然。正是这种天性，使世界发生改变，使科学出现，使文化出现，推动着人类一步步走向现代文明。

　　中华民族的先人们是探索世界、创造文明的卓越代表。历经数千年形成的中华传统文化，博大精深、源远流长，是世界优秀民族文化之一，也是四大古代文明唯一延续至今的硕果。

　　中华优秀传统文化是中华民族的精神家园，它带给我们民族的认同感、归属感和文化尊严，它是中华民族凝聚力的源泉。千百年来，中华文化经历了岁月的凝聚和淬炼，经历了先人们在探索文明进程中的选择和淘洗，由此形成了中华优秀传统文化。它记录着中华民族高尚的追求，承载着中华民族优秀的文明成果，是中华民族的根。历史证明，传统文化对一个民族生死攸关。一个民族失去了疆土，还可以夺回来；一个民族丢弃了优秀传统文化的根，则万劫不复！让我们心怀敬畏走进中华优秀传统文化吧！去感受中华传统文化父亲般的睿智、母亲般的博爱。

　　打开这本书，你也许会有一个很淳朴的问题：学习传承传统文化能带给我什么？答案可能有许多种，但最根本最朴实的答案是：它关乎你自己。你有精神追求，你想开阔眼界，你想丰富自己，你就要学习传承中华民族的优秀文化，融汇它，因为它和你血脉相连。当优秀传统文化成为你的教养的一部分，你就能更清楚地认识自己，更深刻地认识社会，更自信地走向未来。一个一个中国年轻人的觉悟和强大，正是中华民族的希望。

　　一步一步走进这部书里吧，去打开中华优秀传统文化的绚丽画卷。也许你会有时时袭来的心动：你会激动，你会惊讶，你会感叹，你会思索。中华民族的先人们面对自然、面对人生、面对大千世界，竟有这么丰富的创造、这么深沉的思考、这么宽阔的胸襟、这么精深的智慧！学习传统文化，就要进入我们民族先人的精神世界中，学习他们"天行健，君子以自强不息"的人生追求，学习他们"天下兴亡，匹夫有责"的家国情怀，学习他们"仁爱共济、立己达人"的社会关爱，学习他们

"正心笃志、崇德弘毅"的人格修养。让中华优秀传统文化的宝贵财富变成中华民族永远的精神营养。

学习传统文化，读书是根本，但仅仅读书是不够的，它无法把握传统文化更丰盈的面貌、更深刻的内涵。学习传统文化需要两个伴侣：一是思考，二是体验。

学会思考。在学习传统文化，研读文化经典时，要站在今天的现实中去审视传统文化，要问几个问题：它们之中哪些精华能跨越时空，成为中华民族的精神财富？它们之中哪些内容属于历史？它们之中哪些东西是萃取精华后留下的糟粕？它们在现实世界中应该是什么样子？思考传统文化，用现代眼光科学地分析传统文化，在再创造中汲取传统文化的营养，会更清楚地认清中国国情，会让传统文化更贴近我们的生活，使之历经千年，依然带给我们新的启迪、新的发现。

学会体验。优秀传统文化生长于我们民族的历史中、生活中，我们亲身去感受它，才能真正了解它。让我们到博物馆、艺术馆和文化展览馆去，到文化遗产、非物质文化遗产和历史古城去，到北方的草原、南方的山林和村村寨寨去，考察体验，比照印证书中的传统文化，了解、学习鲜活的、动态的、全貌的中华传统文化。

学习、思考、体验中华优秀传统文化，还要有开放的心态、前瞻的眼光。开放的心态就是不能封闭自己，要面向世界，汲取世界各民族各国家优秀的文化成果，充实自己，同时也要让中华民族的优秀文化走出去，在中外交流中，升华自己。前瞻的眼光就是要立足现在、面向未来，建立有现代形态和前瞻意义的新文化。中华优秀传统文化不是一潭死水，当它与现实生活密切结合，在人们生活中发挥积极作用时，它就会呈现出强大的生命力，就会永葆青春。

"众里寻他千百度，蓦然回首，那人却在灯火阑珊处"。青年时代、学生时代是寻找生活真谛的时候，也许生活的真谛就在你的身边——中华优秀传统文化在朴素中传递着生活的智慧，在平实中显示着生活的真谛。

因为，我们都知道，真理往往是最朴素的。

李 光
2020 年 8 月

目 录

第一章 绪论 / 1

第一节 走近中华传统文化 / 3
一、关于文化、文明及传统文化 / 3
二、中华文化的源流 / 4
三、中华传统文化的基本特征 / 11
四、中华传统文化的精神内涵 / 14

第二节 推动中华传统文化现代化 / 18
一、为什么要推动中华传统文化现代化 / 18
二、中华传统文化优秀特质对现代化建设的影响 / 19
三、如何推动中华传统文化现代化 / 19
四、中华传统文化现代化的现实意义 / 21

第三节 文化的类型与结构 / 23
一、文化的类型 / 23
二、文化的结构 / 25

第二章 精神文化 / 29

第一节 中华传统哲学文化 / 31
一、传统哲学的观念 / 31
二、传统哲学的思维特征 / 35

第二节 中华传统伦理道德文化 / 37
一、中华传统美德 / 37
二、中华传统伦理道德文化的真谛 / 41

第三节 中华传统审美文化 / 44

一、博大精深的古典文学 / 44
二、喜闻乐见的传统戏曲 / 49
三、龙飞凤舞的中国书法 / 52
四、气韵生动的绘画艺术 / 55

第三章 物质文化 / 60

第一节 中华传统科学文化 / 62
一、古代天文 / 62
二、古代历法 / 65
三、传统医学 / 69

第二节 中华传统技术文化 / 73
一、火药 / 73
二、指南针 / 76
三、造纸术 / 79
四、印刷术 / 82
五、丝绸 / 86

第三节 中华传统生活文化 / 94
一、因地制宜的饮食文化 / 94
二、风雅高致的品茶文化 / 98
三、香飘万里的饮酒文化 / 101
四、精美绝伦的陶瓷制品 / 104
五、更迭变化的传统服饰 / 111
六、巧夺天工的园林建筑 / 116

第四章 制度文化 / 124

第一节 中华传统教育制度文化 / 126
一、古代教育概述 / 127
二、古代教育思想 / 140
三、古代学校教育 / 142
四、古代实科学校教育 / 146
五、古代教育与科举制度 / 151

第二节 中华传统宗法制度文化 / 156
一、宗法制度的形成 / 156
二、宗法制度的影响 / 160

第五章 风俗文化 / 164

第一节 中华传统礼仪文化 / 166

一、传统礼仪的源起与发展 / 166

　　二、传统礼仪的内容 / 170

　　三、传统礼仪文化的传承与发展 / 181

第二节　中华传统节日文化 / 183

　　一、传统节日 / 183

　　二、传统节日的文化内涵 / 196

第六章　中华民族传统文化融合与中外传统文化交流 / 202

第一节　中华各民族传统文化的融合 / 204

　　一、中华民族的三种文化类型 / 204

　　二、中华民族传统文化融合的三次高潮 / 207

　　三、汉族文化对少数民族的影响 / 209

　　四、少数民族文化对汉族的渗透 / 210

第二节　中外传统文化交流 / 213

　　一、中外传统文化交流的重要通道 / 213

　　二、不同时期的中外传统文化交流 / 215

　　三、不同地域的中华文化传播 / 218

附录 / 224

　　一、中国历史年表 / 224

　　二、中国的世界遗产名录（截至2019年）/ 225

　　三、中国入选联合国教科文组织非物质文化遗产名录（截至2019年）/ 228

　　四、古都及历史文化名城名录 / 230

　　五、中国文化经典选目 / 230

参考文献 / 232

后记 / 234

第一章 绪 论

导言

中华文明源远流长、博大精深，五千多年绵延不绝、历久弥新。

在四大古代文明中，只有中华文明没有中断发展，始终一脉相承，堪称世界文明史上的伟大奇迹，从古至今为中华民族的生生不息、发展壮大、走向富强提供了丰厚的精神滋养。而在长期生产生活实践中产生形成、凝聚积淀、发扬光大的中华优秀传统文化，既是中华文明的宝贵结晶，也是中华民族的独特标志，更是中华民族精神的根脉和灵魂。文化的力量早已深深熔铸在中华民族的生命力、凝聚力和创造力之中，正在为逐步实现"两个一百年"的奋斗目标和中华民族伟大复兴的"中国梦"，提供源源不断的精神动力。

弘扬中华优秀传统文化，传承中华民族精神的根脉和灵魂，是当代中国人的历史使命。面对这一伟大历史责任，习近平总书记强调了"四个讲清楚"，即：讲清楚每个国家和民族的历史传统、文化积淀、基本国情不同，其发展道路必然有着自己的特色；讲清楚中华文化积淀着中华民族最深沉的精神追求，是中华民族生生不息、发展壮大的丰厚滋养；讲清楚中华传统文化是我们民族的优势，是我们最深厚的文化软实力；讲清楚中国特色社会主义植根于中华文化沃土、反映中国人民的意愿、适应中国和时代发展进步要求，有着深厚的历史渊源和广泛的现实基础。

当代青年学生是实现中华民族伟大复兴的中坚力量，理所当然应做到"四个学明白"，即：学明白中华民族的历史传统、文化积淀、基本国情；学明白中华传统文化积淀的中华民族精神追求；学明白中华传统文化是我们民族的优势；学明白中国特色社会主义的深厚的历史渊源和广泛的现实基础。

中华优秀传统文化拥有同学们成长、成才的丰富营养。"天行健，君子以自强不息"将鼓舞同学们的拼搏精神；"天下兴亡，匹夫有责"将激发同学们的爱国热情；"言必信，行必果"将帮助同学们不断完善优秀人格和品质。在学习中华传统文化的过程中，同学们将朴素的情感上升为理性的认识，将一时的认同固化为持久的动力，

使中华优秀传统文化的精神力量融入同学们的生命力、创造力和精神动力中。

让我们走近中华优秀传统文化吧！领略它的风采、感悟它的博大、品味它的丰富、体会它的深刻。它会带我们融入大地，感受中华民族母亲般的温暖；它会带我们仰望星空，汲取中华文明深邃的智慧……

视野拓展

书籍

1. 北京师范大学文学院. 原始歌谣与上古神话［A］. 中国古代文学史［C］. 北京：北京师范大学出版社，2008.

2. 李明峰.《周易》与现代自然科学［J］. 汕头大学学报，2006（1）.

3. 彭靖. 费正清与中国鸦片战争研究［N］. 中华读书报，2018-02-28.

4. 袁行霈. 中华传统文化百部经典［M］. 北京：国家图书馆出版社，2018.

纪录片

1.《中华文明五千年》，制片人船山真、后藤多闻、北原俊史，文物出版社和日本广播协会联合摄制，2011.

2.《中华文明》，制片人陈建军、乔斌，中国中央电视台和国家文物局联合摄制，2011.

第一章 绪论

第一节 走近中华传统文化

学习提示

第一节课，我们从宏观上来认识文化和传统文化，目的是引领青年学生走进中华传统文化的辉煌殿堂，激发学生对中华传统文化的兴趣和热爱，为下一步系统深入学习中华优秀传统文化的精髓作铺垫。

关于"文化"概念的解释和中国传统文化的分期，学术界有很多种见解和成形的结论。有兴趣的学生可以在课余，利用图书馆、网络等作进一步的深入了解和广泛涉猎，在以后的学习过程中，可以各抒己见，展开讨论。

本节重点是，着眼于全景式介绍中华传统文化的生成、发展、特征和精神，力求在提纲挈领地传递人文知识的同时，拓展学生的人文视野，提高学生的人文素质，陶冶学生的人文情怀。

学习目标

1. 了解文化、文明及传统文化的含义，厘清中华传统文化的源流；
2. 认识并理解中华传统文化的特征及精神内涵；
3. 从宏观上感受中华文化的独特魅力，树立文化自信。

一、关于文化、文明及传统文化

"文化"是一个大概念，包含"人文"和"教化"两个方面。广义的文化又称"大文化"，是人类在长期历史发展中共同创造并赖以生存的物质与精神存在的总和。狭义的文化又称"人文文化"或者"精神文化"，是指人类的全部精神创造活动及其成果，涵盖语言文字、文学艺术、科学技术、道德伦理、制度信仰、哲学宗教、文物典章、风俗习惯等多方面。我们通常所说的文化一般是指狭义的文化。中华文化即中华民族在中国这块土地上所创造的文化，既包括汉民族文化，也包括各少数民族文化。

"文明"一词，最早出自《易经》："见龙在田、天下文明。"《尚书》疏解云："经天纬地曰文，照临四方曰明。"简言之，"文明"兼容物质创造和精神创造的双重意义，接近于今天人们通常理解的广义文化。文明与文化这两个词汇虽然含义相近，但也有很大不同。文明是文化的内在价值，文化是文明的外在形式；文明的内在价值通过文化的外在形式得以实现，文化的外在形式借助文明的内在价值而有意义。

文化是一个连续不断的动态过程，既有传统文化，又有现代文化。传统文化是现代文化的基础和源泉，现代文化是传统文化的继承和发展，二者不可分割，亦无严格界限。传统文化是一个国家、一个民族自古以来不断积累创造、不断继承发展的文化集合，是一个民族文明的具体表现形式，是一个民族最为宝贵的智力财富和精神食粮。中华传统文化是一个有机整体，丰富博大，包罗万象。按照历史发展的延续性，本书以中华人民共和国成立为标志，将中华文化简单划分为传统文化和现代文化两个阶段，以便于青年学生学习掌握。

进入21世纪以来，我们欣喜地看到，中华优秀传统文化在当今青年学生中呈现出日渐流行的趋势。从本世纪初的《百家讲坛》，到后来的《中华好诗词》《经典咏流传》《中国汉字听写大会》《中国成语大会》《中国谜语大会》《中国诗词大会》，再到近几年的《朗读者》《国家宝藏》等，各种文化类节目风生水起、日益兴盛；无论是分享诗词之美、开展知识竞赛，还是各类文化展示、学术论坛，青年学生已经成为主要受众，且呈现出低龄化趋势；全民主动贴近文化传统，积极感受和弘扬中华优秀传统文化，已然成为普遍的现实。这种现象被民间称为"国学热"。关于"国学"，在具体定义上，到目前为止学术界尚未作出统一明确的界定，中国历史上最早是指以"国子监"为首的官学，自"西学东渐"后相对"西学"而言则泛指中国传统的思想、文化和学术等。

新时代大学生要系统学习中华传统文化，就要全面深入地了解中华传统文化的悠久历史和灿烂文化，了解中华文化的源流、特征、精神，从历史文化中汲取营养和智慧，自觉延续文化基因，树立和坚持正确的历史观、民族观、国家观、文化观，不断增强民族归属感、认同感、尊严感、荣誉感。教育部《完善中华优秀传统文化教育指导纲要》从"爱国、处世、修身"三个层次概括凝练了中华优秀传统文化教育的主要内容，专门阐述了对传承和弘扬中华优秀传统文化的深层次要求，为中华优秀传统文化更好地走进广大学生心灵加了一把火。

二、中华文化的源流

有关中华传统文化发展历史阶段的划分有很多种结论，可谓"仁者见仁，智者见智"。从新时代青年学生易于接受、乐于融入、学有所得、学以致用的角度考虑，我们按照中华文明历史进程中呈现出的里程碑式文化创造特点，可以简单地将整个中华传统文化发展史划分为起源形成、发展融合、繁荣兴盛、传承延续四个阶段。

(一) 起源形成阶段（远古、夏商周、春秋战国时期，公元前 221 年秦统一前）

这一阶段约 3000 年。夏朝是中国史书中记载的第一个世袭制朝代，年代约在公元前 2100 年—公元前 1600 年。夏以前，中国先民在物质文化、精神文化和社会组织形式等方面的建树，都是中华传统文化的渊源和雏形；夏商之后，随着仓颉造字、甲骨文、青铜器、铁器、农耕文明的出现和禅让制、宗法制、分封制的建立，中华传统文化日渐形成。这一阶段的文化形式和人物，最具代表性的有三皇五帝、原始歌谣、远古神话传说、四书五经、孔子及《诗经》、屈原及《楚辞》、先秦诸子等。

第一阶段文化标志列举如下。

1. 仓颉造字

仓颉造字是中国远古神话传说之一，《说文解字》记载，仓颉在飞鸟爪迹、走兽蹄痕的启迪下，通过取类比象，"依类象形"，创造了汉字。这只是远古传说，历史事实应该是：仓颉作为轩辕黄帝的史官，把上古先民中流传下来的文字加以搜集整理、推广使用，在汉字的集体创造过程中起了极其重要的引领整合作用，为中华文化的繁衍昌盛作出了突出贡献和不朽功绩。

2. 甲骨文

甲骨文是目前发现的中国最古老的文字，出土于商朝晚期国都遗址"殷墟"（今河南安阳小屯村），主要是商朝晚期王室用于占卜记事而在龟甲或兽骨上契刻的文字，是目前我们能见到的最早的成熟汉字。2017 年，甲骨文成功入选《世界记忆名录》。

3. 青铜器文化

青铜器文化的载体是以青铜为材料的青铜器，它是古代先民采用一种非常特殊的工艺制作出来的器物。中国古代的青铜器文化十分发达，以制作精良、气魄雄伟、技术高超而著称于世，成为古代灿烂文明的重要载体之一。青铜器一般作为宴享和宗庙祭祀礼器使用。青铜器在世界各地均有出现，是一种世界性文明的象征。中国古代比较著名的有后母戊鼎（原称司母戊鼎）、毛公鼎、越王勾践剑、曾侯乙编钟、三星堆青铜大立人像等。

4. 农耕文明

农耕文明是中华传统文化的显著特征，有别于游牧文明和商业文明，"男耕女织"无须外求,能够实现自给自足,文化特性也常是和平的、内敛的。世界上最早的农耕文明出现于中国距今7000年前的河姆渡时期,考古出土的稻谷、农具就是最好的证明。大家知道,三皇之首的伏羲氏教人们"作网""驯兽",开启了渔猎经济时代;燧人氏教人们"钻木取火",结束了远古人类茹毛饮血的历史;号称"神农氏"的炎帝,教人们播种收获,开创了农业时代。以渔樵耕读为代表的农耕文明是中华传统文化的精华浓缩,并一直传承至今,正所谓"耕读传家久,诗书继世长",其理念应时、守则、取宜、和谐,所蕴含的精神思想和文化品格是十分优秀的。

5. "四书五经"

"四书五经"在中华传统文化中占据着极其重要的位置。"四书"指《大学》《中庸》《论语》《孟子》,"五经"指《诗经》《尚书》《礼记》《周易》《春秋》。"四书五经"翔实记载了中国早期思想文化发展史上政治、军事、外交、文化等各个方面的史实资料以及孔子、孟子等思想家的重要思想。(后文有专叙,在此不赘述)

6. "风骚并称"

"风骚并称"是指在《诗经》和《楚辞》的影响下发展形成的中国古代诗歌乃至文学创作的两种优良传统,因其代表作"国风"部分和《离骚》而在中国古典文学史上并称为"风骚",对后世的诗歌乃至整个文学创作都有着重大而深远的影响。对于中国文学创作整体而言,春秋时期的《诗经》是现实主义文学传统的源头,战国时期的《楚辞》是浪漫主义文学传统的源头。

7. 先秦诸子

先秦诸子包括各种不同的学术流派和政治观点,著名的有儒、道、阴阳、法、名、墨、纵横、农、杂、小说10家,可以看作是中国哲学的萌芽、兴起和奠定基本格局的时期。据《汉书》记载,当时有名的共有189家,后来约有10家发展成了学派。孔子和孟子、老子和庄子、墨子和胡非子、管子和韩非子,分别代表儒、道、墨、法家(其余略)。子,是当时对贤达之人的尊称,也指代其著作。先秦诸子共同推动形成了春秋末期到战国时代"百家争鸣"的文化繁荣局面。

(二)发展融合阶段(秦、汉、魏晋南北朝时期,581年隋建立前)

这一阶段约800年。随着封建大一统社会的形成完善和日渐巩固,政治领域内影响中国数千年之久的皇帝制、郡县制和各级官僚制度逐渐形成,社会物质精神生活内容更加丰富多彩,以造纸、印刷为代表的一大批科技成果,以汉乐府诗歌、汉赋为代表的文学作品,以及以《左传》《国语》《战国策》《史记》《汉书》等为代表的史学著作相继出现,再加上道教产生、佛教传入,以及南方农业文明与北方游

牧文明在长期民族迁徙冲突中的互相交流和深度融通，中华文化由此进入了大发展、大融合阶段。

第二阶段文化标志列举如下。

1. 秦砖汉瓦

秦砖汉瓦泛指秦汉时期的空心陶砖和浮雕瓦当。西汉时形成了以"秦砖汉瓦"和木结构为核心的完整的建筑结构体系，历史上称之为"土木之功"，属于中国古代建筑构件领域的艺术典范。"一抔黄土一生情，一轮古瓦一卷史"，作为鲜明的文化符号，秦砖汉瓦以其精美的文字、奇特的动物形象、充满活力的生活场景，再现了当时人们对现实世界与美好生活的愿景，使广袤深邃的中华文明遗韵拥有了永恒的艺术生命力，被誉为中华文明宝库中的一颗璀璨明珠。

2. 都江堰

都江堰是秦国蜀郡太守李冰父子在成都平原西部的岷江上率众修建的大型水利工程，自古以来一直发挥着防洪灌溉的作用，使川蜀之地成为水旱从人、沃野千里的"天府之国"，至今灌区已达7个市38个县、面积2.3万平方公里，是全世界迄今为止唯一留存的年代最久、以无坝引水为特征的宏大水利工程。它是中国古代劳动人民勤劳、勇敢、智慧的结晶。

3. 汉赋

汉赋是在汉朝涌现出的一种有韵散文。"赋"是继《诗经》《楚辞》之后，在中国文坛上兴起的一种新的文体。它的特点是散韵结合，专事铺叙。在汉末文人五言诗出现之前，"赋"是两汉四百年间文人创作的主要文学样式，是当时最流行的文体。西汉赋家代表作有司马相如的《子虚赋》《上林赋》、杨雄的《甘泉赋》《羽猎赋》；东汉赋家代表作有班固的《两都赋》、左思的《三都赋》、张衡的《二京赋》等。

4. 造纸术

造纸术就年代而言居中国古代四大发明之首，发明于西汉初年，东汉太监蔡伦予以改进，造出了达到实用书写水平的植物纤维纸。很快，造纸术在全世界得到广泛推广。造纸术是书写材料的一次伟大革命，极大地推动了世界科技、经济的发展，在人类文明史上具有划时代的伟大意义。

5. 陶瓷

陶瓷是陶器和瓷器的总称。中国古代先民早在约8000年前的新石器时代就发明了陶器。在欧洲掌握制瓷技术之前 1000 多年，中国已能制造出相当精美的瓷器，并通过陆上、海上"丝绸之路"远销海外，受到各国人民的普遍欢迎，成为中国的骄傲。秦汉时期，陶瓷技术发展到一个高峰。16 世纪的欧洲家庭甚至王室贵族都以拥有一件中国瓷器为荣。在英语词汇中，首字母大写 China 指"中国"，小写 china 就是指"瓷器"。2015 年，江西景德镇以著称于世的瓷都文化被联合国教科文组织授予"世界手工艺与民间艺术之都"称号，并加入全球创意城市网络。

6. "丝绸之路"

"丝绸之路"是两汉时期中国开创的以洛阳、长安为起点，连接东西方文明的陆上贸易和文化交流通道。西汉时期的张骞从长安（今陕西西安）出发，首次开拓丝绸之路，被称为"凿空之旅"；东汉时期的班超从洛阳出发，再次出使西域，并到达了罗马，这是东西方文明的第一次对话；唐代的玄奘沿着丝绸之路历时 19 年到印度求取真经，写下了《大唐西域记》，促进了中华文明与印度文明的交流。在唐朝中期以前，中国对外主通道是陆上丝绸之路，之后由于战乱及经济重心转移等原因，海上丝绸之路逐渐取代陆路成为中外贸易交流主通道。海上丝绸之路分为东海航线和南海航线两条主要线路，起点主要有广州、泉州和宁波等。

（三）繁荣兴盛阶段（隋唐五代、辽宋夏金元、明清时期，1840 年鸦片战争以前）

这一阶段约 1300 年。隋朝是中国历史上承前启后的大一统朝代，结束了长达 300 年的分裂局面，正式推行科举制选拔优秀人才，开启了之后一千多年中华文明的辉煌历程。由于生产力不断提高，人们的物质生活条件得到进一步改善，传统文化日臻繁荣兴盛，建筑、纺织、科技、数学、天文历法、机械制造等领域的标志性成果接踵而出。祖冲之首次将"圆周率"精算到小数点后第七位；我国影响世界文明历史进程的"四大发明"，这一时期占其三（印刷术、火药、指南针）；辽阔疆域内多种形式的行政管理制度及以"胡化"为特征的各民族融合荟萃的社会风俗习惯，促使南北各地城市崛起，商品经济空前活跃；海上"丝绸之路"冲开封建统治者的重重束缚和限制，通向世界各主要资本主义国家，社会经济生活领域不断扩大；理学形成，近代启蒙思想产生；《资治通鉴》《永乐大典》《四库全书》特大型典籍的编写，数以千计的地方史志等史学巨著层出不穷；唐诗、宋词、元曲成为中国古典文学史上的三座高峰；以"四大名著"《三国演义》《西游记》《水浒传》《红楼梦》为代表的明清章回小说蔚为壮观……这些都是中华传统文化领域的辉煌成果和中华文化繁荣兴盛、臻于巅峰状态的显著标志。

第三阶段文化标志列举如下。

1. 科举制度

科举制度从隋朝大业元年（605年）开始实行，到清朝光绪三十一年（1905年）举行最后一科进士考试为止，经历了1300年。科举是中国历代封建王朝通过考试在读书人中选拔官吏的一种制度。由于采用分科取士的办法，所以叫作科举。科是门类、科目，举是选举、推举，意在通过科目考试推举出贤能人才。明清时代的科举考试分为四个级别，最低的一级叫院试，由府州县举办，考中后为秀才；然后是乡试，属于省一级考试，考中后就成了举人；再高一级的是会试，由礼部主持，考取的叫贡士；最高一级是殿试，又叫廷试，由皇帝亲自主持，考中后为进士，殿试第一名为状元，第二名为榜眼，第三名为探花。

2. 唐诗宋词元曲

唐诗宋词元曲是中国古典文学史上的三座高峰。（后文专叙，此处略）

3. "四大名著"

"四大名著"是指明清时期的《水浒传》《三国演义》《西游记》《红楼梦》（后文专叙，此处略）。

4. "八股文"

"八股文"是从明代兴起的一种科举考试文体。格式固定，由破题、承题、起讲、入题、起股、中股、后股、束股八个部分组成，题目一律出自"四书五经"中的原文，句式、字数也有明确规定。后四个部分每部分还要求有两股排比对偶的文字，合起来共八股，所以称"八股文"。关于它在传统文化历史上的积极作用和消极影响，此处不再赘述，有兴趣者可以拓展阅读、深入了解。

5. "四大发明"

"四大发明"中的三个——印刷术、火药、指南针诞生于这个阶段。马克思在《经济学手稿》中说："火药、指南针、印刷术——这是预告资产阶级社会到来的三大发明。火药把骑士阶层炸得粉碎，指南针打开了世界市场并建立了殖民地，而印刷术则变成新教的工具，总的来说变成科学复兴的手段，变成对精神发展创造必要前提的最强大的杠杆。"毫无疑问，中国古代科技发明对欧洲近代科学革命和资产阶级革命产生过极其巨大的推动催化作用。

6.《永乐大典》

《永乐大典》是编撰于明朝永乐年间的一部大型类书，是中国百科全书式的文献

集成和旷世大典，由解缙、姚广孝总编，2000多名学者历时5年编成，共22937卷，约3.7亿字，汇集了古今图书七八千种，显示了中国古代科学文化的光辉成就，被誉为"世界有史以来最大的百科全书"，已经成为中华文化的一个符号。《永乐大典》正本存埋在明十三陵之长陵（尚未正式确定），副本大多亡于战火或流失，现仅存800余卷且散落于世界各地。

7.《四库全书》

《四库全书》是清代乾隆时期编修的一部大型丛书，由纪昀（字晓岚）等360多位官员学者编撰，3800多人抄写，耗时13年编成。分经、史、子、集四部，故名"四库"。共收录3462种古代图书，凡79338卷，约8亿字。《四库全书》是中国古代规模最大的文化工程，对中国古典文化进行了一次系统全面的总结，文、史、哲、理、工、农、医等几乎所有学科都能从中找到源头和血脉，呈现出了比较完备的中国古典文化知识体系。

（四）传承延续阶段（鸦片战争、辛亥革命、五四运动以来，1949年前）

这一阶段约100年。一般意义上，我们学习研究传统文化，都不把中华人民共和国成立以来纳入该范畴，习惯称为当代文化，而把之前一个时期笼统称之为近代文化或清末民初文化，仍属于传统文化范畴。这是传统文化向现代文化的传承延续阶段。鸦片战争至民国时期，随着资本主义列强的入侵，西方文化涌入中国，在民族、国家危急的同时，中华文化也第一次遇到了严峻的挑战和考验。于是，先进、觉醒的中国人开始正视现实，主动向西方国家学习工艺、制度和观念文化，先后掀起了洋务运动、维新变法和五四新文化运动。西方机器制造技术、民主共和制度及数理化、天文学、生物学、医学等现代科学被广泛引入中国。"开眼看世界"的第一人林则徐和主张"师夷长技以制夷"的魏源是近代中国向西方学习的先声。在西方文明的冲击下，中国人向西方学习的心态文化成果也纷纷出现，中华文化开始走上了近现代化阶段。特别是"五四运动"中马克思主义的广泛传播，以李大钊为代表的先进中国知识分子和工人阶级的杰出代表开始逐步掌握拯救中国、改造社会的科学思想武器。1921年中国共产党诞生，更进一步加速了中华优秀传统文化走向现代化的历史进程。

第四阶段文化标志列举如下。

1. 洋务运动

洋务运动是19世纪60年代到90年代以康有为、梁启超为首的晚清洋务派倡导进行的一场引进西方军事装备、机器生产和科学技术以挽救清朝没落统治的自救运动。洋务运动前期口号为"自强",后期口号为"求富","中学为体,西学为用"是其主要指导思想。洋务运动最后虽然以失败告终,但其引进了西方先进科学技术,使中国出现了第一批近代企业,在客观上为中国民族资本主义的产生和发展起到了促进作用。

2. 辛亥革命

辛亥革命发生于1911年,是近代中国比较完全意义上的资产阶级民主革命,在政治思想上给中国人民带来了不可低估的解放作用,民主共和的观点始入人心。孙中山领导的辛亥革命虽然没有完成反帝反封建的根本任务,但彻底推翻了清朝封建腐朽统治,结束了两千多年的封建君主专制制度,沉重打击了帝国主义侵略势力,具有划时代的历史意义。中国人民长期进行的反帝反封建斗争,以辛亥革命为新的起点,更加深入、更加大规模地开展起来。

3. 五四运动

五四运动是1919年5月4日发生于北京的一场学生反帝爱国运动,导火索是第一次世界大战后巴黎和会上中国外交的惨败。后来运动中心由北京转移到上海,主力由学生转变为工人,标志着中国工人阶级以独立的姿态登上了政治历史舞台,为中国共产党的建立奠定了坚实的阶级基础。五四运动是中国近代史上划时代的里程碑,标志着中国新民主主义革命的开端。五四运动爆发于民族危难之际,是一场以先进青年知识分子为先锋、广大人民群众参加的彻底反帝反封建的伟大爱国革命运动,是一场中国人民为拯救民族危亡、捍卫民族尊严、凝聚民族力量而掀起的伟大的社会革命运动,是一场传播新思想、新文化、新知识的伟大思想启蒙运动和新文化运动,以磅礴之力鼓动了中国人民和中华民族实现民族复兴的志向和信心。

三、中华传统文化的基本特征

中华传统文化是中华民族在五千多年文明史上各种思想文化、思维观念、社会形态、制度规范、风俗习惯以及语言、行为方式的总体集合,是指居住在中国地域内的以汉民族为主的华夏56个民族及其祖先所创造的,为中华各民族世世代代所继承发展的,具有鲜明民族特色的,历史悠久、内涵博大、传统优良的文化。简而言之,中华传统文化就是中华文明历经五千年演化汇集而成的一种反映中华各民族特质和风貌的民族文化。

中华文化包罗万象、博大精深,在悠久的历史进程中博采众长、兼容并蓄,呈现出特色鲜明、丰富多样的东方文化特点。儒家文化主张"积极进取、建功立业",佛家文化主张"慈爱众生、无私奉献",道家文化主张"顺其自然、自我完善"……中华传统文化发展至今,依旧保持着鲜活的创造力和强大的生命力,得益

于中华文化包容性、开放性、融合性的特质，使中华民族在西方文化霸权、文化渗透的背景下依旧能坚定文化自信，为世界文明多样性发展贡献中国力量。

概括而言，中华传统文化具有"中庸和谐、崇德尚义、经世致用、天人合一"四大基本特征。

（一）中庸和谐

"中庸"就是圣人孔子所极力推崇的中庸之道，是中华民族累积凝成的具有鲜明特色的民族智慧。中国"和合"文化集中体现在儒家的"中庸"思想中。"不偏不倚谓之中，恒常不易为之庸。"它在整个中华传统文化中被视作一种人生追求目标和道德至高境界。中庸之道的真谛在于寻求适度，不偏不倚，"有所为有所不为"。体现在社会生活实践中，中庸之道就是守正适中、不走极端，所谓"物极必反""过犹不及""水至清则无鱼，人至察则无徒""真理向前迈出半步就会变成谬误"等都是讲的这个道理。中庸的现实意义即是"合理化"，任何事情都要把握好一个"度"，如果超越了限度就会适得其反，哪怕是好事也会变成坏事。在新时代语境下，"中庸"就是要正确把握并协调好各种关系，以利于社会和谐稳定、持续进步。然而，有许多人把中庸理解成了平庸，甚至是无原则、无标准、和稀泥、模棱两可、首鼠两端的代名词，似乎奉行中庸之道的人都是庸庸碌碌、明哲保身、毫无原则的好好先生，这实在是对"中庸"真义的误解。

"和谐"与"中庸"一以贯之。中华民族历来强调"和为贵""如乐之和，无所不谐"，中国人在性格气质上总是表现出求和的一面，"以和为贵"成了大多数人进行社会交往所恪守的信条，这是中华民族的基本文化特征。所谓和谐，就是指不同事物之间的协调、和睦、融洽，它不仅是家庭和睦、社会安定的基础，也是国家长治久安、民族延续发展的保证。孟子曰："天时不如地利，地利不如人和。"这道出了中国人共同的文化心态。世所公认，中华民族自古以来就是爱好和平的民族，古人追求的人与宇宙、天地乃至世间万物的和谐共生，强调人与人、人与自然的和谐，与我们今天构建人类命运共同体的发展愿景不谋而合。

（二）崇德尚义

中华传统文化是一种以人为本的伦理型文化或称道德型文化。在中华传统文化中，人是万物之灵，立于天地之间，人之所以区别于动物，就是因为有道德、有情义。"德义"被作为人兽区分的根本，也是人格尊严的体现。处世为人，贵在有德；做人做事，义字当先。中华传统文化说到底其实就是做人的文化。自古以来，圣哲先贤关于如何做人的谆谆教导，可以说就是一部浓缩的中华传统文化史。"成人先于成才""德才兼备，以德为先""要做事，先做人""君子喻于义，小人喻于利"……这些随处可见的警句格言无不在提示着"德"与"义"对于做人的重要性。

中国文化向来注重崇德尚义，重视德性的培养和人格的提升，高度推崇那些有精神追求、有高尚道德品格的仁人志士，"朝闻道，夕死可矣"，把对真理和道德的追求看得比生死更重要。孔子选择"不义而富且贵，于我如浮云"，孟子追求"舍生取义，杀身成仁"，仁义礼智信"五常"，孝悌忠信礼义廉耻"八德"等，这是中华民族在漫长的发展历程中生生不息的主要精神支撑。中华传统文化在"心灵的滋养、情感的慰藉、精神的提升，道德的指引"方面，为当代市场经济社会中的人们提供了重要的精神资源，在引导心灵稳定、精神向上、行为向善、社会和谐等方面发挥了积极的促进作用。

（三）经世致用

学以致用，我们对这个成语并不陌生，意思就是为了实际应用而学习，或者学习文化知识是为了用于实际。而"经世"则指自身学习要有益于世道众人，或有利于国计民生。汉民族是一个非常注重现实生活的民族，凡事强调"实用""实际"，崇尚在实际工作和生活中追求人生理想、实现人生价值，这些特质已经内化为中国人的气质性格、行为习惯和思维方式，并构成中华传统文化的重要部分。中华传统文化并不缺乏理性，但"经世致用"是国人的处世态度，其落脚点就是"修身、齐家、治国、平天下"，体现了中国传统知识分子讲求功利、求真务实的思想特点。中国古代科学也多是实用科学，从四大发明，到天文地理、数学农学、医药水利等，大都与人类的生存、生活、生产密切相关。即使是近代所谓的新文化运动也有着强烈的实用主义和功利主义特点，中国的知识分子对于具有速成之效的工具层面的革命表现出比价值理性更大的兴趣。可以说，经世致用对于建构合理化、稳定性的社会秩序、制度形式、生活状态有着积极的促进作用，但对于思想观念、理性思维的发展，又有着消极的、弱化的不良影响。

（四）天人合一

天人合一，即注重人与自然的和谐统一，注重人道和天道的一致，不是强调征服自然、人定胜天，不主张天和人的对立，而主张天和人的协调。老子说"人法地，地法天，天法道，道法自然"，庄子云"天地与我并生，而万物与我为一"，"天"代表"道""真理""法则"。天人合一，就是与先天本性相合，回归大道，归根复命。天人合一，不仅仅是一种思想，更是一种状态。中国传统主流文化向来以人为本，肯定人是宇宙的中心，不重视彼岸世界，始终关注的焦点是人类社会的有序和谐与人生理想的实现。

中华传统文化特别重视处理集体和个人的关系，强调群体利益高于个体利益，群为公，个为私，于是"为天下人谋永福也"就成为一代又一代中国人发自内心的使命责任，成为一种忧国忧民、社稷苍生的家国情怀。孟子说，君子要"自任以天

下之重""乐以天下，忧以天下""穷则独善其身，达则兼济天下"，范仲淹"先天下之忧而忧，后天下之乐而乐"，顾炎武"天下兴亡，匹夫有责"，就是要把天下大事作为自己的责任。这种"天下"观念，是中国士大夫能超越家庭主义、地方主义而始终以国家民族为己任的文化思想的根源。在这种思想文化里，不仅个人对他人、对群体、对国家的责任意识始终被置于首位，同时也凸显了以小我成就大我、以牺牲个人和局部利益维护整体和全局利益、始终以国家和民族利益为上的价值取向。

四、中华传统文化的精神内涵

（一）充满深情的爱国精神

以爱国主义为核心的伟大民族精神是中华民族世世代代生生不息的力量源泉，是中华民族悠久历史文化的灵魂与传统，是五千年历史发展中沉淀形成的核心价值观。从苏武"持节南望"，到岳飞"精忠报国"；从屈原的"吾将上下而求索"，到陆游的"位卑未敢忘忧国"；从文天祥的"人生自古谁无死，留取丹心照汗青"，到林则徐的"苟利国家生死以，岂因祸福避趋之"……古代仁人志士用鲜血和生命谱写下的一曲曲可歌可泣的悲壮史诗，无不体现着中华儿女深厚的爱国主义情感。历史深刻表明，爱国主义自古以来就流淌在中华民族的血脉之中，始终是中国历史激昂的主旋律，是中国人民和中华民族维护民族独立和民族尊严的强大精神动力。

（二）仁者爱人的人本精神

仁者爱人，是孔孟思想即儒家学说的最高道德观念。《论语》中关于"仁"的表述达109次。什么是仁者爱人？《论语》中曾这样记载，孔子的学生樊迟请教老师什么是仁，老师简明扼要地回答了两个字："爱人"。在孔子的心目中，仁者是充满慈爱之心、满怀爱意的人；在孟子的心目中，仁者是具有大智慧、人格魅力、善良的人。"爱人者，人恒爱之；敬人者，人恒敬之"。"爱人"是仁的核心内容，是人之所以为人的根本，是顶天立地的人间大爱。仁者爱人理念，是建立在人的生命价值高于一切的逻辑上面的，是"以人为本"价值观的集中体现，对于当今时代构建和谐社会、打造人类命运共同体有着积极的现实意义。

孔子是中国历史上第一位真正意义上的教育家，作为中华传统文化的象征，获得了世界人民的广泛敬重。瑞典物理学家、诺贝尔奖获得者汉内斯·阿尔文曾大声疾呼："人类要在21世纪生存下去，就必须回到2500多年前，去汲取孔子的智慧。"截至目前，中国已在162个国家（地区）建立了550所孔子学院和1172个中小学孔子课堂，进一步促进了中国文化与世界各地文化的交流与融合，极大地提升了中国的文化软实力。

（三）厚德载物的伦理精神

中国传统社会是以血缘和地缘关系为主体的伦理型社会，家庭、宗族伦理是开展社会治理的重要资源。在古人看来，家国本为一体，家是缩小的国，国是放大的家。古往今来，中国人非常重视家风建设，逐步形成了修齐治平的家国情怀。《论语》《孝经》《三字经》《千字文》《曾子家训》等传统典籍都生动诠释了立德修身、孝亲敬老、乐善好施、扶贫济困、厚德载物的传统伦理精神。特别是在以亲缘、宗族、邻里关系为主要特征的乡村地区，自古就有皇权不下县的传统，德治成了乡村治理的主要方式，家族伦理、村规民约成了维护乡村社会秩序、促进乡村社会良性运行的重要规范。扩展到整个社会层面，德治也被长期奉为正统思想，以德治国是社会主流统治的理想状态。孔子言"己所不欲，勿施于人"，孟子提出"老吾老以及人之老，幼吾幼以及人之幼"，吕坤宣称"肯替别人想是天下第一等学问"……如此将心比心、推己及人、与人为善、设身处地为他人着想的"德性"，是中华优秀传统文化厚德载物精神的最好写照。

（四）兼容并蓄的和合精神

中华民族的壮大不仅来自内部族群的和谐发展，更是来自不同民族的融合优化，"民族大义"与"国家意识"的概念交叉汇合、更新互补，成为中华各民族共同的精神信念与行为范式。"海纳百川，有容乃大"。就汉民族内部而言，它融汇了众多少数民族文化，如巴蜀文化、楚文化、吴越文化等；就域外文化而言，它吸纳改造了来自印度的佛教文化，阿拉伯、波斯的伊斯兰文化，朝鲜的音乐文化，以及西方文化中的自然科学知识等。"和合包容"是中华传统文化的独特内核，对中华文化的形成、发展具有极大的促进作用，是中华文明传承几千年而不衰、一脉相承而不断的根本依据。中华文明的"和合"观念，对于解决当前中国和世界面临的种种问题，无疑具有很大的参考价值。

中国历史上有过两次少数民族入主中原——蒙古族和满族，但并不意味着中华传统文化的中断。相反，经过数百年的消融同化，蒙古族文化和满族文化就像江河流入大海，早已融入汉文化当中，成为中华文明的一部分。中华文化的"和合精神"是独特的，其深厚底蕴就是多元文化的统一，具有强大的同化力和融合力。世界上其他三个古老文明被其他民族入侵后几乎毁灭了，只有中华文明延续至今，并不断向前发展。毋庸讳言，夏商时期所谓的"华夏"其实仅仅是指河南、陕西、山东、河北等黄河流域的中原地区，而目前"汉"文化所涵盖的范围远远大于这一区域，这是通过不断的包容、吸收、融汇、聚合而形成的。由此可以看出中华文明强大的生命力。

（五）自强不息的进取精神

"天行健，君子以自强不息"——这是《周易》乾卦里的一句话，意思是说：大自然运行不止、刚健强劲，人也应该一样，发愤图强，永不停息，力求自我进步，不可懒惰成性。自强不息、刚健有为的思想，集中体现了中华民族奋发向上、朝气蓬勃的顽强生命力，反映了中华民族百折不挠的开拓与进取精神。

孔子就是极力提倡积极有为并身体力行的思想家，他反对"饱食终日，无所用心"，提倡"学而不厌""发愤忘食"；孟子曰："天将降大任于是人也，必先苦其心志，劳其筋骨，饿其体肤，空乏其身，行拂乱其所为"；中国现代哲学家、清华大学教授张岱年认为，中华民族的民族精神的核心内容就是"自强不息、厚德载物"。自强不息即刚健的精神，厚德载物即宽容的精神，这两种精神在铸造中华民族的民族精神上起了决定性的作用。

走进清华大学校园，可见一块巨石，上书八个大字："自强不息　厚德载物"。这是清华大学的校训。一百多年来，以清华大学为代表的中国优秀高等学府，以此为核心不断升华精神境界，演进着雪耻图强的爱国奉献精神、严谨求实的科学求真精神、海纳百川的包容会通精神和人文日新的追求卓越精神，为中华民族、为人类文明创造着骄人业绩。

包括宏大丰厚的物质文明和丰富多彩的精神文明在内的中华文明，都是靠不断进取奋斗、历经积淀凝成的宝贵结晶。进取奋斗是中华文明兴盛之源。几千年来，中华民族革故鼎新、艰苦奋斗、自强不息，建设大好河山，开垦广袤良田，治理江河湖海，增进民生福祉……形成了一幅幅多姿多彩、意象万千、欣欣向荣的生产生活画面，不断推动中华文明绵延旺盛，走向明天。

（六）继往开来的创新精神

继往开来、勇于创新是中华民族最宝贵的精神财富、最丰沛的精神力量。一切伟大成就都是接续奋斗的结果，一切伟大事业都在继往开来中奋力推进。中华民族自古以来就是一个崇尚创新创造的民族，几千年来所形成的文明成果、开拓性的制度创设以及思想争鸣、文化繁荣的价值体系，都是中华民族发扬创新创造精神的生动体现。

创新求变、开放改革从来都是中华文化的精髓。《周易》说："穷则变，变则通，通则久。"其实《周易》的"易"就是改变的意思。中国的汉唐盛世，是当时最开放的朝代；汉代通西域，带来了中亚和西亚文明；丝绸之路，形成双向交融的文化格局，中华文化既得以向外广泛传播，同时也从外面得到启示和丰富；明代郑和下西洋，成为中华文明对外开放、创新求变的壮举……

当代中国正经历着历史上最为广泛而深刻的社会变革，也正在进行着人类历史

上最为宏大而独特的创新实践，中华民族依然需要以更加强大的创新精神，去开创新生活、创造新奇迹。面对"一带一路"倡议和构建人类命运共同体的宏大愿景，我们要久久为功、孜孜不懈，推进理论创新、制度创新、科技创新、文化创新，让创新贯穿一切工作，成为新时代中华民族改革发展的亮丽底色。

 思考与练习

1. 利用现代多媒体平台和各种网络终端，主动学习、诵读中华传统文化中的经典诗词篇章，感受传统文化的风采，领悟传统文化的精髓。

2. 以价值、情感、健全的人格养成为重心，从强化认知、提升情感、磨炼意志、坚定信念、注重养成等方面入手，深入思考如何用优秀的中华传统文化和民族精神陶冶心灵，涵养价值观，提升自身的人文素养和社会责任感。

第二节　推动中华传统文化现代化

学习提示

　　这一节课的重点是引导学生如何正确看待中华传统文化，如何运用历史唯物主义和辩证唯物主义的方法，批判地吸收传统文化，取其精华、去其糟粕，从新时代的角度来审视和推动传统文化的现代化。

　　文运同国运相连，国脉同文脉相牵。想了解一个国家的发展历史，最好去观察它的传统文化；想把握一个国家发展的驱动力，最好去观察它的优秀传统文化；想判断一个国家的发展优势和未来前景，最好去观察它的优秀传统文化的现代化。

　　本节内容试图从这个角度加以阐述，引导学生读懂21世纪的中国精神力量和发展奇迹，从文化意义层面，明确中国未来的前进方向。

学习目标

1. 全面了解中华传统文化的优势和发展方向；
2. 充分认识中华优秀传统文化中蕴含的先进思想；
3. 深刻理解中华优秀传统文化的现代化进程对于建设中国特色社会主义的重要性。

一、为什么要推动中华传统文化现代化

　　如前所述，中华传统文化具有"中庸和谐""崇德尚义""经世致用""天人合一"四大基本特征，饱含着充满深情的爱国精神、仁者爱人的人本精神、厚德载物的伦理精神、兼容并蓄的和合精神、自强不息的进取精神、继往开来的创新精神。站在新的历史起点，深入挖掘根植于中华民族基因中的优秀文化特质和先进精神内涵，对其进行创造性转化、创新性发展，更好地同中国当代文化相融通，展示中华优秀传统文化的时代价值，是实现中华民族伟大复兴的必然要求。

方向决定道路，道路关乎命运。中国的传统文化和世界上各个民族的文化一样，都是处于不断丰富更新和发展中的文化。随着时代的不断变迁，经济的飞速发展，科学技术的不断更新，传统文化在某些方面开始出现脱节现象，有些传统文化甚至已经遗失，或者不合时宜，因此，推动传统文化现代化，做好文化传承与创新对中国的现代化发展有着十分重要的基础性作用。

"守正出新"才能历久弥新。我们要秉持客观、科学、礼敬的态度，不复古泥古，不简单否定，坚持古为今用、推陈出新，以文化人、以文育人。中华优秀传统文化在社会主义现代化进程中的发展道路，必须坚持继承、借鉴、创新三者融合，"以分析、开放、前瞻的态度"（袁行霈），在传播中国特色的前提下汇入全球现代化潮流，积极参与并主动引领世界文明发展。

二、中华传统文化优秀特质对现代化建设的影响

文以载道，文以化人。中华优秀传统文化中"仁义""和平""均等""诚信""德义"等先进思想，承载着"大道之行也，天下为公"的社会理想，"天下兴亡，匹夫有责"的爱国情怀，"以和为贵，和而不同"的处世哲学，"天人合一，道法自然"的生命境界，"革故鼎新，与时俱进"的改革理念，"己所不欲，勿施于人"的道德规范，"天行健，君子以自强不息"的奋进精神，"言必信，行必果"的行为规范，"正心诚意，修齐治平"的心性修养，"崇德向善，见贤思齐"的社会风尚……

中华优秀传统文化蕴含的义利观，有助于遏制市场经济条件下的拜金主义，端正追求物质利益的态度，在一定程度上消解私利化倾向。以社会主义市场经济精神为指导，挖掘传统义利观中的合理要素，在充分尊重个人正当利益的同时，主张义利统一，有利于构建一个和谐、文明的社会主义市场经济秩序。

中华优秀传统文化蕴含的诚实守信的价值观，有助于加强市场主体的道德修养，培育良性的市场经济契约精神，建立诚信制度，将诚信融进社会主义法治经济中，充分发挥政府在市场经济中的辅助功能，建立完善的个人、企业、中介信用制度体系，保证市场竞争的公平性。

中华优秀传统文化蕴含的和合思想、大同理念、自强精神等优秀基因，为社会主义市场经济发展提供了文化资源、精神力量，促使中华儿女在新的历史条件下，继续巩固、拓展、创新中华优秀传统文化，发挥它强大的生命力，为创建当代中国政治经济学理论体系提供文化和精神支撑。

三、如何推动中华传统文化现代化

继承传统文化不能一成不变、全盘接受，而要科学甄别、批判地加以吸收。所谓"扬弃"，正合其法。

中华传统文化对中国社会的影响是双重的，既有大量促进社会发展的因素，也有少数阻碍社会发展的成分，不能采取全盘接受或者全盘抛弃的绝对主义态度。当前，传统文化中的保守封闭因素与现代文化开放之间的冲突，血缘宗法思想与现代法治意识之间的冲突，重农轻工抑商的经济发展观与中国特色市场经济现代化之间的冲突等，成为中华传统文化现代化困境的主要表现。这就要求我们对传统文化的局限性有一个清醒的判断，对传统文化现代化的必要性有一个深刻的认识，并从新时代的角度来审视传统文化的现代化。在肯定传统文化中精华的同时，要清醒地认识其中的糟粕。对于传统文化中阴暗、消极的东西，如专制主义、个人迷信、封建家长制、闭关锁国、践踏知识与人权等，应视为糟粕彻底摒弃。

彰显中国文化自信，是道路自信、理论自信、制度自信的基础，是文化强国战略的前提。习近平新时代中国特色社会主义思想深刻阐释了中华优秀传统文化的精神内涵，其治国理政思想是对中国传统治国安邦、修齐治平思想的超越与转化；"人类命运共同体"理念是对"天下为公""世界大同""仁者爱人"思想的创新性发展。对于21世纪人类发展的共同困境与难题，中华文化和东方智慧在破解现代化困局、推动生态保护、完善社会治理、健全行政伦理、促进民族交往、强化道德建设等方面都提供了重要启示和解决路径。当今世界正处在经济全球化、社会信息化、文化多样化时期，中华传统优秀文化蕴含着解决当代人类面临问题的重要启示，中华民族秉承共商共建共享的全球治理观，正在为构建人类命运共同体贡献中国智慧。

不忘本来才能开辟未来，善于继承才能更好创新。中华优秀传统文化进课堂仅仅是起点，而非终点，未来依旧任重道远。"一个国家、一个民族的强盛，总是以文化兴盛为支撑的，中华民族伟大复兴需要以中华文化发展繁荣为条件。"（习近平）步入新时代，我们要使中华民族优秀文化基因与当代文化相适应、与现代社会相协调，以人们喜闻乐见、具有广泛参与性的方式推广开来，把跨越时空、超越国度、富有永恒魅力、具有当代价值的文化精神弘扬起来，把继承传统优秀文化又弘扬时代精神、立足本国又面向世界的中国文化创新成果传播出去。五千年绵延不绝的中华文明是文化血脉的延续，是建立中国文化自信的有力支撑，不断从中华传统文化中发掘合理资源，继承传统、创新传统，将传统文化与现当代文化、新时代文化融会贯通，是我们共同的责任和使命。

诚然，中华优秀传统文化步入现代化需要完成落实一系列相关任务和具体措施，比如：中华老字号保护发展工程、中国传统节日振兴工程；城镇化建设、城市规划设计、城市公共空间吸纳传统文化标志性元素；加强对传统历法、节气、生肖和饮食、医药等的研究阐释、活态利用；实施中华节庆礼仪服装服饰计划；大力发展文化旅游、传统体育，培育符合现代人需求的传统休闲文化……中华传统文化的要素，一方面记录在汗牛充栋、卷帙浩繁的文化典籍当中，另一方面又以非文本的形式，存留于社会日常生活之中。这就要求我们要下大力挖掘传统文化中的优秀特质，推陈出新，使之为现代化建设服务。

著名古典文学专家、北大教授、《国学研究》主编袁行霈先生说："弘扬传统文化，可以利用各种传媒手段，特别是群众喜闻乐见的形式，应当落实到提高人的素质上，让传统文化的营养像春雨一样沁入人的心田。这是一个相当长的过程，不可急功近利，尤其不可进行商业炒作。用商业的方式炒作国学，甚至用国学来牟利，从根本上违背了学术的宗旨。"可以断言，抛弃传统、丢掉根本、异化宗旨，就等于割断了自己的精神命脉，而离开了中华优秀传统文化的本真，中国特色、中国气派和中国风格就无从谈起。

四、中华传统文化现代化的现实意义

"国民之魂，文以化之；国家之魂，文以铸之。"在历史的长河中，文化使人类告别野蛮与愚昧，形成民族、国家、社会的精神支柱，催生了无穷无尽的创新力、创造力，推动人类社会从蛮荒时代进入高度发达的文明阶段。近年来，党中央高度重视中华优秀传统文化的传承发展，始终从中华民族最深沉、最深厚精神追求的深度看待优秀传统文化，从国家战略资源的高度继承优秀传统文化，从推动中华民族现代化进程的角度创新发展优秀传统文化，使之成为实现"两个一百年"奋斗目标和中华民族伟大复兴中国梦的根本性力量。

随着科学技术的飞速发展，人类开始进入信息社会，各民族文化相互交流的深度和广度在不断拓展，"地球村"变得越来越小。在中华优秀传统文化现代化进程中，我们尊重世界上每一种不同的文化形式与文化表现，但还要防止现代开放社会给优秀传统文化造成破坏和冲击。在经济全球化和市场经济飞速发展的今天，社会更加开放，思想更加多元，科学技术的发展使我们接触外界的途径和渠道越来越多样便捷，西方各种文化与价值观涌入中国，给传统文化带来挑战，给中华民族原有的价值观念体系造成一定冲击。传统文化中重义轻利、勤俭朴素、尊老爱幼的道德观念受到拜金主义、享乐主义和奢靡浪费之风的极大干扰，金钱至上的观点与传统的"克勤于邦，克俭于家"等思想格格不入，这些极易导致人们价值观的混乱和社会意识的迷茫，使得传统文化的继承和传播更加阻塞。

还有，西方资本主义国家个别政治势力披着民主、自由、人权的外衣，隐蔽于正常的经济文化交流背景下，一直以来对中华传统文化进行渗透、消解和侵蚀，到处传递西方腐朽的"普世"价值观，极尽所能地使中华优秀传统文化边缘化。这种现象必须要得到我们的高度重视和及时纠正。

中华优秀传统文化是中国最深厚的文化软实力，也是中国特色社会主义植根的文化沃土。加强中华优秀传统文化教育，是构建中华优秀传统文化传承体系，推动文化传承创新的重要途径。面向未来，我们业已形成的符合中国国情的道路不能走偏，我国五千多年没有断流的文化传统更不能丢掉。文化自信是更基础、更广泛、更深厚的自信，是更基本、更深沉、更持久的力量。每一个中国人都要坚守中华文化立场，传承中华文化基因，展现中华审美风范，从中华民族的辉煌历史和国家发展的伟大成就中汲取精神力量，更加自觉地用中华优秀传统文化滋养中国特色社会主义实践。如此，"以古人之规矩，开自己之生面"的文化强国之势才能蔚为大观。

党的十九大以来，在马克思诞辰200周年、改革开放40周年、五四运动100周年、港澳回归20周年、中华人民共和国成立70周年、中国共产党喜迎100周年生日的一系列重要时间节点，在为"两个一百年"奋斗目标承前启后、继往开来的历史关头，在中国和平崛起、引领构建人类命运共同体的时代潮头，我们更加深切地明白，中华优秀传统文化不仅是历史上中华民族战胜种种艰难险阻而薪火相传的伟大精神瑰宝，也是新时代实现中华民族伟大复兴中国梦的重要精神支撑。

教育部《完善中华优秀传统文化教育指导纲要》强调，加强中华优秀传统文化教育，是深化中国特色社会主义教育和中国梦宣传教育的重要组成部分，是构建中华优秀传统文化传承体系、推动文化传承创新的重要途径，是培育和践行社会主义核心价值观、落实立德树人根本任务的重要基础。面对新时代伟大目标，广大青年学生要认真汲取中华优秀传统文化的思想精华和道德精髓，大力弘扬以爱国主义为核心的民族精神和以改革创新为核心的时代精神，继承阐发中华优秀传统文化讲仁爱、重民本、守诚信、崇正义、尚和合、求大同的时代价值，争做中华优秀传统文化的守护者、传承者、践行者，使中华优秀传统文化成为涵养社会主义核心价值观的重要源泉，为展示中国文化，诠释中国文明，弘扬中国精神，彰显中国力量，作出无愧于新时代的卓越贡献！

思考与练习

1. 中华传统文化卷帙浩繁，人物众多。请你从自身兴趣爱好出发，设计一张表格，填写你最喜欢的文化典籍、最崇敬的历史名人、最动心的历史事件等，并概述其重点。

2. 近年来教育界、学术界很多专家学者呼吁，将中华传统文化纳入国家课程，在大中小学尤其是义务教育阶段单独设科。有的学者甚至比喻说，传统文化教育应成为所有学生经常性、有规律性的"正餐"，而不是个别地区、个别学校、部分学生偶尔零星的"点心"。请你结合所在学校或地区，谈谈自己的看法。

3. 传统文化走向现代化是个宏大命题，每个人特别是"文化人"都有责任。请认真思考，弘扬中华优秀传统文化对于推进中国特色社会主义建设、打造人类命运共同体的深刻意义。

第三节　文化的类型与结构

学习提示

　　这一节我们从宏观上再次认识文化，目的是为深入中华传统文化内部进行学习和研究做理论准备。

　　任何事物都有自己的特点，依据特点或其他特质可以区分为不同的类别，物以类聚，文化也是这样。任何事物的内部都有自己规律性的结构，文化也不例外。我们研究文化的类型和结构，就可以用更广阔的视角，比较审视中华传统文化，更系统深刻地剖析中华传统文化。所以，我们后面几章展开对中华传统文化的具体研究分析时，就是按照文化结构的主流观点——四层次说进行编排的。同时，把中华优秀传统文化中有特色的文化类型也介绍给学生，领略它们的魅力和风采。

　　这一节的表述，多运用文化学的语言，学生可能比较陌生。请在学习中多读几遍，多琢磨一下，多联想开来，就会发现语言的奇妙，学习的乐趣。

学习目标

　1. 了解文化分类方法的多样性；

　2. 理解文化结构四层次的内涵；

　3. 学习文化的类型和结构，是为了将浩大繁杂的文化现象进行划分和剖析，使文化的面貌变得更加清晰、更有条理。

一、文化的类型

　　由于地理环境、物质生产方式和社会结构的差异，世界各民族文化呈现千姿百态的差异，形成了不同的文化类型。其中一些文化类型具有顽强的延续力，成为文化传统。

　　文化类型是不同的民族文化适应环境而产生的有代表性的、有因果联系的文化特质的总和。游牧民族在广阔草原生活，形成了流动性和外向性的文化特点；海洋文化则在风浪中造就了冒险精神和开放性的民族性格；河谷和平原的农耕文化安土避迁，追求稳定，极具包容、吸收、同化力。文化类型呈现了人类与自然的相处相和相争的壮阔历史，也显示了人与社会、人与人的融合、变动、稳定的复杂过程。文化类型的研究给我们展示了文化丰富的内容、丰厚的内涵。

　　划分类型要有一致的标准，不同的标准形成不同的分类方法。文化类型的划分各有标准，设定这些标准，各有其因，也各有其用。下面列举部分分类方法：

　　按地理环境划分：东方文化、西方文化、海洋文化、大陆文化等；

　　按发展进程划分：原始文化、古代文化、近代文化、现代文化等；

　　按生产方式划分：农耕文化、工商文化、游牧文化、渔猎文化等。

　　在一种文化的内部，为研究需要，也可区分类型。如：

　　按社会功能划分：礼仪文化、制度文化、企业文化、校园文化等；

　　按社会分层划分：贵族文化、平民文化、官方文化、民间文化等；

　　按包含内容划分：高雅文化、通俗文化、隐逸文化、庙堂文化等。

　　还有一些文化因其特点突出，为研究、传承、传播的需要，也命名为某某文化。如中华优秀传统文化中的中医文化、陶瓷文化、茶文化、节日文化、武术文化等。

　　中华传统文化属于何种类型呢？目前学术界的共识是：中华传统文化是典型的伦理型文化。伦理型文化是以德为本的文化，它重道德、重人生、重修养、重群体、重家国、重传统。

　　中华传统文化的伦理性特征，是与中国的特定自然条件和社会历史条件分不开的。半封闭的大陆性地域、农业经济格局、宗法与专制的社会组织结构，孕育了伦理类型的中华传统文化。这种文化类型深刻影响了社会观念、社会心理和人们的行为规范，孝亲敬祖、尊师崇古、修己务实、不佞鬼神、乐天安命成为中华民族的普遍观念和行为状态。

　　"乾称父，坤称母""民吾同胞，物吾与也"——宋代张载把天地看作父母，把百姓看作兄弟，把万物看作朋友，把人伦观念融入天地万物之中，代表了典型的中国传统文化的伦理性特征。

　　旁观者清，中华传统文化德性文化的特征，被西方一些哲学大师一语道破。斯宾格勒说：道德灵魂是中国文化的基本象征符号。黑格尔指出：中国纯粹建立在一种道德的结合上，国家的特征便是客观的家庭孝敬。

　　由此看来，中华传统文化伦理性特征既来源于中国古代宗法体系的完善和长期影响，也是以血缘意识、孝道为核心的伦理道德的延伸。

　　中华传统文化伦理性特征对思想界学术界影响巨大，成为众多学科的出发点和归宿，如政治学强调道德评判，文学强调教化功能，教育强调德育为首，哲学变成了道德哲学。

中华传统伦理型文化的积极作用十分明显，也十分巨大，如：宣扬道德面前人人平等，人皆可以为尧舜（孟子）；用伦理形成对统治者的道德约束；用道德规范行使对社会的稳定调节作用；用家国情怀激励人们的正义感、爱国精神和高风亮节。

伦理型文化的消极作用也不可轻视：它将伦理关系凝固化、绝对化，成为人身压迫、精神虐杀的理论之源，为维护专制政权起到了重要作用；在家国同构的社会中，宗法血缘关系压抑了个性；保守倾向也扼杀了人的创造性，阻滞着思想的发展。

二、文化的结构

（一）结构分析

文化是一个广泛、复杂、变化着的大系统。面对繁杂的文化现象，产生认识的差异十分自然。关于文化的定义众说纷纭，据说已达200余种，但是还是形成了一些对文化的共识：第一，文化是精神力量；第二，文化是社会共同的行为和结果，是集体意识；第三，在范畴上，有大文化与小文化的区分。

大文化涵盖了人类的物质创造活动及成果、社会创造活动及成果、精神创造活动及成果；也就是说，凡是超越本能的、人类有意识地作用于自然界和社会的一切活动和成果，都属于大文化。小文化专指人类的精神创造活动及成果，如信仰、哲学、文学、艺术、道德、知识等，它是文化的核心部分。小文化从属于大文化，二者有着不可分割的联系，物质决定精神，社会影响精神，小文化和大文化是密不可分的统一体。

面对如此庞杂的文化现象，我们自然要把文化的结构分析作为文化研究的重要环节。

文化来自人类的物质活动、社会活动、精神活动。文化结构自然依存于人类创造文化的活动，由此产生了文化结构的两分说、三层次说、四层次说和六子系统说。

两分说：文化由物质文化和精神文化两部分组成。

三层次说：文化由物质、制度、精神三层次组成。

四层次说：文化由精神、物质、制度、风俗四层次组成。

六子系统说：文化由物质、社会关系、精神、艺术、语言符号、风俗习惯六个子系统组成。

本书以四层次说开展对中华优秀传统文化的探究。

（二）文化结构的四个层次

文化是改造自然、改造社会的活动，同时也改造着人类自身。在文化的创造过程中，有改造自然的物质创造活动，有构建社会的社会创造活动，也有同时改造人自身的精神创造活动。物质创造活动及其成果形成了物质文化，精神创造活动及其成果形成了精神文化，社会创造活动及其成果形成了制度文化和行为文化，这四种文化构成文化结构的四个层次。

1. 物质文化

物质文化是人类物质生产活动及其产品的总和，是具有物质实体的文化事物。它在文化结构中称为物态文化层，是文化结构的基础。人类为了生存，必须满足衣食住行等基本需要，为此，人类开展了对自然的认识、把握、利用、改造的创造性活动，产生了工艺、技术、科学，以及有关衣食住行的知识和成果。物质文化反映了生产力发展的水平，反映了人与自然的密不可分的关系。

物质文化对人们的社会生活和精神创造活动有着深刻影响，对心态文化、行为文化有着制约或推进的作用。

2. 精神文化

精神文化在文化结构中也称心态文化层。它是人类在社会实践活动和思维意识活动中长期育化的成果，如价值观念、审美情趣、思维方式等。精神文化在文化结构中占据重要地位，是文化的核心部分。文化学者认为，精神文化的内部是分层次的，心态文化层可分为社会心理和社会意识形态两个子层次，社会意识形态又区分为基层意识形态和高层意识形态。社会心理是日常的大众心态，未经理论和艺术加工，如人们的情绪、愿望、追求等。社会意识形态是经过专家系统加工的社会心理和社会意识，往往呈现为作品形态，如基层意识形态的政治理论、法权理论，高层意识形态的哲学、文学、艺术、宗教等。精神文化的各个层次、各个文化种类之间有着密切联系，相互影响，相互作用。

3. 制度文化

制度文化是人类在社会活动中建立的各种社会规范、社会组织的汇集。这种社会规范和社会组织的汇集，构成了文化结构中的制度文化层。人类高于动物、特别是智人崛起的根本原因，是他们在创造物质财富的同时，利用语言创造了一个联结人类、服务人类又约束人类的社会环境，逐步建立了规范社会各种关系的准则和相关组织，如经济制度、家族制度、婚姻制度、教育制度、政治制度，以及家族、民族、国家等。这些文化成果构成的制度文化层，处于文化结构的中间层，它的特质和发展水平往往是由物质创造活动决定的。换个角度看，即经济基础决定上层建筑。

4. 行为文化

行为文化是人类在社会实践中，特别是在人际交往中约定俗成的行为习惯。行为文化在文化结构中称为行为文化层，多见于民间的日常生活中，如传统礼仪、传统节日、民族风俗、地域风俗等。对于行为文化中的民俗文化的特质，民俗学研究泰斗钟敬文先生有精辟阐述：民俗文化"首先是社会的、集体的，它不是个人有意无意的创作。即使有的原来是个人或少数人创立和发起的，但是它们也必须经过集体的同意和反复的履行，才能成为民俗。其次，跟集体性密切相关，这种现象不是个性的，而是类型的或模式的。再次，它们在时间上是传承的，在空间上是播布的。"（钟敬文《民俗学》，1984年）民俗文化是个人类的大课题，中国民俗文化更是中国传统文化的大课题，值得大家重视。

  思考与练习

1. 学术界认为中华传统文化是伦理型文化，并分析了它的积极作用和消极作用。对此，你有什么看法？

2. 请收集几个你熟悉的中华优秀传统文化种类，分析一下，它们应该划入文化结构中的哪个层次？

 文化践行活动

1. 考察参观当地的博物馆、古迹、地方史志馆；
2. 找一找当地与传统文化各时期的文化标志相关的内容和遗迹；
3. 写出考察报告，组织各小组交流。

> 1. 四大文明古国
>
> 这是对世界历史上四大古代原生文明的统称，分别是古巴比伦、古埃及、古印度和中国（不加"古"字，意味着从未断裂），分别对应两河流域、尼罗河流域、恒河流域、黄河流域这四个大型人类文明发源地。按照国际学术界达成的普遍共识，"四大文明"不包括希腊文明、罗马文明、波斯文明、爱琴文明、玛雅文明等派生文明。
>
> 2. 孔子
>
> 孔子是我国古代伟大的思想家、政治家和教育家，是儒家学派的创始人。他不仅对中华文化发展产生了深远影响，也对世界教育活动的发展作出了卓越贡献，被推崇为"圣人"，受到后人景仰。联合国教科文组织把他列为世界十大历史文化名人之一。据说孔门弟子先后有三千人，才学优异的有七十二人，

形成了一个较有影响力的儒家学派。

在孔子的教育思想中，最具光辉的应该是"有教无类"。孔子之前，教育局限在统治阶层范围，扼杀了平民百姓的求知欲望。孔子明确提出"有教无类"（《论语·卫灵公》），开创了文化下移和普及教育的新路，是中国教育史上划时代的创举。

因材施教、循序渐进是孔子在教育教学方面最有价值的方法之一。因材施教的基本方法是启发诱导。孔子说"不愤不启，不悱不发"（《论语·述而》），要求在教学中掌握学生的心理状态，了解学生的个性差异，务使教学的内容与方法适合学生的接受水平和要求，在教学过程中要调动学生的主动性和求知欲。

孔子要求学以致用，学思结合，即把知识运用到生活实践中；认为求学需爱学、乐学，"知之者不如好之者，好之者不如乐之者"。关于学习方法，他认为首先要专心致志，知难而进，其次要虚心求教，不耻下问，还要举一反三，灵活运用。他的教育思想成为我国封建社会教育思想的主要内容。

第二章 精神文化

导言

中华优秀传统文化从孕育发生到发展壮大,历时悠长,是一个物质文化和精神文化日臻完善的过程,一直行进在具有鲜明中华民族特色的道路上。其中,体现中华民族特有的意识形态的精神文化处于核心地位,原因就在于相对于其他层面的文化来说,精神文化具有更优越的继承性,同时在实践当中具有更强、更丰富的待完成性。中华民族的精神文化主要包括哲学、宗教、伦理道德以及审美四个方面,为中华民族构建了强大的精神家园,是中华民族的价值导向、精神源泉、民族凝聚力的精髓所在,同时也是推动物质发展的重要动力。

基于此,审视、把握中华民族传统文化中优秀的精神文化,是我们面临的重要命题,是我们文化自信的源泉。从深层意义上讲,文化自信的本质和根源是中华文化所蕴含、发展、架构、融通的精神价值、理性价值,以及与现实实践相契合的社会价值,及其对此的充分自信。这种源于优秀传统文化的文化自信对中华民族这个礼仪文化之邦的接续和复兴意义重大,而且会为世界文明的进步发展作出独特的贡献。

视野拓展

书籍

1. 老子. 道德经全集 [M]. 北京:光明日报出版社,2015.
2. 冯友兰. 中国哲学简史 [M]. 涂又光,译. 北京:北京大学出版社,2013.
3. 宗白华. 美学散步 [M]. 上海:上海人民出版社,1981.

在线课程

1. 傅学敏等,《中国风雅文化导学》,西华师范大学,中国大学 MOOC,http://www.icourse163.org/course/CWNU-1002603048.

2. 秦仁强等,《美术鉴赏——中国传统绘画鉴赏》,华中农业大学,中国大学 MOOC,http://www.icourse163.org/course/HZAU-1002471003.

第一节 中华传统哲学文化

学习提示

有位学者说过,"哲人之为哲人,就在于看到了整个人生的全景和限度,因而能够站在整体的高度与一切个别灾难拉开距离,达成和解"。那么,哲学是怎么样的一种文化形式?中华传统哲学与我们当下的生活又有哪些千丝万缕的联系呢?在这部分内容中,我们主要带领同学们走近中华传统哲学,去了解作为一种系统化、理论化的世界观和方法论,中华传统哲学是如何认识世界、在历史上是如何承担中国知识分子安身立命的功能的,以及中华传统哲学的现代意义。同学们,让我们来一次深邃的哲学之旅吧!

学习目标

1. 了解传统哲学独特的思想价值观;
2. 把握传统哲学对中国社会的巨大影响。

千百年来,中国传统哲学从先秦时代姗姗走来,与同时期世界其他地区的哲学相比,属于少数达到较高水平的哲学形态之一。中国传统哲学思想主要由儒、佛、道三家文化为主流组成,为国人提供了最终的精神归宿。

中国传统哲学源远流长,致力于研究对世界及人类自身的认识,形成了自己独具特色的自然观、历史观、人性论、认识论和方法论,特别强调哲学与伦理的联系,以独有的智慧为中华文化和世界文化作出了重要的贡献。

一、传统哲学的观念

在西方文化中,古希腊文明、古希伯来文明和古罗马法制文明这三大源头都汇总于基督教,并以宗教信仰的形式在西方构筑起庞大的文化体系,可以说宗教是西方文化的核心,因此西方文化也往往被称为"基督教文化"或"基督教文明"。而在中华文化中,宗教的功能基本上是由哲学承担的。

中华传统哲学文化可以说是中华传统文化的精髓，是对于人类生存的深度审视和思考，是从总体上指引人们更好地处理和驾驭自己同外部世界的关系的智慧学。了解中华传统哲学文化对把握中华民族特有的思维方式、价值观念等有着非常重要的意义。

（一）儒家的普世情怀——仁爱与天人合一

原始儒家的代表人物有孔子、孟子、荀子等。传统儒学主张天人合一，即人与自然的和谐合一，强调人道和天道的一致。可以说，传统哲学的基本问题之一就是天人关系问题，而天人合一也是传统哲学特有的哲学思维模式。传统哲学一直在谋求与自然的融合以求真正的自然法则。

"天"这一概念在中华传统文化中是有多重含义的，儒家学者赋予"天"以"自然之天""命运之天""意志之天""伦理之天"等意义。孔子进一步发展了前人的天人思想，从人道上突破了原始天命观的限制，以"天命"和"人道"作为联系天人之间的纽带，将"仁"作为实现贯通天人关系的途径，通过"修己""安人"的修养功夫体悟天人的和谐之境。儒家的普世情怀，是其伦理思想的起点和动力。在儒家思想中，"天人合一"是一个不懈追求的境界，也就是表达宇宙万物之"天"与表达生命与亲情的"人"是自然统一起来的。"天人合一"的思维方式表明"天人"是相关的，天性体现人性，或天德以人德为转移。儒家思想强调"天地之性，人为贵"，"人者，天地之心"，认为人是宇宙的中心，天地万物秉承"天命"而生生不息，这其中自然蕴含着"人"，而"人"的生命情怀、伦理价值也展示"天"的价值。

"仁"是仁爱，是儒家思想的核心，也是中华民族道德精神的象征。孔子是把"仁"作为人的最高德性提出的，而且将其完善成为一种人本哲学。《论语》从各种角度对"仁"进行阐释："仁"，对内就是修身以达到精神与道德的最高境界——"君子"；体现在政治上，就是博施济众的仁政，以周礼为其外在表现形式；体现在教育上，是有教无类，是更加顺应人性的教育思想与教育方法，也是促使人的全面发展。以"仁"为总纲的儒家思想体系让儒家学说始终处于主流文化的地位，从而使仁学精神由原始的道德观念上升为具有实践意义和人文精神的哲学范畴。

（二）道家的人生智慧——崇尚自然

道家思想起始于春秋末期的老子，以老子、庄子为代表，崇尚自然，有辩证法的因素和无神论的倾向，主张清静无为，反对斗争，提倡道法自然，无所不容，自然无为，与自然和谐相处。在先秦各学派中，道家的地位不如儒家、墨家高，门徒数量也少于儒家、墨家等，但随着历史的发展，道家思想以其独有的人生领悟，在哲学思想上呈现出永恒的价值与生命力。

"道"是道家哲学思想的核心，老子认为"道"是世界本源，天地间万事万物都

由"道"而生,同时"道"也是存在于万物之中的普遍法则。同时,两个互相矛盾的对立面以及对立面的相互转化都是由"道"完成的,只有领会、体悟了"道",才能更好地顺应自然。

道家崇尚自然、返璞归真,提醒人们不应无度追求财富、成就、功名等。老子说:"失道而后德,失德而后仁,失仁而后义,失义而后礼。"(《道德经》第三十八章)让一切事物都回复到其原始的自然状态,让事物显示其本来的面目,人们保持质朴的天性,这就是返璞归真。崇尚自然是道家哲学的主要思想特点,道家思想深刻地揭示出人与自然分离的现象,一直致力于寻找一种人与自然重新契合的生存方式。"以其不争,故天下莫能与之争"也是利用了转化思想完成的,淡泊名利,不争也是争。

(三)佛教文化的众生平等

印度佛教自秦汉时期传入中国后,和中华民族传统的儒家、道家思想等碰撞、融合,形成了独具中国特色的中国佛教文化。中国化了的佛教宗派,主要有天台宗、华严宗和禅宗。

《长阿含经》指出:"尔时无有男女、尊卑、上下,亦无异名,众共生世故名众生。"佛陀自称"我今亦是人数",意思是佛与众生本来都是平等不二的,差别只是在能否灭除烦恼;能灭除烦恼的是佛,反之,是众生。可以说,在对待生命的问题上,佛教的视野更为开阔,并没有仅仅局限于人类本身。

佛教文化中有业报观,讲求对世间万物都报以同等的慈悲,慈悲的对象不只是人类,也包括一切有情众生。在佛教看来,众生平等,人与动物没有高下之分,一切生命都是平等的,都需要受到保护。佛教传入中国后,中国佛教对"众生"内涵进一步发展,即以佛性作为众生平等的理论依据,把人类对生命的关爱和平等的理念由"有情众生"进一步扩展到了"无情众生",提出了"无情有性"的观点,通俗的说法就是认为不但一切有情众生,而且如草木瓦石等无情众生也同样有佛性。

(四)宋明理学的知与行

宋明理学,也称道学,即为两宋至明代的儒学,虽然是儒学,但同时借鉴了道家、玄学,甚至是道教和佛学的思想。宋明时期儒学的发展是儒、释、道三教长期争论和融合的果实,也是春秋战国和汉代这一历史时期所形成的儒学在新的历史条件下的思想体系的完善过程。它以程朱理学和陆王心学的形态呈现出来,对中国社会政治、文化教育以及伦理道德都产生了深远影响。

理学有广义和狭义之分。广义理学就是指宋明以来形成的占主导地位的儒家哲学思想体系,包括:①在宋代占统治地位的以洛学为主干的道学,至南宋朱熹达顶峰的以"理"为最高范畴的思想体系,后来习惯用"理学"指称其思想体系。②在

宋代产生而在明代中后期占主导地位的以"心"为最高范畴的思想体系，以陆九渊、王守仁为代表的"心学"。狭义理学则专指程朱理学。

宋明理学有着很强的思辨性。关于知行的关系问题（中国传统哲学中所谓"知"，即是指认识，包括对一般事物的认识和对道德的认识。所谓"行"，是指行为，包括日常生活中的一般行为和道德行为），张载提出了"见闻之知"与"德性所知"，主张"耳目内外之合"的"见闻之知"是关于事物的认识，"合内外于耳目之外"的"德性所知"是关于天道的认识。张载主要强调的是认识与道德的联系，从某种程度上说属于神秘的直觉主义。程颐则分别提出了"闻见之知"与"德性之知"，他所说的"德性之知"主要是对"理"的认识，同张载所谓"德性所知"有一定区别。程颐论求知方法，强调格物，说"今人欲致知，须要格物。物不必谓事物然后谓之物也，自一身之中，至万物之理，但理会得多，相次自然豁然有觉处"，主张只要研究了自己身心和万事万物之理，就能觉悟最本真的理了。行"须以知为本，知之深则行之必至"，也就是知先行后这样一种知行关系，这是程颐的主要观点。

朱熹继程颐后提出"即物而穷其理"，"即凡天下之物莫不因其已知之理而益穷之，以求至乎其极"，然后"一旦豁然贯通"，就达到最高认识了。在知行关系方面，朱熹认为知在行先，"论先后，知为先；论轻重，行为重。"陆九渊则认为朱熹"即物穷理"的方法过于烦琐，主张直接求理于心。他认为"人皆有是心，心皆具是理"，能反省内求，此"理"自然明白起来。陆九渊也主张知先行后说。王守仁提出"知行合一"说，强调知行不是二事，认为"知是行的主意，行是知的工夫"。又说："知之真切笃实处即是行；行之明觉精察处即是知。"实际上，这是抹煞知与行的界限，以知为行。王夫之批评王守仁的知行合一论，认为"其所谓知者非知，而行者非行也"，是"销行以为知"。他指出：知行"相资以互用"，既相互区别又相互依赖。二者之中，行是基础，"知也者固以行为功者也，行也者不以知为功也；行焉可以得知之效也，知焉未可以得行之效也。"他肯定行先知后。宋元明清时代中国古代哲人对于知行问题的唯物主义总结，反映了宋明理学在思考和解决现实社会问题与文化问题中所生发出来的哲学智慧。可以说，宋明理学对中国古代社会后半期社会发展和文明走势的影响不容小觑，儒学也因此重新走上正统地位。当下的中国社会文化仍然受到宋明理学的深远影响。

宋明理学对塑造中华民族的性格特征起到了非常重要的作用——重视主观意志，注重气节道德、自我调节、发愤图强，强调人的社会责任感和历史使命，凸现人性。但是，宋明理学以三纲五常维持专制统治，在一定程度上压制和扼杀了人的本能欲望和创造性，这一点与当时统治阶级压制人民的需要相适应，因而成为南宋以后很长一段时间居于重要地位的官方哲学。

二、传统哲学的思维特征

中国哲学的思维方式倾向于整体性、有机性与连续性。自强不息、实事求是、以人为本等都是传统哲学的突出精神，而内外和谐、天人合一的精神境界是传统哲学一直未曾改变的追求。可以说，传统哲学揭示了中华民族特有的民族性格、思维方式、认知结构、价值观念。

中国古代的多数哲人，都赋予客观事实以价值意义，都赋予事实判断以价值含义。他们将主体与客体融合为一，也就是将主体人的价值意识和价值因素，如情感、意志、信念、理想、德性、情操、美感等直接投射到客观事物之上。

（一）整体思维

传统哲学在思维方式方面非常注重整体关联，主张任何事物都不是孤立的，而是相互关联在一起的，只有把部分放到整体里面去，才能正确认识它。

传统哲学整体思维的一个突出表现就是天人合一的思想。把天地、人、社会看作密切贯通的整体，认为天地人我、人身人心都处在一个整体系统中，各系统要素之间存在着互相依存的联系。儒家的孟子说："夫君子所过者化，所存者神，上下与天地同流，岂曰小补之哉？"（《孟子·尽心上》）道家的庄子说："天地与我并生，而万物与我为一。"（《庄子·齐物论》）阴阳学说和五行学到了汉代有了显著的发展，对阴阳的对立统一关系、阴阳相互调节维持整体平衡的功能，都作了充分的说明。宋明理学提出，人的行为、道德的规范，人的思想、行为与天地秩序相合，才能真正实现"天—地—人"宇宙大系统的和谐统一。

可以说，在传统哲学的视野中，不论有多少事物，不论现象有多么复杂，都可以用一个"道"来贯通（唐宋以后也说"理"），所谓求道、悟道、证道、传道。传统哲学运用整体思维，逐步深入探索世界是何种存在，注重从直观体验、心性、精神去接近天理。

（二）直觉思维

儒家、道家都主张以直觉为基础去领悟、把握宇宙和人生。庄子的"乘物以游心""游心于物之初"都是讲直观、体悟一切存在的根源与自然运行的规律。宋代张载的"大其心则能体天下之物"，朱熹的"众物之表里精粗无不到，吾心之全体大用无不明"，陆九渊的"吾心"与"宇宙"相冥契，则是强调用身心体验宇宙终极的实在。庄子笔下的"庖丁解牛"通过阐述超越技巧达到自由创造的境界就是直觉思维的经典呈现。

直觉思维是中国哲学在思维方式方面的一个显著特征，更加强调直觉参悟、经世致用，但是在逻辑推理方面则体现出了一定程度的缺失。

整体思维和直觉思维代表了传统哲学的精神所在,是中华民族意识形态层面对世界的一种独特的观照视角,对中国以及世界文化、社会的发展意义深远。

(三)辩证思维

传统哲学将本体论、认识论与道德论融合,较为注重客观辩证地认识世界,反映了唯物与辩证的思维传统。运用对立统一的观点、方法来认识、分析各种自然、社会现象及其变化,是注重辩证思维的哲学。老子提出"正言若反""有无相生,难易相成,长短相形,音声相和,前后相随""祸兮福所依,福兮祸所伏";孔子主张"叩其两端",遇到什么问题,从两方面来考虑,问题就解决了。西方哲学也讲求辩证思维,但其更加重视概念和逻辑,而中国哲学讲的辩证思维比较注重对立的统一、注重和谐,认为和谐、对立的融合是最重要的。与更加关注静态物质世界的西方哲学不同,中国哲学更加关注人,而人世间的事情是变动不居、瞬息万变的,所以只能用动态的方法整体把握。"中庸之道"的提出就是一个鲜明的体现,"中"就是事物的平衡,把握适度,过犹不及,追求动态平衡。

传统哲学具有丰富的朴素辩证法的思维传统,许多哲学家运用不同的术语表达了他们的辩证思想。如老子的"反者道之动",《易传》提出"一阴一阳之谓道",宋明理学家提出的"一物两体""分一为二,合二以一"等,他们把宇宙的演化视为一系列生成、转化的过程,把天地、万物、动、静、形、神视为相互区别又相互联系的矛盾统一体。传统哲学的辩证思维对中华传统文化的发展、民族智慧的开发都起到了积极的促进作用。

思考与练习

1. 举例分析儒家文化对现代社会的影响。
2. 佛教传入中国后发生了哪些变化?

第二节 中华传统伦理道德文化

学习提示

同学们对"中国是文明古国、礼仪之邦"这句话一定非常熟悉吧？

是的，中华民族重德行、贵礼仪，在世界上素来享有盛誉。自古以来，中华传统伦理道德始终是中华民族赖以生存和发展的道德根基和思想基础，始终是中华民族赖以生存和发展的重要精神支柱和精神动力。那么，在这部分内容中，我们和同学们一起认识中华传统伦理道德文化这块瑰宝吧！

学习目标

1. 对中华传统美德形成一个完整的、有机的认识；
2. 把握中华传统美德具体的道德内涵。

在文化系统中，伦理道德是对社会生活秩序和个体生命秩序的深层设计。

"求木之长者，必固其根本；欲流之远者，必浚其泉源。"（唐代魏徵《谏太宗十思疏》）中华传统伦理道德的形成是基于中华传统文化形成的两个基础（小农自然经济的生产方式、家国一体的宗法社会结构）。自周朝起，伦理道德精神逐渐成为中华文化精神中的主流，儒家文化继承的就是周朝的礼乐文化。中华民族的传统伦理道德文化有着十分丰富的内涵，当代中国社会主义核心价值体系正是植根于这片文化土壤才得以构建。不可否认的是，中华传统伦理道德文化存在着一定程度的消极因素，但其伦理原则中体现的整体至上、自强不息、修身自律等精神成为彰显中华民族自身价值文化发展主体性的重要支撑，对整个民族的发展意义深远。

一、中华传统美德

传统伦理道德文化是指一个民族由历史沿袭而来的道德观念、伦理思想的综合体，具体地体现于人们的行为方式、风俗习惯上，是构成一个民族所特有的文化心理结构的重要因素，也是一个民族的民族精神的重要内容。可以说，中华传统伦理道德文化是中华传统文化的核心部分，也是中华传统文化的主要载体。因为任何一个民族的传统文化得以传承和延续的力量和原因，不是以强制性的法律为前提的，而是对一定道德观念社会认同的结果。从这个意义上讲，正确对待传统伦理道德文化的问题，也是一个正确对待整个传统文化的问题。

中华传统美德属于传统伦理道德文化范畴。中华传统美德是中华民族的优秀品质，是优良的民族精神、崇高的民族气节、高尚的民族情感、良好的民族礼仪之总和。五千年历史流传下来的中华传统美德，形成了中华民族独特的道德人格，是人们处理人际关系、人与社会关系和人与自然关系实践的结晶，是代代相传、世世发展的民族智慧。中华传统美德是中华传统文化的灵魂，是建设和谐社会主义中国的精神力量。对于当代中国来说，加强道德建设必须承接中华传统美德，因为道德从来就是现实性与历史性的统一。社会主义道德生长于中华传统美德这片肥沃的土壤上，继承和发扬中国传统道德文明的精华，这是历史必然的要求。

中华传统美德具体表现为以下八个方面。

（一）孝敬父母、尊师重道

"孝"是中华传统美德中最具特色的部分，一般是指儿女的行为不应该违背父母、家族长辈以及先人的心意，是一种稳定家庭伦常关系的表现。

孝老爱亲是中华民族的传统美德，是中华民族的基本价值观。《说文解字》这样解释"孝"字："善事父母者。从老省，从子，子承老也。"可见，这个"孝"字，讲的是"老"与"子"的关系。《诗经》上有这样一段描述："父兮生我，母兮鞠我，拊我蓄我，长我育我，顾我复我，出入腹我。欲报之德，昊天罔极。""老"对"子"有养育之恩，"子"对"老"有赡养之责。在《论语》中，孔子指出："夫孝，天之经也，地之义也，民之行也。天地之经，而民是则之。则天之明，因地之利，以顺天下。是以其教不肃而成，其政不严而治。""人之行，莫大于孝""教民亲爱，莫善于孝""夫孝，德之本也"。

儒家《孝经》开宗明义章曰："身体发肤，受之父母，不敢毁伤，孝之始也；立身行道，扬名于后世，以显父母，孝之终也。夫孝，始于事亲，中于事君，终于立身。"从中可见，中华传统文化"孝"的观念不仅仅是孝顺父母而已，孝顺父母只是孝道的开始。

孝作为家庭伦理规范，构成了家庭的核心感情纽带，有维持家庭稳定的功能和作用，也对中国社会的稳定起到了极为重要的作用。在古代，中华民族有着敬老孝亲的良好风气，在当下的商品经济时代，弘扬养老敬老的孝道传统，仍然具有十分重要的现实意义。

"尊师重道"是指尊敬师长，重视老师的教导，这可以看成"孝道"的延伸。在中华民族的历史发展中，师道的尊严，与"君""亲"并行，这种优良传统精神的存在，到今天更有其特殊的价值。

（二）爱国爱民、团结友爱

爱国是立德之源、立功之本。爱国爱民是一种蕴藏于心的真切情感，是心之所系、情之所归。以天下为己任的社会责任感、使命感，把人生的理想抱负与国家的富强和平联系在一起，这样一份对祖国的感情不仅是一种个人情怀，更是一种具有强大民族凝聚力、号召力的精神力量。中华民族只有在爱国情感中凝聚共识、激发力量、团结奋进，才能不断开拓前进、创造伟业。

中华传统伦理道德文化始终以家国一体为核心而发展，爱国主义是我们民族精神的核心，爱国爱民、团结友爱是中华民族团结奋斗、自强不息的精神纽带。

（三）恭敬有礼、谦虚和气

中国是礼仪之邦，"礼"在中华文化中意义重大。注重礼义是中华民族文化精神熠熠闪光的重要原因之一，中华传统美德中的谦恭礼让是群体和谐所要求的重要德行。

孔子说："夫礼，先王以承天之道，以治人之情。故失之者死，得之者生。故圣人以礼示之，故天下国家可得而正也。"（《礼记·礼运》）这指出，国家兴旺发达需要按照礼制准则，而这个礼义规制就是天道、人道，是情与理的统一；遵循它，国家就强盛；不遵循它，国家就衰败。古代著名的政治家、思想家管仲，提出了"礼义廉耻，国之四维"的治国理念，把"礼"放在道德规范之首，表明"礼"已经由原来的一种习俗和仪式逐步地规范为一种道德教化和道德理念，升华为治国的四大要素之首。

好礼、有礼、谦虚和气、注重礼仪是中国人立身处世的重要美德。"满招损、谦受益"这个道理广为流传，在荣誉、利益面前谦让不争，在人际关系中互相尊重、和睦相处等，都体现了中华儿女的美好情操。

（四）见义勇为、见利思义

"义"是指民族利益和国家利益，"利"是指个人利益。强调社会利益高于个人利益，强调个体对整体的道德义务，这是一种植根于社会文化的群体精神，进而扩展到整个民族和国家的集体主义精神。在道德实践中，以义为上，见义勇为，见利思义，公利为重，具有普遍意义，体现着中国古代思想家对道德主体性的深刻理解。儒家思想特别重视公私之辨，要求人们以社会整体利益作为自己最高的价值原则与道德准则，认为公就是义，提倡"见利思义""重义轻利""以义制利""以义导利"的行为价值选择。朱熹指出："将天下正大底道理去处置事，便公；以自家私意去处之，便私。"

对义利关系的处理集中体现了中国伦理道德的价值取向。先义后利、以义制利是传统义利观的基本内容和合理内核，也是中华民族十分重要的传统美德，是中华道德精神的精髓。"生以载义""义以立生"升华为中华民族"杀身成仁""舍生取义"的崇高道德境界，这种道德观念是鼓舞志士仁人为民族大业义无反顾地献身的重要精神力量，也是中华民族崇高道德人格的光辉写照。

（五）知恩思报、清正廉洁

知恩思报，既是中华传统美德，也是道德生活中的重要原理与机制。孔子把"孝"的准则诉诸回报的情理，要回报父母的养育之恩、长辈的提携之恩、朋友的知遇之恩、国家的培养之恩。在漫长的文化积淀中，"知恩思报"已经成为中国人道德良知和道德良心的重要组成部分。

中国人历来就以勤俭节约、廉明正直著称于世。中国人以劳动自立自强，形成了热爱劳动、吃苦耐劳、诚实勤奋的优质品质。"俭以养德"就是要求"淡泊明志，宁静致远"，对为政者来说则主要是廉德。"廉"既是对为政者的要求，也是一般人应有的品德，因为无"廉"则不"洁"，"无廉"则不"明"。"廉"的本意是在取舍之间，取道义，舍邪心，严格自我约束。有了"廉"才可能做到"正"。"正"是遵循公益和道德。清正廉洁既是中华民族共同的价值取向，也是中国人共有的美德。

（六）诚实守信、严己宽人

诚信是中华传统伦理道德文化的基石，是立人、立国的根本。孔子说："人无信不立。"（《论语·颜渊》）"人而无信，不知其可也。大车无輗，小车无軏，其何以行之哉？"（《论语·为政》）立国、立人、立业、为人处世等，都必须坚守诚信，才能维护正常的社会秩序。中华传统伦理道德文化一直强调为人做事诚信的重要性。

"诚"即真实无妄，其最基本的含义是诚于自己的本性，为人诚实，待人诚恳，忠诚于事业。"信"为守信用、言行相符，"言必行，行必果"。而严于律己、宽以待人一直是中国道德质朴性的重要表现。

（七）修己慎独、敬业尽责

"修己"就是自我修身，加强修养和自觉性；"慎独"就是在自我独处时要严于律己，有高度的自觉性。加强自我修养非常重要的一点就是"慎独"。

中华伦理道德文化一直强调并期待人性的尊严，以律己修身为特征的道德修养学说主张自主自律、自我超越，建立道德自我，以维护人伦关系和整体秩序。修己慎独、敬业尽责的修养传统培养了中华民族践履道德的自觉性与主动性，造就了许多具有高尚品质和坚定节操的仁人君子。

(八) 勤奋刻苦、节俭爱物

勤奋刻苦、节俭爱物强调的是人们用自己的双手创造和丰富自己的生活，同时节制自己的生活欲望，约束自己的消费行为，节约财用。勤奋刻苦、节俭爱物也是中华民族一直传承下来的重要传统美德。

二、中华传统伦理道德文化的真谛

中华传统伦理道德倡导"格物、致知、诚意、正心、修身、齐家、治国、平天下"的实现人生理想的步骤和模式。这种为人处世的基本道德观念，是人类进行物质生产活动和自身生存发展的基本要求，也是人们共同生活的起码的行为准则。它正确反映了人类社会发展的客观要求，是人类社会道德关系的具有科学性的优秀遗产。

儒家思想主张父慈子孝、兄友弟恭，它形成了一种浓厚的家庭亲情关系，是民族团结的基石，对中国社会的稳定起了极为重要的作用。孝悌之情扩展为"忠恕"，"忠恕"之德的基本要求是以诚待人、推己及人，即"四海之内皆兄弟""不独亲其亲，不独子其子"的社会风尚。由此形成了中华民族大家庭社会生活中浓厚的人情味和生活情趣。爱人、孝悌、忠恕是仁德的基本内容，也是中华传统美德的集中体现，是中华传统美德的核心价值理念和基本要求，它带动整个社会道德体系的发展和社会道德水平的提升，在整个中华传统美德中具有重要地位。

(一) 公忠忘私的集体主义精神

公忠是中华传统伦理道德的最高原则，历来被看作是个人修身之要和天下义理所归。早在《尚书》《左传》等典籍中，就有"以公灭私""忠德之正"的思想，以及"公家之利，知无不为""临患不忘国"的规范性要求。儒家尤为重视公忠，孔孟思想一以贯之的主张，概言之就是"忠恕而已"。

继孔子之后，墨家主张"举公义，辟私怨"；法家强调"公平无私""公正为民"；道家提出"圣人无心，以百姓心为心"；孟子提倡"乐以天下，忧以天下""杀身成仁""舍生取义"；荀子主张"致忠而公""以公义胜私欲"。宋明时期的儒者，虽然以天理论证公忠，维护忠君道统，但其基本精神还在于"天下之公""忠在恤民"。由此形成了中华民族为民族、为社会、为国家的集体主义精神，产生了强大的民族凝聚力，成为中华民族自古以来爱国主义的思想基石。在中国传统社会，公忠忘私的集体主义精神，激励了无数为保卫民族利益而忘我奋斗的爱国志士。"大道之行也，天下为公"，心怀家国天下的责任情怀正是主体在国家层面上责任伦理的生动实践。

(二)推己及人的人际原则

孔子主张"己欲立而立人,己欲达而达人",亦即在人和人相处中,尤其是当人和人发生矛盾时,应当从自己的欲望、感情、意志、追求等方面,设身处地为对方考虑,这样人和人之间就能够相互沟通、理解、帮助,矛盾更容易化解;从消极方面说,要求"己所不欲,勿施于人",亦即在人和人的相处中,应当尽量不要损害别人,力求不妨碍别人的利益,凡是我不愿意别人施加于我的一切事情,我都应当自觉地不施加于别人的头上。墨子则从"兼相爱,交相利"的立场出发,认为爱人和被人爱是相互联系的,"爱人者,人必从而爱之",因而他提倡"爱人若爱其身"。孟子又进一步提出"老吾老以及人之老,幼吾幼以及人之幼",认为在人和人的相处中,应当推己及人。应当承认,推己及人的人际和谐原则在传统社会对于协调家庭、社会的各种人际关系,产生着一定的积极作用。

(三)注重人格和道德修养的伦理追求

中华民族一向具有尊重道德、追求道德价值的伦理传统,认为人之所以不同于禽兽,是因为人有道德。人除了有物质需要,还有精神需要,而一切精神需要中最崇高的即是道德需要。

孔子倡导"志于道,据于德,依于仁,游于艺",其中道德品质的陶冶居于首位。在总体上,中华传统伦理道德还是重视诚信的经世致用方面,强调处理各种社会关系,立身于世都应当言行一致、表里如一、真实好善、博济于民,将诚信理解为立身于社会的根本依据。所谓"诚则灵""精诚所至,金石为开""诚召天下客""君子一言,驷马难追"等说的都是这个道理。

(四)自强不息的积极进取情怀

自强是中华伦理道德贯彻古今的重要传统。自强,首先指的是一种自胜自立的伦理精神和实践。这种自强的主体不仅是指个人,而且也是指人民、国家和民族。《周易》所说"天行健,君子以自强不息"指的是个人的自强。

中华传统伦理道德文化源远流长,历久弥新,闪现了许许多多反映世界本质和规律的真理性思想,不仅丰富了中华优秀传统伦理道德文化的理论宝库,而是对当今的中国社会和中华民族的文明发展仍然具有重要的理论意义和现实指导作用,也是长久以来一直潜移默化为中华民族的性格、精神和价值取向,也成为中华民族自发的行为习惯和文化诉求,内化为中华民族的血脉文化纽带和精神家园、灵魂归所,是夯实国家文化软实力的根基。因此学习和传承中华优秀传统伦理道德文化是民之所向、国之基点。同时,中国传统文化是一种伦理型文化,家国同构、家国一体的意识已经深深渗透于中国古代社会生活的最深层,由此建构的父慈、子孝、兄友、弟恭等伦理秩序，一方面促进了社会的和谐有序，另一方面也束缚了自由、民主，创新。对于这些中华传统伦理道德的缺陷与不足，我们应进行全面、客观地认识。

 思考与练习

1. 中华传统美德对当下的中国社会发展有哪些促进作用？

2. 以在校大学生为调查对象，设计一份"大学生伦理道德状况调查"的问卷，进行实地调查，然后根据问卷统计结果，写一份研究报告。

第三节 中华传统审美文化

学习提示

在学习中华传统审美文化的过程中,同学们会发现一个奇妙的现象。那就是这些不同的审美文化之间有着千丝万缕的联系,比如绘画与书法之间有着密切的关系,而戏曲又深受文学、绘画、舞蹈的影响。它们看起来分属不同的艺术门类,在创作思想上却又有相通之处。这是为什么呢?想一想,这和我们前面学习的中国哲学文化之间有什么关联吗?

同学们在学习不同的审美文化时,要注意同西方进行对比。想想看,我们的审美文化表现出哪些鲜明的民族风格?体现出哪些与西方截然不同的美学特征?认真思考一下,为什么同样是绘画,中西方会表现出这么明显的差异?在对比中学习,我们更能感受到中华传统审美文化的独特性。

学习目标

1. 掌握中华传统审美文化的美学特征;
2. 了解中国哲学对中华传统审美文化的影响;
3. 了解不同审美文化之间的内在联系。

审美文化是人类审美活动的物化产品、观念体系和行为方式的总和,各种艺术作品都可纳入审美文化的范畴内。中国语言艺术中的小说、散文、诗词、戏剧,综合艺术中的戏曲,造型艺术中的绘画和书法,都能给人们带来美的感受,都属于中华传统审美文化。这一节,我们来依次介绍中华传统审美文化。

一、博大精深的古典文学

从美学的角度看,文学是指具有审美属性的语言行为及其作品,包括诗、散文、小说、剧本等。中国文学绵延3000多年未曾中断,而且"一代有一代之所胜",不同的时代都有各自的代表性体裁,某种体裁在一个时代达到顶峰状态后,就成为以后一代又一代读者百读不厌的经典和永久性的审美对象，后代的文人很难超越。

与西方文学相比，中国文学具有鲜明的民族特征和美学特征，主要体现在三个方面。

1. 关注现实世界和人生

中国文学可以追溯到上古神话，从"女娲造人""夸父追日""大禹治水"这些神话故事可以看出，先民们崇拜的是人间的英雄而非天上的神灵。这一点与西方文化有很大不同，在希腊的神话故事中，人们崇拜的是居住在奥林匹斯山上的众神。中国文学从一开始就关注现实的而非虚幻的世界，一直发展到明清小说，仍延续并表现出这一特征。

2. 强调文学的教化作用

中国文人深受儒家思想的影响，以"治国平天下"作为自己的人生理想和目标，"文以载道"成为整个中国古典文学的基本精神。"道"才是目的，"文"只是手段，诗词歌赋都是教化的手段。白居易将这一点总结得非常明确，"为君、为民、为物、为事而作，不为文而作也"。从春秋时期诸子的著作到白居易的讽喻诗，再到苏轼的策论，都是为了宣传各自的政治主张。"文以载道"对中国文学产生了深刻影响，它使文人充满了政治热情和社会使命感，关注国家和人民的命运，创作出很多感人至深的作品。

3. 具有浓郁的抒情色彩

中国文学长于抒情，以抒情为主的诗歌是中国古典文学中发展最成熟的体裁，至唐代就达到巅峰状态。以叙事为主的杂剧和小说的成熟要比诗歌晚得多，而且深受诗歌影响。以小说为例，这种影响表现在两个方面：第一，在章回小说里穿插有诗歌的成分。每一回的开始和结束，都有诗有词。正文中也穿插了一些诗词，如每逢重要人物出场时，就会出现一首诗词来形容其外貌和性格特征。第二，小说在叙事的同时，也不由得流露出浓厚的情感来。鲁迅说《红楼梦》中"悲凉之雾，遍被华林"，就是这层意思。

正如中国传统的音乐、绘画、书法一样，古典文学呈现的是文人的精神世界，表现的是文人的情感、心境和意绪，具有浓郁的抒情色彩。但中国文学又不像西方文学那样直接地、强烈地宣泄情感，受"中庸"精神的影响，这种情感是深沉含蓄而有所节制的。中国的诗歌里，即使有哀伤，也是淡淡的（夕阳无限好，只是近黄昏），就算是欢乐，也是轻快的（春风得意马蹄疾，一日看尽长安花）。

中国文学的这三种特征，体现在不同时代和不同体裁的文学作品中。

（一）《诗经》与《楚辞》

《诗经》和《楚辞》是中国文学的两大源头，也是中国文学运用现实主义和浪漫主义创作手法的开端，对后来的中国文学产生了巨大而深远的影响。

1.《诗经》

《诗经》是我国最早的一部诗歌总集，由孔子及其弟子编撰，收录了从公元前11世纪到公元前6世纪的305篇作品，反映了这五六百年间丰富多样的社会生活。《诗经》里的作品根据音乐类别分为"风""雅""颂"三类，"风"是各地的民谣，"雅"是宫廷饮宴时的乐歌，"颂"是宗庙祭祀的乐歌。这些作品表现出对国家命运和人民疾苦的高度关注，体现了那个时代的理性精神。

从《诗经》的作品中，人们总结出"赋、比、兴"的美学原则，这些原则对后代的诗歌创作产生了深刻而久远的影响。朱熹曾对这一原则进行解释："赋者，敷陈其事而直言之也；比者，以彼物比此物也；兴者，先言他物以引起所咏之辞也。"《诗经》中歌颂爱情的民间歌谣和贵族们的深沉咏叹，使其成为中国诗的源头之一，也形成了中国诗以抒情为主的基本美学特征。

2.《楚辞》

《楚辞》是继《诗经》之后的另一部诗歌总集，主要作者是屈原、宋玉等人。"楚辞"原来是楚国的一种民歌体裁，屈原运用这种体裁，创作了流传千古的《离骚》《天问》《九章》等作品。其代表作《离骚》是一首带有自传性质的长篇抒情诗，它突破了《诗经》那种整齐划一的四言诗，采用了一种句式参差不齐的新诗体，并且把表达语气的"兮"字放在句中或句尾，这种句式的变化可以表达不同的情绪和语气，丰富了诗歌的表现力。《离骚》表现了屈原强烈的爱国情怀，抒发了其报国无门的苦闷之情，全诗在情感上显得如怨如慕，哀婉动人。

受楚文化的影响，《楚辞》具有奇特瑰丽的浪漫主义色彩，作品中运用了大量的比喻，表现出丰富的想象力。《楚辞》最终成为中国诗歌的源头之一，直接影响了后来的汉赋。屈原是中国诗歌史上第一个伟大的诗人，他卓越的人格力量影响了后来的李白、苏轼等一大批文人。

（二）唐诗宋词元曲

唐代是诗歌的时代，诗歌中展现的盛唐气象让后人倾慕不已。宋代的文人更擅长用词来表达个人的心境和意绪。到了元代，迎合市民阶层趣味的元杂剧发展成熟，诞生了大量优秀的剧目。

1. 唐诗：中国文人的千古绝唱

唐代文学以诗为尊，一是水平之高，无以复加，二是作品之盛，空前绝后。《全唐诗》收录诗人2200余家，诗歌近5万首，从太宗诗起，止于李峤。唐诗分为四个阶段，各个阶段都出现了一些著名的代表性诗人，可谓群星灿烂。"初唐四杰"为王勃、杨炯、卢照邻、骆宾王；盛唐代表首推李白、杜甫，还有王维、孟浩然、高适、岑参等；中唐著名诗人有白居易、元稹、李贺等；晚唐则以"小李杜"李商隐、杜牧为代表。

唐代诗歌流派众多，以盛唐为例，当时社会安定，经济繁荣，是唐诗全面繁荣的阶段，产生了两大流派。一派是以高适、岑参的作品为代表的"边塞诗"，这类诗描绘边境的绮丽风光，抒发诗人渴望建功立业、施展才能的愿望；另一派是以王维、孟浩然为代表的"田园诗"，这类诗作描写了幽美宁静的田园生活，表现了诗人怡然自得的心境，有一种难以言说的空灵之美。

唐代最伟大的诗人当推"诗仙"李白和"诗圣"杜甫，后世将其并称"李杜"，称赞他们"李杜文章在，光焰万丈长"。李白的诗作飘逸不群，深受庄子和屈原的影响，具有强烈的浪漫主义色彩，代表作有《将进酒》《蜀道难》《静夜思》《赠孟浩然》等。李白在诗中热情地赞美祖国的大好山河，表现出蔑视权贵、追求自由的精神，为后人留下无数名言佳句。杜甫的诗有沉郁顿挫之美，被后人誉为"诗史"。杜甫有强烈的忧患意识，他关心民间疾苦，其诗作《三吏》《三别》等控诉了战争给人们带来的灾难，表现出对百姓的深切同情。

2. 宋词：心灵世界的浅唱低吟

宋词继承了古代乐府，是在唐朝民歌以及教坊乐曲的基础上发展而来的。词开端于晚唐，成熟于五代，盛行于宋代。宋词繁多，词人数百家，为词的黄金时代。词依词牌写作，所以又叫填词，有别于作诗。与诗相比，词的形式（长短句）更适合描写日常生活，表现人的各种细腻复杂的情感。

宋词分为"豪放派"和"婉约派"两大流派。"豪放派"的作品抒情言志，风格豪迈，境界高远，代表词人有苏东坡、辛弃疾等；"婉约派"的风格则表现为缠绵悱恻，清丽婉约，情真意切，代表词人有李清照、柳永、秦观等。

苏轼的词开豪放派之先河，他拓展了词的表现题材，使宋词突破了男女情爱、离愁别绪的狭窄主题，开始反映广阔的社会生活和人们丰富的内心世界。苏轼的词中有怀古、记游，甚至还有一些谈理说禅的内容。其代表作《水调歌头》以怀古咏史为主题，表达了自己怀才不遇的悲壮情怀，笔力遒劲，境界开阔，被誉为"古今绝唱"。

李清照的词前期清新婉约、意境深远，后期由于遭遇国破家亡，流落江湖，风

格转为凄凉哀怨。《声声慢》是李清照后期非常著名的一首词,通过描写秋天的萧条景色,表达了词人天涯沦落的悲苦之情,哀怨凄婉,催人泪下,表现出极强的艺术感染力。

3. 元曲:忠奸善恶的虚拟世界

继唐诗、宋词之后蔚为文学之盛的元曲,原本是民间流传的"街市小令"或"村坊小调",随着元灭宋入主中原,先后在大都(北京)和临安(杭州)为中心的南北广袤地区流传开来。一般来说,元杂剧和散曲合称为元曲,后来的昆曲、梆子、皮黄、京剧等均脱胎于此。元曲作为通俗文学,适应了时代的发展,满足了老百姓对通俗文化的需要,成为元代最有代表性的文学体裁。

元代的杂剧剧目多达700余种,流传至今的剧本还有200多种。这些剧目内容丰富,类别多样,有爱情剧、公案剧、世情剧和历史剧等。元曲的艺术成就非常突出,既明白如话,又用词典雅,有些精彩唱词,简直就是一首首优美的抒情诗。

元杂剧的奠基人是关汉卿,他创作了60多种杂剧,其作品思想丰富、内容深刻,是现实主义和浪漫主义的完美结合。他的代表作《窦娥冤》塑造了一个含冤被杀的普通女性的形象,生动地反映了当时黑暗的社会现实,表达了人们渴望公平正义的愿望。王实甫也是元代一位杰出的剧作家,其作品《西厢记》情节曲折、结构严谨、用词华丽,热情歌颂了青年男女追求爱情自由的抗争精神,控诉了封建礼教对人性的束缚。

元杂剧的出现具有重要意义。杂剧以叙事为主,更贴近普通人的生活,也更能充分地反映当时的社会现实。从此,戏剧、小说等叙事性文学开始逐渐成为中国文学的主流。

(三)明清小说

中国古代的文人向来不重视小说,直到唐代才形成小说雏形。明清时其他文学体裁盛极而衰,小说反而一枝独秀,成为明清两代的代表性文学。

中国古代小说与西方小说有明显区别:一是在长篇小说的众多人物中,很少像西方小说中设定唯一的主角,像《水浒传》《三国演义》《西游记》,都很难说谁是第一主角;二是中国小说不喜欢以悲剧结束,即使中间波折不断,最后总要给出一个皆大欢喜的结局。就连《红楼梦》这样伟大的现实主义作品,也给出一个"兰桂齐芳"、家道复兴的结局。

明清两代重要的长篇小说首推四大名著《水浒传》(施耐庵)、《三国演义》(罗贯中)、《西游记》(吴承恩)、《红楼梦》(曹雪芹、高鹗),此外还有《儒林外史》(吴敬梓)、《金瓶梅》(兰陵笑笑生)等。从思想内涵和题材表现上来说,明清小说最大限度地包容了中华传统文化的精华。经过民间化、世俗化的图解、诠释、演绎后，中华优秀传统文化以可感的形象和动人的故事，走进了千家万户。

《红楼梦》是中国古典小说的艺术高峰，小说以贾宝玉和林黛玉的爱情悲剧为主线，描写了贾、史、王、薛四大家族由盛到衰的过程，揭示了封建制度终将走向死亡的必然命运。《红楼梦》真实地反映了清代前期广阔的社会生活，描绘了不同社会阶层的众多人物，展示了贵族家族的各种生活场景，小说里涉及礼节仪式、服饰饮食、文化艺术、园林建筑、医药养生、书法绘画等各种知识，内容几乎无所不包，被誉为"中国古代社会的百科全书"。《红楼梦》具有强大的艺术魅力，它塑造了一系列性格鲜明的人物形象。不但宝玉、黛玉、宝钗这样的主要人物如在眼前，就连刘姥姥这样的次要人物也深入人心。除了通过语言和行为来刻画人物，作者还非常重视人物的心理描写，在小说的人物描写方面开辟了一个新境界。作者还借书中人物之手，创作了大量的诗词、对联、骈文、散文、酒令、诗谜等，简直是对中国古代文学的全面总结，使整部小说充满诗意和美感。《红楼梦》以其深刻的思想、丰富的内容和巨大的艺术魅力，征服了一代又一代读者，成为中国人百读不厌的经典，对它的研究还发展为一门学科——红学。

二、喜闻乐见的传统戏曲

中国的戏曲源远流长，和古希腊戏剧、印度梵剧并称为世界三大古剧。在古代，戏曲曾经是一种非常主流的艺术样式，可谓雅俗共赏。小说《红楼梦》里，贾府为迎接元妃省亲，专门从苏州采买了十二个女孩子进行戏曲培训，在自己家里养了一个"戏班子"。可见，"看戏"是当时贵族家庭的重要娱乐活动之一。

那么，作为一种老百姓喜闻乐见的艺术形式，传统戏曲是怎样发展起来的呢？

（一）传统戏曲的诞生与发展

据考证，中国戏曲最早起源于古代驱鬼逐疫的仪式。古代的人们每到腊月就举行这种仪式，称为"驱傩"，意思是要驱逐带来瘟疫的恶鬼，类似现在说的"送瘟神"，其中一种傩舞后来演变为戏曲。经过秦汉的"百戏"、唐代的"参军戏"、宋金的"诸宫调"，一直到"元杂剧"，戏曲逐渐发展成为一种重要的文艺形式。

元代汉族受到歧视，"学而优则仕"的道路行不通了，一些有才能的文人不得不另谋生路。其中一部分下沉到民间，创作了很多优秀作品，成为剧作家，戏曲于是有了一支专业的创作队伍，文人的加入是元代戏曲走向成熟完善的原因之一。明清时期，戏曲继续发展，形成了不同的声腔，这些声腔互相渗透，又催生了一些新的剧种。作为"国粹"的京剧，实际就是在汉调和徽调的基础上，吸取了秦腔、昆曲等元素形成的新剧种。

中国现存的戏曲种类繁多，除京剧外，还有豫剧、秦腔、越剧、黄梅戏等。不同的剧种在语言、表演、唱腔方面风格殊异，可谓百花齐放，各具芬芳。

（二）传统戏曲的美学特征

在长期的发展过程中，中国传统戏曲逐渐形成了自己的美学特征。这些特征体现了中华传统文化中美学思想的精髓，让中国传统戏曲在世界舞台上大放异彩。

1. 综合性

戏曲是一种综合性的表演艺术，是空间艺术和时间艺术的完美结合。它的表演手段非常丰富，融合了文学、舞蹈、音乐、绘画等各种艺术，几乎达到了"无所不包""无体不备"的程度。

（1）文学

戏曲的故事性很强，剧作家在创作这些曲折离奇的故事时，在情节安排和结构布局方面，会借鉴小说的创作技巧。戏曲演员的表演手段被概括为"唱、念、做、打"四个字。演员"唱"的内容，吸收了很多诗、词和曲的精华。"念"是一种起到叙事作用的朗诵，其内容又借取了散文和白话的诸多妙处。

（2）舞蹈

"做"和"打"是演员利用形体动作来表现人物性格和场景。"做"是日常生活动作的舞蹈化，"打"是武术和杂技的舞蹈化。

戏曲舞台上的一切行为和动作都是舞蹈化的。演员的一举手、一投足都十分富有美感，观众在观戏过程中可以得到极大的审美愉悦，这种优美的表演性的舞蹈正是戏曲引人入胜的地方。

（3）音乐

声乐是构成戏曲的核心因素之一，演员的"唱"至关重要，不仅要唱得字正腔圆，还要唱出韵味。唱腔的韵味，表现了戏曲艺术的最高境界。能够欣赏唱腔的韵味，才能够在观赏戏曲表演时获得深层次的美感。戏曲表演还离不开器乐，器乐要为演员的演唱伴奏，配合演员的表演，营造气氛，把控演出的节奏。

（4）绘画

戏曲舞台所以呈现出缤纷的色彩之美，一是得益于演员的服装，二是依靠各种艳丽的脸谱。脸谱具有浓厚的色彩美，不同的颜色代表了剧中人物不同的性格，具有很强的象征意义。昆剧脸谱中就有"红忠、黑勇、粉奸"的说法，即白色喻义奸诈，红色表示忠勇，黑色体现豪放。脸谱还具有强烈的图案美，有些脸谱的图案设计非常别出心裁。如包拯的额头上有一个月牙儿形状，表示他"日审阳，夜审阴，明察秋毫"；娄阿鼠的鼻子上绘制一只老鼠，寓意这个角色像老鼠一样胆小阴暗。

2. 程式化

传统戏曲的程式与西方戏剧中的某些规范有些类似，但除了规范，传统戏曲还有集中、夸张和鲜明的特点。程式让中国传统戏曲富有独特的魅力。

（1）角色分行的程式化

传统戏曲把角色分为生、旦、净、丑等不同的行当，每个行当还可以进一步细分。比如根据年龄、家庭出身和所处环境的不同，旦角就可以再细分为正旦、花旦、闺门旦、刀马旦和老旦等。每一个行当都有其固定的性别、性格和品格，在进行表演时从化妆、服装到动作、唱腔和念白都有一些特殊规定。比如在服装上，帝王将相着"蟒袍"，文官穿绣有动物图案的"官衣"，武将穿"靠甲"的戎装，平民百姓穿有"褶子"的便服。在唱腔上，老旦用真嗓，青衣用假嗓，老生用本嗓，小生大小嗓并用。

（2）舞台动作的程式化

戏曲舞台上的人物有很多动作，这些动作并非现实生活的简单再现，而是在生活动作的基础上进行加工提炼，使之成为一种规范化的表演动作。如演员的上楼、骑马、梳妆等都有一定的规范，举手投足都有相对固定的格式。一些常用的程式化动作还有固定的名称，如大将出征前的"起霸"（武将上阵前所做的整盔、束甲等一套舞蹈动作）、策马奔驰时的"趟马"（表现人骑马行路的一套舞蹈动作）、表现醉酒时的"卧鱼"（像鱼儿在水底静止不动的姿态）等。

3. 虚拟性

中国戏曲的虚拟性，使演员能够更加充分地利用舞台有限的空间进行表演，更加广阔地反映现实生活和表现思想感情。这种虚拟性主要表现在两个方面。

（1）舞台动作的虚拟

戏曲的舞台动作既是程式化的，也是虚拟化的。就好比中国的格律诗，既要韵律和谐，又要意境优美。戏曲的程式带来了美感，戏曲的虚拟又创造了意境。

戏曲演员们在表演时，骑马不见马，行船不见船，只是充分利用马鞭和船桨做出种种动作，使观众仿佛"看到"了他在策马奔腾或在水上行舟。这种虚拟源于现实，所以不会使观众感到虚假，反而给演员留下了充分的表演空间，显得妙趣横生。

（2）时空环境的虚拟

中国的戏曲和西方的戏剧有非常明显的区别：戏剧要求真实地再现生活，演员的表演要在规定的时空中进行；戏曲的时空环境是虚拟的，自由而灵活。可谓景随人动，时空转换依赖于演员的表演。演员的一个上下场，可能就过去了十年八年；绕场一周，就表示走过千山万水；两军对阵的场景中，七八个人可以代表千军万马。戏曲的这种虚拟性，使得有限的舞台能够展现无限的生活，也给观众留下了想象的空间和回味的余地。

三、龙飞凤舞的中国书法

中国书法是一门非常独特的艺术,它以毛笔为书写工具,以汉字为造型基础,以点画线条为表现手段,以笔法、结体、章法为基本要素,以抒情写意为内在灵魂,被称为"纸上的舞蹈"。很多对中华文化感兴趣的人都尝试过练习中国书法。为了满足外国人练习中国书法的需要,也为了传播中国的书法艺术,我国艺术家徐冰还创造了"新英文书法",把拉丁字母变形为汉字的偏旁,把英文单词改造成汉字的形式,再用毛笔书写出来。这种"新英文书法"还被日本列入字库,美国一些餐饮业的招牌也用这种"书法"书写。有着几千年文化底蕴的书法强烈吸引着不同文化背景中的人们。

(一)书法艺术诞生的前提

中国之所以诞生了书法艺术,是因为具备了两个得天独厚的前提条件。

1. 汉字

汉字是以象形为基础的方块字。象形犹如绘画,是对客观对象的概括性的模拟写实。从甲骨文中可以明显看出这一点,如"日""月""山"等象形字都是对对象的抽象模拟。所以汉字具有模拟、造型的特点,可以用线条去表达形体姿态和情感力量。相对应地,以拉丁文为母语的文化中,书法就始终未能像在中国一样成为一门举足轻重的艺术,人们也不会用"字如其人"这样的话,去评价一个人的书写能力和人格修养。

2. 毛笔

除汉字之外,毛笔的发明也为书法艺术的诞生提供了物质条件。毛笔通常由狼毫、羊毫等制成,柔软又富有弹性。东汉蔡邕说"惟笔软则奇怪生焉",这里的"奇怪"指的是丰富性,意思是如果使用柔软的毛笔,书写出来的字体就能够产生丰富的变化。

(二)书法艺术的诞生与发展

甲骨文是中国最古老的文字,之后是金文,这两种文字开创了中国书法独立发展的道路,它们把最初的图画模拟发展演变为抽象的线条和结构。甲骨文更多体现出来的是纯粹的实用功能,殷商时期的金文,开始表现出一种不自觉的结构和布局之美。到了东周时期,在一些铭文中,显现出对书法之美的有意识的追求。东汉到南北朝,是书法艺术的成熟期。在中国书法艺术的发展史上,有三个关键时期。

1. 隶书盛行的汉代

清末著名书法家康有为认为"书莫盛于汉"。隶书在汉代成为官方指定的标准字体，最终定型，楷书、草书、行书也应运而生，终于形成了隶书盛行、诸体皆备的盛大局面。其实，隶书从秦代就已经开始使用，到汉代变得又横又扁，突出横画，横平竖直。从保存下来的汉代碑刻来看，作为书法艺术，汉隶的特点是蚕头雁尾，一波三折，风格多样。如《曹全碑》秀逸多姿，结体匀整；而《乙瑛碑》骨肉匀适，情文流畅。

2. 承上启下的魏晋

魏晋时期，楷书、草书和行书等各种字体演变完成。楷书字体端正，易于辨认。行书和草书书写便捷，节奏流畅，都是人们喜爱的书法形式。这一时期还出现了一批著名的书法家，如楷书鼻祖钟繇和"书圣"王羲之。其中，钟繇促进了楷书的定型化。

3. 名家辈出的唐代

"书法和诗歌同在唐代达到了无可比拟的高峰，既是这个时代最普及的艺术，又是这个时代最成熟的艺术。"（李泽厚《美的历程》）唐代统治者大力提倡书法，书法被指定为学校中的学习科目，在科举考试中书法也非常重要。所以唐代书法名家辈出，初唐有虞世南、欧阳询、褚遂良、薛稷四大书法家，稍后又有李邕、张旭、颜真卿、柳公权、怀素等。

（三）书法艺术的美学特征

1. 运动之美

书法作品虽然是静态的，但是书写过程却是动态的。汉字的书写过程极为独特，具有不可重复性。一幅优秀的书法作品，连作者本人也无法完美复制，这一点与音乐和舞蹈类似。当观赏者凝视细观，就可以从静态的作品中发现运动的轨迹，感受到纸上运动的节奏变化。也就是说，优秀的书法作品本身可以给人运动之感。所以元代书法家盛熙明在观赏古人书法作品时赞叹："每观古人遗墨存世，点画精妙，振动若生。"在各种字体中，草书给人的动感最为强烈。有人认为，中国的书法艺术有点类似于太极，拳手时而舒缓大方，时而刚猛迅捷，在空中舞出一条流动的线。

2. 力量之美

东晋卫夫人的《笔阵图》写道："善笔力者多骨，不善笔力者多肉。多骨微肉

者，谓之筋书；多肉微骨者，谓之墨猪。"古人非常重视"笔力"，强调书法要有力量之美。所谓"笔力"，是指从字的点画形态中体现出来的力。运笔起势时，必须力在其中。如起笔要注意"逆"，欲右先左，欲下先上，这样就可以使笔画充满力量感，甚至能够做到"力透纸背"，让观赏者在凝固的字形中领略到"活生生的、流动的、富有生命暗示和表现力量的美。"（李泽厚《美的历程》）中国书法反对"墨猪"的笔法，所谓"墨猪"，是因其笔画太肥，笔力纤弱，臃肿不堪，形同肥猪。这种笔法不能充分表现线条的活力，也无法体现书法的力量之美。

3. 意境之美

正像历史悠久的中国诗歌一样，中国的书法艺术表现出"情景交融"的意境之美，中国书法既状物又抒情。一方面，书法以抽象的线条反映着自然界的各种形象，常常引起人们种种具体的联想。据说，王羲之从鹅的体态姿势中领悟了运笔之法，赵孟頫从鸟的飞行动作中体味出"之"字写法的奥妙，所以他们的作品可以让人联想到鹅和鸟的形象和姿态。另一方面，书法又是创作者内心情感的流露，"通过结构的疏密、点画的轻重、行笔的缓急，表现作者对形象的情感，发抒自己的意境。"（宗白华《中国书法里的美学思想》）书法家当时的情绪和状态总能在笔墨间留下痕迹，书法中的笔墨线条和布局章法，既反映了自然界物象之美，又是创作者情感的自然流露。

（四）书法大家

中国书法艺术源远流长、名家辈出，有很多关于书法和书法家的故事在民间流传。下面列举两位具有代表性的书法家。

1. 王羲之

王羲之被誉为"书圣"，其作品受到历代统治者喜爱，据说唐太宗李世民对其代表作《兰亭集序》视若珍宝，最后干脆把这幅绝世之作当作殉葬品带入昭陵，以致真迹不传，我们现在看到的都是各种摹本。

《兰亭集序》是王羲之为一本诗集所作的序言，诗集本身籍籍无名，但序言却流传千古。据说王羲之当时和朋友们在一起饮酒赋诗，酒意正浓时挥笔写下这篇序言，翌日酒醒，自己也为这幅作品感到惊讶，后来他又多次重写，但总不如第一次那样满意。《兰亭集序》被誉为"天下第一行书"。从结字看，这幅作品的字体变化多端，光"之"字就出现二十多次，但字字不同；从章法看，纵看有行，横看无列，每个字大小不一，但又长短相配，错落有致；从意境看，可谓一气呵成，气韵流荡，显示出飘逸不群的气质。王羲之把写喜抒悲之气贯穿于整幅作品，似乎已不是在写字，而是在画心，使观赏者得"意"而忘"形"。

2. 颜真卿

唐代颜真卿独创的楷书被称为"颜体",中国人刚开始学习书法,很多都是从"颜体"开始的,因为它通俗易学,人人皆可模仿练习。颜真卿把篆隶笔法用于楷书,其作品横画较为细瘦,点竖撇捺肥壮,与婀娜多姿的二王书(王羲之、王献之)相比,颜体显得浑厚刚健,方正庄严,表现出一种迥然相异的美。代表作《颜氏家庙碑》"刚中含柔,方中有圆,直中有曲,确乎达到美的极致"。(李泽厚《美的历程》)颜字向来与杜诗韩文并列,其共同之处是追求形式与内容的统一,树立了供人们学习和效仿的典范。

颜真卿为人刚正不阿,他在七十多岁时受命前去说服叛军将领李希烈,任对方威逼利诱,他大义凛然,临危不惧,最终以身死节。他的作品筋力丰满气势磅礴,人格美与书法美交相辉映,是其人格境界的体现。

四、气韵生动的绘画艺术

中国绘画是中国的国粹之一,其"以线为主"的造型手段、力求"传神"的艺术目标、散点透视的构图方式等,都表现出鲜明的民族风格,令世界人民赞叹。

(一)中国绘画的诞生与发展

中国绘画发源于人类早期的审美活动,早在六七千年前的新石器时代,先民们就用颜料在陶器上绘制出各种动物的图案和装饰性花纹。这些图案和花纹就是中国最早的绘画。

根据文献记载,中国在先秦时期已经有了壁画,据说屈原就是看了一些壁画后才创作了《天问》。20世纪,湖南长沙的楚墓中先后出土两幅帛画,证实绘画在先秦时期已经是成熟而独立的艺术门类了。秦代绘画具有写实性的特点,汉代绘画从追求"形似"转变为追求"神似",技法古拙,风格浪漫。汉代的壁画布满了墓室、宫殿和庙宇,其画像石和画像砖也具有较高的艺术价值。魏晋南北朝时期中国绘画开始有了比较明确的分类:随着佛教的流行,产生了大量的宗教壁画;社会动乱,文人趋向避世,寄情于山水之间,山水画得以形成和发展起来;当时喜欢评品人物的风气,也促使注重"传神"效果的人物画开始兴起。这一时期还出现了关于绘画的理论,如南齐谢赫提出的绘画表现"六法",强调人物画要气韵生动,表现出人物的精神风貌。

唐朝的人物画发展到了顶峰,也开始了文人墨戏之先河。宋元的花鸟画达到顶峰,山水画成就突出,注重抒发情致的文人画也发展成为新的艺术潮流。明末清初,绘画风格从明中叶的工整细丽转为直抒胸臆,朱耷、石涛等画家用奇特的画面表达着内心强烈的悲愤之感。乾嘉年间的扬州八怪,个人风格突出,注重笔墨情趣,把中国绘画推向了一个近代新阶段。

（二）中国绘画的分类

按照不同的分类标准，中国绘画可以分成不同的类型。从表现方式上，可以分为工笔画和写意画；从表现题材上，可以分为人物画、花鸟画和山水画；按特定用途及审美情趣来分，可分为宫廷绘画、文人绘画、宗教绘画、市民绘画和民间绘画。下面重点介绍最后一种分类。

1. 宫廷绘画

宫廷绘画又分为两类：一是道德教化类。这类画绘制历代帝王将相的画像，为统治者提供借鉴，强调艺术的道德教育作用，如阎立本的《历代帝王图》。二是闲情雅趣类，表现"身在庙堂，心在林泉"的旨趣。宋代的工笔花鸟画就充分表现了这种安逸和闲适，宋徽宗赵佶的《芙蓉锦鸡图》是这类绘画的代表性作品。

2. 文人绘画

文人绘画注重表现文人士大夫的个人情趣，不受皇室审美趣味束缚。在表现题材上，文人画偏爱山水、花鸟、梅兰竹菊和木石等，以此表现自己高洁的品质；在表现方式上，喜欢用淡墨，"运墨而五色具"，让水墨的世界表现出五彩的感觉；在画面布局上，主张把诗、书、画结合起来，画中有诗，诗中有画。

唐代王维开文人墨戏之先河，宋代苏轼等著名文学家也积极参与绘画活动，后来，文人绘画逐渐成为绘画界的主流，文人创造的水墨画也成为风尚，超过了着色画的影响，成为中国画的代名词。

3. 宗教绘画

宗教绘画取材于佛教、道教的人物、教义和故事，以宣传宗教教义为目的。莫高窟是世界现存最大的佛教艺术宝库，里面有大量不同时期的壁画，这些壁画绘制在洞窟的墙壁、窟顶和佛龛里，体现了不同时期的艺术风格。

4. 市民绘画

市民绘画主要是指小说和戏曲读本中的插图，《红楼梦》程甲本中就有24幅木刻绣像图。这些作品主要是为迎合读者需要而创作的，格调不如宫廷绘画和文人绘画那样高雅，但也有一些精品，如改琦的《红楼梦图咏》。

5. 民间绘画

民间绘画的主要表现形式是年画，题材包括门神、灶神、财神、福禄寿喜等。年画表达了人们求吉祈福的愿望，以天津的杨柳青和南方的桃花坞两地最有名。

(三)中国绘画的美学特征

在漫长的发展过程中,受中国传统哲学的影响,中国绘画表现出与西方绘画迥然不同的美学特征。

1. 以形传神

西方绘画致力于精心描绘客观对象,逼真地再现事物的原貌。达·芬奇曾强调画家应该像外科医生一样精通人体解剖学的知识,这样才能掌握人体比例,创作出优秀的作品。中国绘画不是特别讲究比例,在有些人物画里,主要人物的形象比其他人更加高大,以这种不符合实际比例的画法凸显其身份的尊贵。明代画家商喜的《明宣宗行乐图》中,宣宗的形象就明显大于其他人。

中国画家深受老庄思想的影响,认为万事万物都处在永恒的变化之中,外表只是稍纵即逝的假象。因此表面的相似是次要的,应该致力于表现客观对象的内在本质和生命情调。画家不仅要用眼睛去观察,更要用心灵去体味,精神世界的呈现比具体形象的描摹要重要得多。宋代大文豪欧阳修说"古画画意不画形",表达的就是这种观点。

但中国绘画也不是完全不讲究"形似",而是讲究要在对客观世界真实而又概括的观察和描绘的基础上,尽力去表现某种内在的气度和风韵。"太似则俗,不似欺世",中国绘画的妙处就在"似"与"不似"之间,以形传神,形神兼备。

2. 游目会心

西方绘画采用焦点透视,画家站在一个理想的黄金点上,用近大远小的透视方法去描绘客观事物。西方油画给人的感觉像照片一样逼真,富有立体感,就得益于这种焦点透视法。

中国绘画采用的是散点透视的"游目",有时甚至干脆不用透视,画家描摹的不是现实中的空间,而是想象中的空间。宋元时期的山水画最能体现这一特点,画家在观察时没有固定的视角,而是来回运动的。他往往先花很长的时间仔细观察山水的全貌,再选取最佳景物入画,利用散点透视创造出的精妙构图,打破空间的限制,把不同位置观察到的景物描绘在一起。宋代郭熙在《林泉高致》中记载:"山有三远,自山下而仰山巅,谓之高远;自山前而窥山后,谓之深远;自近山而望远山,谓之平远。""三远法"其实就是画家创作时采取的视角,同一幅画可以采用仰视、俯视和平视三种角度,全景式地描绘自然山水。画面上重峦叠嶂,却又视野开阔,表现出"咫尺千里"的辽阔境界,给人以"万千气象,尽现眼前"之感。

3. 计白当黑

中国绘画受老子"有生于无""虚实相生"等思想的影响,从早期填满整个画

面，发展到后来讲究"留白"，讲究"计白当黑"。画面中的空白，给观赏者留下了想象的空间，用有限的画面传达出无限的意蕴，最终成为中国绘画的一个美学特征。齐白石擅长画虾，他的画里只有寥寥数只虾，其他都是大面积的空白，但观赏者却觉得满纸水气，一片通灵，充满了活泼的情趣。

4. 托物言情

石涛的《画语录》中强调："夫画者，从于心也。"就像诗歌和音乐一样，绘画不仅是客观世界的单纯描绘，更是中国人表达情感的一种方式。山水花鸟、奇树怪石都是画家寄托情感的客体形象。宋朝遗民郑所南擅长画兰花，但他画的兰花只有萧疏花叶，无根无土，寓意南宋土地被异族掠夺，表达了画家强烈的悲愤之情。

 思考与练习

> 1. 为什么人们常常说"书画同源"？
> 2. 怎样理解中国戏曲、绘画和书法中的"虚实相生"？
> 3. 诗歌对叙事性文学的影响有哪些？请以小说和戏曲为例说明。

 文化践行活动

1. 举办一次班级《易经》读书交流会。
2. 设计一份关于中国古典文学作品阅读的调查问卷，在本班进行调查，根据调查结果，撰写一份调研报告。
3. 很多电影中融入了戏曲元素，如《霸王别姬》《大红灯笼高高挂》等。请你观赏一部这样的电影，并写一篇2000字的论文，对电影中的戏曲元素进行分析。
4. 请六位同学组成一个小组，就中国戏曲的以下问题进行讨论，并及时总结、记录讨论结果于下表。

问题	记录
为什么中国的戏曲喜欢大团圆的结局？	
为什么中国戏曲中的角色总是善恶分明？	
现在看戏的年轻人越来越少了，这是什么原因造成的？	
我们应该怎样保护和传承戏曲文化？	

知识链接

1. 《易经》

《易经》被称为"群经之首、大道之源",是阐述天地世间关于万象变化的经典辩证法哲学书,包括《连山》《归藏》《周易》三部易书,其中《连山》和《归藏》已经失传,现存于世的只有《周易》。《易经》是我们的先贤对宇宙自然规律长期观察而得出的经验总结,是中华民族五千年智慧的结晶,是中华传统文化的宝贵财富。长时间以来,《易经》仅仅被用作"卜筮",也就是预测未来事态的发展,而实际上《易经》的内容包罗万象,涉及哲学、政治、生活、文学、艺术、科学等诸多领域,是儒家、道家共同的经典,是中华民族传统文化的总纲领,是中华文明的源头。《易经》作为中华经典传世之名著,值得我们认真地学习与品读。

2. 老子(生卒年月失载,应在孔子之前)

姓李,名耳,字聃,东周春秋时期陈国苦县(今河南鹿邑县)人,中国古代思想家、哲学家、文学家和史学家,道家学派创始人和主要代表人物,与庄子并称"老庄"。传世作品《道德经》(又称《老子》)的内容核心体现为朴素的辩证法,对中国哲学有着极为深远的影响,是中国历史上首部完整的哲学著作,也是全球文字出版发行量最大的著作之一。

3. 年画

年画起源于先秦时期的门神,当时人们在新年来临时,就把传说中会捉鬼的神荼和郁垒的形象画在门上,表示驱凶迎祥。这两位神仙就是最早的门神。到了唐代,传说唐太宗被恶鬼惊扰,夜不能寐,大将秦琼和尉迟恭守在门旁后,唐太宗就睡得安稳了。从此,这两位大将就成了年画中最常见的门神。北宋时期,木版雕刻、套色印刷的年画就很普遍了。到清朝时,年画发展到了一个新的高峰,产生了风格不同的四大年画基地:天津的杨柳青、江苏的桃花坞、山东的潍坊和四川的绵竹。年画的常见题材有保佑平安和带来财富的门神、钟馗、灶王爷、财神等各种神仙;表现农业丰收、多子多福、好运不断的《岁岁平安》《莲年有鱼》《莲笙桂子》等;此外,还有一些民间故事和戏曲故事。年画的形象装饰性强,色彩鲜明生动,表现出一种民间艺术的朴实美。

第三章 物质文化

❀ 导言

　　物质文化，也称物态文化层。人类为了生存，必须认识自然、把握自然、利用自然、改造自然。在这个过程中，人类的生产活动、发现发明及其成果，就构成了物质文化。物质文化大多是物质实体的文化事物，如人类衣、食、住、行的活动及成果；也有可感知的思维成果和经验成果，如科学和技术。物质文化是文化创造的基础，它反映着社会的生产力水平，体现着那个时代的经济、科技发展状况。

　　本章着重学习探究中华传统科学文化中的天文历法和医学；中华传统技术文化中的四大发明；中华传统生活文化中叹为观止的丝绸文化、精美绝伦的陶瓷文化、因地制宜的饮食文化、雅风高致的品茶文化、更迭变化的传统服饰、巧夺天工的园林建筑等。通过本章的学习，我们可以进一步了解优秀的中华传统物质文化。

❀ 视野拓展

书籍

1. 吴欣. 衣冠楚楚：中国传统服饰文化 [M]. 济南：山东大学出版社，2017.
2. 王重民，王庆菽，向达，周一良，启功，曾毅公. 茶酒论 [A]. 敦煌变文集 [C]. 北京：人民文学出版社，1984.
3. 尤文宪. 中华文化公开课：茶文化十二讲 [M]. 北京：当代世界出版社，2018.
4. 刘润武. 天文历法与中国文化 [M]. 北京：中国社会科学出版社，2017.
5. 张闻玉. 古代天文历法讲座 [M]. 桂林：广西师范大学出版社，2017.
6. 汤书昆. 造纸术 [M]. 杭州：浙江教育出版社，2015.

纪录片

1. 《舌尖上的中国》第一季，导演陈晓卿，中央电视台，2012.
2. 《舌尖上的中国》第二季，导演陈晓卿，中央电视台，2014.
3. 《舌尖上的中国》第三季，导演刘鸿彦，中央电视台，2018.
4. 《风味人间》第一季，导演陈晓卿，2018.
5. 《风味人间》第二季，导演陈晓卿，2020.
6. 《黄帝内经》，总编导于江泓，中央电视台，2003.

第一节　中华传统科学文化

学习提示

　　中华传统科学中的天文在知识、历法常识源于我们祖先的智慧，为历史的发展、社会的进步作出了极大的贡献。

　　天文学与其他科学一样，是为人类生产和生活服务的。天文学的历史最为悠久，最早的天文学就是农牧民族为了确定较准确的季节而诞生发展起来的。对地球形状大小的认识是靠天文学知识取得的。现代的天文导航是实用天文学的一个分支学科，它以天体为观测目标并参照它们来确定舰船、飞机和宇宙飞船的位置。除此之外，历法也是中国古人生活中不可或缺的重要组成部分，古代历法对于中国古代社会发展进步产生了重大的作用，对当今社会的生活和生产也有着不可小觑的重要作用。

　　希望同学们能够通过对本节内容的学习，进一步了解中国天文学历法的相关知识，掌握天文学简史和历法发展脉络，感受古代天文历法对人类发展的重大作用。同时能够学古博今，祖先的勤劳探索、聪明智慧，更是同学们学习的精髓。

 学习目标

　　1. 了解中华传统科学的相关知识和文化；
　　2. 明确天文历法与传统医学的知识目标，并结合本节内容的知识体系，实现理论与实践有机结合；
　　3. 通过学习中华传统科学，了解中华优秀传统文化，提升自身文化素养。

一、古代天文学

　　天文学与人类的生产、生活紧密相关，是自然科学中发展得最早的一门科学。中国古代天文历法对指导百姓生活作用很大。清代学者顾炎武在《日知录》里

说:"三代以上,人人皆知天文。'七月流火',农夫之辞也;'三星在户',妇人之语也;'月离于毕',戍卒之作也;'龙尾伏辰',儿童之谣也。"顾炎武说的"人人皆知",大概有些夸张,但说明古时天象跟人们的生活关系相当密切。古代人民根据天文来制定历法,从而指导农业生产;根据天象来预测吉凶,从而决定某些事情是否可行。

古代的文学作品,也记录了大量的天文历法词语,了解一些天文历法词语,对读懂古文,也会起到很重要的帮助作用。

(一) 天文学简史

1. 新石器时代

原始社会的新石器时代是我国天文学的萌芽阶段。当时的人们开始注意到太阳升落、月亮圆缺的变化,从而产生了时间和方向的概念。从考古发掘看,半坡氏族的房屋都向南开门,一些氏族的墓穴也都向着同一个方向。人们还在陶器上绘制了太阳、月亮乃至星辰的纹样。

2. 夏商西周时期

进入奴隶社会以后,天文学逐步得到发展。相传在夏朝已有历法,所以,今天还把农历称为"夏历"。根据甲骨文的记载,商代将一年分为春、秋两个季节,平年有12个月,闰年有13个月,大月30天,小月29天。商代甲骨文中还有世界上关于日食、月食的最早记录。西周已设专门人员管理计时仪器和进行天象观测。

3. 春秋战国时期

春秋时期,人们已能由月亮的位置推出每月太阳的位置,在此基础上建立了二十八宿体系。根据《春秋》一书记载,当时已将一年分为春、夏、秋、冬四季。在同一书中还记有"鲁文公十四年秋七月,有星孛于北斗"。这是世界上关于哈雷彗星的最早记录。战国时期的甘德、石申撰写了世界上最早的天文学著作,后人将他们的著作合在一起称为《甘石星经》。随着天文观测的进步,人们创造了二十四节气,使天文学更好地服务于农业生产。

4. 秦汉时期

秦汉时期天文学有了长足进展。全国制定统一的历法。汉武帝时,司马迁参与改定的《太初历》,具有节气、闰法、朔晦、交食周期等内容,显示了很高的水平。这一时期还制作了浑仪、浑象等重要的观测仪器,对后世有深远影响。特别是两汉时期,在天文学理论上,人们对宇宙的认识逐步深化。先是提出"浑天说",认为

"浑天如鸡子，天体圆如弹丸，地如鸡子中黄，孤居于内"，即将宇宙比喻为鸡蛋，地球如同蛋黄浮在宇宙中。进而又有人提出"宣夜说"，认为"天"没有固定的天穹，而是无边无涯，这实际上是说宇宙空间是无限的。

5. 三国两晋南北朝时期

三国两晋南北朝时期，天文学仍有所发展。祖冲之在刘宋大明六年（462年）完成了《大明历》，这是一部精确度很高的历法，如它计算的每个交点月（月球连续两次向北通过黄道所需时间）日数为27.21223日，同现代观测的27.21222日只差十万分之一日。

6. 隋唐时期

隋唐时期重新编订历法，并对恒星位置进行重新测定，进行了世界上最早的对子午线长度的实测。人们根据天文观测结果，绘制了一幅幅星图。在敦煌就曾发现唐中宗李显时期（705—710年）绘的星图，共绘有1350多颗星，反映了中国在星象观测上的高超水平。

7. 宋元时期

宋元时期，制造、改进了许多天文仪器。北宋苏颂等人的"水运仪象台"，以水为动力，带动一套精密的机械，既可观测天体，又可演示天象，还能自动报时，成为世界上著名的天文钟。元代郭守敬制的简仪等在同类型天文仪器中居于世界领先地位。他还创造了中国古代最精密的历法——《授时历》，规定一年为365.2425天，这和现行公历——格里高利历是一样的，但比格里高利历早了300多年。

8. 明清时期

明朝前期，天文学没有什么进展。明中期，欧洲传教士带来欧洲天文学知识，促进了中国天文学进一步发展。徐光启等人翻译了一批欧洲天文学著作，并制作了一些天文仪器，安装在北京天文台。清朝建立后，在中国的传教士又督造了6件铜制大型仪器，这些仪器保存至今。清代学者在天文学理论上也取得一些突破，如在《仪象考成续编》一书中提出恒星有远近变化，也就是认识到恒星有视向运动。欧洲在1868年才提出这种概念。

（二）天文学知识

1. 日月、五星

日月即太阳、月亮，五星即金、木、水、火、土五大行星，合称"七曜"，也叫

"七政"。太阳系中金星也叫太白星,早晨在东方出现时叫启明星,傍晚在西方出现时叫长庚星。木星也叫岁星,是古代用来纪年的,它是太阳系中最大的一颗星。《物理论》中说"岁行一次谓之岁,则十二岁而星一周天也。"水星又名辰星,先秦古籍中的"水",不是我们说的九大行星中的水星,而是二十八宿中北方七宿中的室宿。火星也叫荧惑,先秦古籍中所说的"火",并非九大行星中的火星,而是二十八宿中东方七宿中的心宿二,也叫大火。汉以后说的"火"则是今天所说的火星。土星就是九大行星中的土星,和今天的叫法一样。

2. 北斗与北极

北斗星由天枢、天璇、天机、天权、玉衡、开阳、摇光七星组成,古人把这七星联系起来想象成为古代舀酒的斗形,所以称北斗星。北斗七星属于大熊座。

北斗可以用来辨方向、定季节。把天璇、天枢连成直线,延长约五倍的距离,就可以找到北极星,这是北方的标志。北斗七星在不同的季节和夜晚不同的时间,出现于天空不同的方位,看起来它在围着北极星转动,所以古人根据初昏时斗柄所指的方向来决定季节:斗柄指东,天下皆春;斗柄指南,天下皆夏;斗柄指西,天下皆秋;斗柄指北,天下皆冬。

3. 十二辰

中国古人把天球赤道从东向西等分为十二部分,并以十二地支名称来命名,即子、丑、寅、卯、辰、巳、午、未、申、酉、戌、亥。古人根据纪年,称为十二辰纪年法,又叫太岁纪年法。因为实际地球运行是自西向东的,十二辰的顺序与岁星运行的轨道相反,所以古人假设了一个自东向西运行的岁星,叫太岁。汉代以后,又用十二辰记录一天的十二个时辰,每个时辰等于现在的两个小时,子时是23~1点,丑时是凌晨1~3点,依次类推。

二、古代历法

历法是根据天象来连续记录时间,以满足人们对时间的需要的方式。法是确定历的方法,依据时间与天象的关系,确定符合人们生产和生活的时间标准,也就是历法。

(一) 夏历、殷历、周历

夏历、殷历、周历是我国先秦时期使用的三种历法。这三种历法的主要区别在于岁首月建不同,即正月的时间不同。汉武帝太初(公元前104—公元前101年)年间颁布了太初历法,此后两千多年来基本上用的是夏历,即农历。

(二) 阴历、阳历、阴阳合历

世界的历法可分为阳历、阴历和阴阳合历三种。以太阳运动为主要依据的历法叫阳历，以月亮运动为主要依据的历法叫阴历，兼顾两种运动的历法叫阴阳合历。我国的古代历法基本是阴阳合历，只有部分少数民族用过纯阴历和纯阳历。

阴历也叫"太阴历"，有些地方叫月亮年，是按照月亮圆缺的一个周期为一个月，十二个月为一年。这种历法只管月亮圆缺，不管四季寒暑变化，在大部分地方已被淘汰，现在只有信仰伊斯兰教的国家或地区在宗教活动中还使用。

阳历也叫"太阳历"，即公历。现代天文学把用公历计算的年，叫太阳年。太阳年以地球绕太阳一周（一回归年365天5小时48分40秒）为一年。为方便计，以365天为一年，叫平年。余下的时间，每四年加一天，这一年叫闰年。

阴阳合历也叫阴阳历，是我国长期使用的农历，也叫夏历、阴历（与前述纯阴历不同）。阴阳历综合了纯阴历和阳历的特点，依照月亮的盈亏周期，照顾到与农业生产关系密切的节气，又通过置闰的办法，解决了年的平均值基本符合回归年的问题。

(三) 公元、世纪、年代

"公元"是公历的纪元，始行于6世纪。它以传说中的耶稣基督诞生的那一年作为公元元年，所以原先也叫"基督纪元"，后来被世界多数国家所公用，于是就改称"公元"，常用 A.D. 表示。耶稣诞生前的年代被称为"公元前"，以后的年代是"公元后"，简称"公元"。公元元年相当于我国西汉平帝元始元年。中华人民共和国成立后正式采用公元纪年。

"世纪"一词，来源于拉丁文，意思是100年。从耶稣诞生那一年算起，公元元年至100年为1世纪，101年到200年为2世纪。依次类推，2001年是21世纪的第1年。

"年代"是指一个世纪中的某一个10年。如说20世纪80年代，就是从1980年开始的10年，从1990年起，就进入20世纪90年代了。

(四) 二十四节气

中国古代把一年分为"二十四节气"，这个独特的创造，为天文学和农业活动作出了伟大的贡献。"二十四节气"的发明，是对天象长期观察、反复探索的结果。英国学者李约瑟赞道："中国人在阿拉伯人以前，是全世界最坚毅、最精确的天文观察者。"

古人在观察、测量太阳位置变化规律的基础上，首先掌握了春分、秋分两个节气，然后认识到夏至和冬至。春秋末年，推算出一年岁实是365.25日，这在当时是世界上最精密的数值,为准确预报季节、反映气候寒暖变化创造了条件。《春秋》一书中,已有许多春夏秋冬四季的记载。《淮南子·天文训》则完整地记录了全部"二十四节气"。惊蛰、清明、谷雨等名词与天气、物候相对应,至今仍为我国人民所沿用,具有旺盛的生命力。古人将二十四节气编成歌谣,一直流传至今。

春雨惊春清谷天,夏满芒夏暑相连,
秋处露秋寒霜降,冬雪雪冬小大寒。
每月两节不变更,最多相差一两天。
上半年来六廿一,下半年是八廿三。

二十四节气是用来表示一年里天时和气候变化的二十四个时期,也就是表示地球在围绕太阳公转的轨道上运行的二十四个不同的位置。按阳历计算,每月正好两个节气,相差也不过一两天时间。二十四节气的传统含义如下:

立春,春季开始;雨水,降雨开始;惊蛰,开始响雷,冬眠动物复苏;春分,春季的中间,昼夜平分;清明,气候温暖,天气清和明朗;谷雨,降雨量增多,对谷类生长有利。

立夏,夏季开始;小满,麦类等夏熟作物籽粒逐渐饱满;芒种,忙种,麦类等有芒作物成熟,谷物类作物需要播种;夏至,夏天到,此时白天最长,夜晚最短;小暑,正当初伏前后,气候开始炎热;大暑,一年中最炎热的时节。

立秋,秋季开始,气温逐渐下降;处暑,"处"有躲藏、终止的意思,表示炎热即将过去;白露,此时节,因夜间较凉,空气中的水汽往往凝成露水;秋分,秋季的中间,昼夜平分;寒露,气温明显降低,夜间露水很凉;霜降,开始降霜。

立冬,冬季开始;小雪,开始降雪;大雪,降雪较大;冬至,进入"数九寒天",白天短,夜晚长;小寒,气候已比较寒冷;大寒,最冷的时节。

(五)纪年法

中国古代纪年的方法很多,重要的有以下几种。

1. 谥号纪年法

先秦时一般用王侯即位的年次前边加上谥号来纪年,如鲁隐公元年、齐桓公十年、秦穆公十五年等,这种纪年方法叫谥号纪年法或帝号纪年法。

2. 年号纪年法

公元前141年,汉武帝刘彻即位,使用年号"建元",首创年号纪年法,以后历代帝王都仿照他而建制自己的年号。从汉武帝开始用年号纪年,一直延续到清末,所不同的是汉至元朝,一个帝王可以拥有许多年号,明清两代一个帝王只有一个年号。如汉武帝建元元年、太初三年、天汉四年;明太祖洪武三十一年;清圣祖玄烨六十一年。从汉武帝至清宣统三年，前后 2051 年中，共建立过 600 多个帝王年号。

3. 干支纪年法

它是运用十天干（甲、乙、丙、丁、戊、己、庚、辛、壬、癸）与十二地支（子、丑、寅、卯、辰、巳、午、未、申、酉、戌、亥）相配合而形成的纪年方法。干支是天干与地支的总称。把"甲、乙、丙、丁、戊、己、庚、辛、壬、癸"十天干，与"子、丑、寅、卯、辰、巳、午、未、申、酉、戌、亥"十二地支依次组合，形成"六十甲子"。

甲子	乙丑	丙寅	丁卯	戊辰	己巳	庚午	辛未	壬申	癸酉
甲戌	乙亥	丙子	丁丑	戊寅	己卯	庚辰	辛巳	壬午	癸未
甲申	乙酉	丙戌	丁亥	戊子	己丑	庚寅	辛卯	壬辰	癸巳
甲午	乙未	丙申	丁酉	戊戌	己亥	庚子	辛丑	壬寅	癸卯
甲辰	乙巳	丙午	丁未	戊申	己酉	庚戌	辛亥	壬子	癸丑
甲寅	乙卯	丙辰	丁巳	戊午	己未	庚申	辛酉	壬戌	癸亥

大约在东汉时期，又产生了十二属（十二生肖）纪年法，并与地支相配成子鼠、丑牛、寅虎、卯兔、辰龙、巳蛇、午马、未羊、申猴、酉鸡、戌狗、亥猪。今天的十二属相就是从这里来的。

（六）纪月法

古代纪月，一般是按序数来纪，如一月、二月、三月……只是把一月称作正月或元月（秦朝因避讳称端月），十一月叫冬月，十二月叫腊月。古人还常常把一年四季的三个月与孟、仲、季结合在一起，每季度的第一个月称为孟，第二个月称仲，第三个月称季。如"孟春"指农历正月，仲夏指农历五月，季冬称腊月等。

此外，还有以地支配十二月的地支纪月法（这种方法以 11 月为子月，依次类推）和以乐律纪月的乐律纪月法（即按音乐上的十二律名来纪月）。

（七）纪日法

古代纪日法，除日序（一、二、三）纪日法外，最早最常见的就是干支纪日法，这种纪日法起源很早，甲骨、金文中的记载基本上就是干支纪日。日序纪日法中，上旬十天序数前边习惯上加"初"字，如初一、初十等。古代对一些特殊的日子还有些特殊的叫法，如初一叫朔，初三叫朏，十五叫望，望的第二天叫既望，每月的最后一天叫晦。

（八）纪时法

古人纪时，因为没有计时器，一般是按照天色把一昼夜分成若干时段，把日出

前后叫旦、早、朝、晨，日落之时叫夕、暮、昏、晚，所以古人常常把旦暮、朝夕、晨昏、昏旦并举，表示一天一夜。汉武帝太初历法改革以后，一昼夜正式定为十二个时段，叫作十二时辰，并取名为夜半、鸡鸣、平旦、日出、食时、隅中、日中、日昳、晡时、日入、黄昏、人定。古人一般是日出而作、日落而息，每天只食两餐，食时指早饭，晡时指晚饭。"女曰鸡鸣，士曰昧旦"（《诗经·郑风》）中的"鸡鸣、昧旦"指的就是"鸡鸣、平旦"两个时辰。"奄奄黄昏后，寂寂人定时"（《孔雀东南飞》）中，黄昏、人定指的就是太阳落山以后的两个时辰。这种纪时法在中国有些农村现在还在使用。

（九）纪时工具

中国古代纪时工具有很多种，最常用的如日晷、漏刻、圭表等。圭表由垂直的表和水平的圭组成，通过观测表影的变化可以确定方向和节气，其主要功能是测定冬至日，并进而确定回归年的长度。日晷又称"日规"，是利用日影观测时刻的一种仪器，通常由铜制的指针和石制的圆盘组成，其中铜制的指针叫"晷针"，石制的圆盘叫"晷面"。当太阳光照在日晷上时，晷针的影子会投在晷面上，太阳东升西落，晷针的影子也会随之由西向东移动，人们可以根据日影的位置来确定当时的时刻。由于日晷和圭表测量时间都要依靠太阳的影子来计算，一旦遇到阴雨天和黑夜就会失去作用，于是一种白天黑夜都可计时的仪器——漏刻便产生了。漏刻也称为刻漏，是采用漏水的方法来计时，有泄水型和受水型两种。首先在漏壶中插入一根刻有时刻的标杆，称为箭，箭下以一只箭舟相托，浮于水面。当水流出或流入壶中时，箭会相应下沉或上升，壶口处箭上的刻度就可以指示时刻。除此之外，中国古代还出现了许多与漏刻结构原理相类似的计时工具，如以称量水重来计时的称漏和以沙代水的沙漏。

三、传统医学

传统医学是指在现代医学之前，已经独立发展起来的多种医疗知识体系，它有别于现代医学的主流体系部分。

世界卫生组织对传统医学的定义是：利用基于植物、动物、矿物的药物、精神疗法、肢体疗法，和实践中的一种或者多种方法来进行治疗、诊断和防止疾病或者维持健康的医学。

2018年6月18日，世界卫生组织发布第11版《国际疾病分类》。新版《国际疾病分类》包含了一些新章节，其中一章涉及传统医学。2019年5月25日，瑞士日内瓦第72届世界卫生大会审议通过了《国际疾病分类》第11次修订本，首次将起源于中医药的中国传统医学纳入其中。这是中国政府和广大中医专家历经多年持续努力取得的宝贵成果。

（一）中国传统医学

中国传统医学，即中医学，是指起源和发展于中国地域的研究人类生命过程及同疾病斗争的一门科学，属于自然科学范畴。中医学以其博大精深的思想内涵、独特而完整的理论体系、丰富的实践经验和显著的临床疗效为中华民族的繁衍昌盛作出了巨大的贡献。

中国传统医学是中华民族在长期的医疗、生活实践中，不断积累、反复总结而逐渐形成的具有独特理论风格的医学体系。中国传统医学是中国各民族医学的统称，主要包括汉族（中）医学、藏族医学、蒙古族医学、维吾尔族医学等民族医学。在中国传统医学中，由于汉族人口最多，文字产生最早，历史文化较长，因此，汉族医学在中国乃至在世界上的影响最大。在19世纪西方医学传入中国并普及以后，汉族医学又有"中医"之称，以此有别于"西医"，即西方近现代医学。

（二）中医与西医的关系

西医，其实指的是近现代科学诞生之后的"生物医学"模式，不同于西方或欧洲的传统医学，欧洲传统医学已经消失了；然而，东方传统医学尤其中医学以其特色仍然具有生命力。社会—心理—生物医学模式的现代西医与中医的汇通又将形成21世纪的系统医学，因此，中医学应该以文化遗产的方式保存，作为传统文化的重要部分继承下去。

（三）中医学的特点

中医学历史悠久。大约在商周之时，阴阳学说被引入解释生命和疾病现象，认为生命乃是阴阳二气在人体内和谐循环的过程，一旦阴阳失调，疾病便会发生。春秋以后，五行学说被用于解释人体内脏腑器官的联系和影响，从而奠定了中医学的理论基础。中医学经过几千年无数医生的实践和改进，形成了独具特色的医学体系，至今仍在医疗保健中发挥着重要作用。

（四）中医学理论体系的形成和发展

中医学理论体系是在古代哲学思想指导下，遵循"天人合一"的整体观，以精、气、阴、阳、五行学说为哲学基础和思维方法，以脏腑经络及精气血津液为生理病理学基础，以辨证论治方法为诊疗特点的理论体系。

1. 中医学理论体系的形成

中医学理论体系形成于先秦两汉时期（公元前770年至公元220年左右），以《黄帝内经》等经典医籍的相继问世为标志。《黄帝内经》是中国现存的第一部医学经典著作。《难经》对脉学的详细而精当的论述特别具有创造性。《伤寒杂病论》确立了中医学辨证论治的理论体系。《神农本草经》是我国现存最早的药物学专著。

2. 中医学理论体系的发展

随着科学的进步和社会的发展，特别是大量医疗实践的积累，自汉代以后中医学呈现出全面发展的阶段，可概括为5个时期。

（1）魏晋隋唐时期（265—907年）

这一时期由于重视总结临床经验，继承整理发挥《黄帝内经》《伤寒杂病论》等经典医著的理论，出现了众多名医名著，逐渐充实和完善了中医学基本理论，并使之系统化、规范化，对后世医学发展有着深远的影响。著名医家及其代表著作有王叔和的《脉经》、皇甫谧的《针灸甲乙经》、孙思邈的《备急千金要方》。

（2）宋金元时期（960—1368年）

这一时期文化领域的百家争鸣，特别是思想家的革新精神，为中医学理论的创新和发展提供了有利的文化背景，各具特色的医学流派和具有独创见解的医学理论应运而生。特别值得一提的是"金元四大家"：刘完素（寒凉派）、张从正（攻邪派）、李杲（补土派）、朱震亨（滋阴派）。

（3）明清时期（1368—1840年）

这一时期既有医学理论创新，又有对医学成就和临证经验的综合整理，许多不同类别的医学全书、丛书和类书相继问世。例如：张介宾的《景岳全书》、李时珍的《本草纲目》。

（4）近代时期（1840—1949年）

这一时期随着中国社会制度的变革，西方文化和科技大量传入中国，中西文化出现了大碰撞。由于中西医两种医学体系的长期论争，产生了中西汇通和中医学理论科学化思潮。如，张锡纯的《医学衷中参西录》，是中西汇通的代表作，强调从理论到临床都应衷中参西，开中西药并用于临床之先河。

（5）现代时期（1949年至今）

这一时期在中国中医政策指导下，中医事业蓬勃发展。《中华人民共和国宪法》和《中华人民共和国中医药条例》先后颁布，强调中西医并重，倡导中西医结合，注重运用传统方法和现代科学方法开展中医药基础理论研究和临床研究。运用哲学、控制论、信息论、系统论、现代实证科学等多学科方法研究中医学，在经络与藏象实质研究方面和对四诊客观化、微观辨证规律的探索及中医证候研究等方面，均取得了较大的进展。中医学为世界医学的发展作出了很大的贡献。

3. 中医学的整体观念

整体，即整体性和统一性，指事物本身是一个整体，事物内部的各个部分是互

相联系、不可分割的。中医学从这一观点出发，认为人体是一个有机整体，人与自然之间也是不可分割的，这种机体自身的整体性以及内外环境的统一性思想即谓之整体观念。

人体是一个有机的整体：五脏（心、肝、脾、肺、肾）、六腑（小肠、胆、胃、大肠、膀胱、三焦）、形体（脉、筋、肉、皮、骨）、官窍（舌、目、口、鼻、耳、前阴、后阴），等等，它们在生理上是互相联系的，而在病变时，它们又是相互影响的。

人与自然界的统一性：人类生活在自然界中，是自然界的组成部分，自然界的运动变化直接或间接地影响着人体，人体也发生着与之相应的变化，这就是机体与环境相统一的"天人合一"观。由于自然界阴阳二气的运动消长，一年四季气候变化的基本规律是春温、夏热、长夏湿、秋燥、冬寒，人体生理也随之做出适应性调节。人体的脉象也有春弦、夏洪、秋浮、冬沉的不同。

 4. 中医学的防治优势

当今，中医学在许多人类疾病的预防和治疗中发挥着重要作用。在现代西方医学发达的欧美等国家，有大量的学者从事、研究中医学。近年来，由于中医中药的疗效好，副作用小，医疗费用又低，所以世界上看中医吃中药的患者逐渐增多。如果没有疗效，中医就不可能生存，更不可能传播至海外，因此它必定有其独具的优势。

21世纪初爆发的SARS是人类的不幸，也是对现有医学能力的极大考验。在人们对它毫无认识、猝不及防的情况下，中医药显示了它独有的魅力。

思考与练习

1. 如何理解"不懂天文历法读不懂中华文化"这句话？
2. 如何看待传统医学的防治优势？
3. 试述天文简史。
4. 关于二十四节气，你知道多少？

第三章 物质文化

第二节 中华传统技术文化

学习提示

中华传统技术源于生活，而生活需要各种实用技术。造纸、印刷、纺织、陶瓷、冶铸、建筑等中国人引以为豪的发明创造无不带有鲜明的实用烙印。四大发明更是中国古代先民为世界留下的一串光辉的足迹，是为人类文明进步作出巨大贡献的象征。造纸术的发明，为人类提供了经济便利的书写材料，掀起一场人类文字载体革命；雕版印刷术的发明，大大促进了文化的传播；指南针的发明，为欧洲航海家的航海活动提供了条件；火药的发明、火药武器的使用，改变了作战方式，帮助欧洲资产阶级摧毁了封建堡垒，加速了欧洲的历史进程。总之，我国古代的四大发明，在人类科学文化史上留下了灿烂的一页，这些伟大的发明曾经影响并造福于全世界，推动了人类历史的前进。

然而，时代在前行，曾经应用广泛的传统技术，今天早已失传或正在消失或革新变更，这就需要同学们能够主动去了解中华传统技术，并能用科学的眼光去看待这些传统技术。

学习目标

1. 了解中华传统技术的相关知识；
2. 了解中国古代四大发明，分析其对世界产生的影响；
3. 了解中华传统技术文化，增强民族自豪感。

一、火药

火药是中国四大发明之一，是人类文明史上的一项杰出成就。火药以其杀伤力和震慑力，发挥着消停战事、安全防卫的作用，是人类重要的发明之一。

火药的发明是人们长期炼丹、制药的实践结果，至今已有一千多年历史。据《范子叶然》的记载，火药的雏形最早在春秋时代就已经用于民间民生应用。唐朝末年，火药已被用于军事用途。北宋政府建立了火药作坊，先后制造了火药箭、火炮等以燃烧性能为主的武器和霹雳炮、震天雷等爆炸性较强的武器。南宋在1259年造出了以巨竹为筒、内装火药的突火枪。到了元代又出现铜铸火铳，称为铜将军。这些都是以火药的爆炸为推动力的武器，在战争中显示了前所未有的威力。

（一）火药源于炼丹术

炼丹术起源很早，《战国策》中已有方士向荆王献不死之药的记载。汉武帝也妄想"长生久视"，向民间广求丹药，招纳方士，并亲自炼丹。从此，炼丹成为风气，开始盛行。历代都出现炼丹方士，也就是所谓的炼丹家。炼丹家的目的是寻找长生不老之药，这样的目的是不可能达到的。炼丹术流行了一千多年，最后还是一无所获。但是，炼丹术所采用的一些具体方法还是有可取之处的，它显示了化学的原始形态。

炼丹术中很重要的一种方法就是"火法炼丹"，它与火药的发明有直接的关系。所谓"火法炼丹"，大约是一些无水的加热方法，这些方法都是最基本的化学方法，也是炼丹术这种愚昧的职业能够产生发明的基础。炼丹家的虔诚和寻找长生不老之药过程中遭到的挫折，使得炼丹家不得不反复实验和寻找新的方法，这样就为火药的发明创造了条件。在发明火药之前，炼丹术已经得到了一些人造的化学药品，如硫化汞等，这可能是人类最早用化学合成法制成的产品之一。

（二）火药的发明

炼丹家虽然掌握了一定的化学方法，但是他们的目的是寻求长生不老之药，因此火药的发明具有一定的偶然性。炼丹起火，启示人们认识并发明火药。

炼丹家对于硫磺、砒霜等具有猛毒的金石药，在使用之前，常用烧灼的办法"伏"一下。"伏"是降伏的意思，使毒性失去或减低，这种手续称为"伏火"。伏火的方子都含有碳素，而且伏硫磺要加硝石，伏硝石要加硫磺。这说明炼丹家有意引起药物燃烧，以去掉它们的猛毒。

虽然炼丹家知道硫、硝、碳混合点火会发生激烈的反应，并采取措施控制反应速度，但是因药物伏火而引起丹房失火的事故仍时有发生。《太平广记》中有一个故事，说的是隋朝初年，有一个叫杜春子的人去拜访一位炼丹老人，当晚住在那里。半夜杜春子于梦中惊醒，看见炼丹房有"紫烟穿屋上"，屋子顿时燃烧起来。这可能是炼丹家配置易燃药物时疏忽而引起火灾。这说明唐代的炼丹家已经掌握了一个很重要的经验，就是硫、硝、碳三种物质可以构成一种极易燃烧的药，这种药被称为"着火的药"，即火药。由于火药的发明来自制丹配药的过程中，在火药发明之后，曾被当作药类。《本草纲目》中就提到火药能用以治疮癣、杀虫、辟湿气、瘟疫。

火药不能解决长生不老的问题，又容易着火，炼丹家对它并不感兴趣。火药的

配方由炼丹家转到军事家手里，就促成了中国古代四大发明之一的火药的出现。

（三）火药的应用史

火药的最初使用并非在军事上，而是用于宋代诸军马戏的杂技演出，以及木偶戏中的烟火杂技。宋代演出"抱锣""硬鬼""哑艺剧"等杂技节目，都运用刚刚兴起的火药制品"爆仗"和"吐火"等，以制造神秘气氛。宋人同时也以火药表演幻术，如喷出烟火云雾以遁人、变物等，以收神奇迷离之效！

1. 唐朝时的火药

火药发明之前，火攻是军事家常用的一种进攻手段。那时在火攻中，用了一种叫作火箭的武器，它是在箭头上绑一些像油脂、松香、硫磺之类的易燃物质，点燃后用弓射出去，用以烧毁敌人的阵地。如果用火药代替一般易燃物，效果要好得多。火药发明之前，攻城守城常用一种抛石机抛掷石头和油脂火球，来消灭敌人。火药发明之后，利用抛石机抛掷火药包就取代了石头和油脂火球。

2. 两宋时的火药

到了两宋时期，火药武器发展很快。火药兵器在战场上的出现，预示着军事史上将发生一系列的变革，从使用冷兵器阶段向使用火器阶段过渡。火药应用于武器的最初形式，主要是利用火药的燃烧性能，后来逐步过渡到利用火药的爆炸性能。

硝酸钾、硫磺、木炭粉末混合而成的火药被称为黑火药或者叫褐色火药。这种混合物极易燃烧，而且烧起来相当激烈，这就是火药的爆炸性能。北宋时期使用的那些用途不同的火药兵器都是利用黑火药燃烧爆炸的原理制造的。到了北宋末年爆炸威力比较大的火器"霹雳炮""震天雷"也出现了。元军攻打金国的南京（今河南开封）时金兵守城时就用了这种武器。宋代由于战争不断，对火器的需求日益增加，宋神宗时设置了军器监，统管全国的军器制造。军器监雇用工人四万多人，监下分十大作坊，生产火药和火药武器各为一个作坊，并占有很重要的地位。这些都促进了火药和火药兵器的发展。

南宋时出现了管状火器，1132年陈规发明了火枪，1259年寿春地区有人制成了突火枪，开创了管状火器发射弹丸的先声。现代枪炮就是由管状火器逐步发展起来的，所以管状火器的发明是武器史上的又一大飞跃。

3. 明朝时的火药

明朝发明了多种"多发火箭"，如同时发射10支箭的"火弩流星箭"，发射32支箭的"一窝蜂"，最多可发射100支箭的"百虎齐奔箭"等。明燕王朱棣（明成祖）与建文帝战于白沟河，就曾使用了"一窝蜂"。这是世界上最早的多发齐射火

箭,堪称是现代多管火箭炮的鼻祖。尤其值得提出的是,当时水战中使用的一种叫"火龙出水"的火器,可以在距离水面三四尺高处飞行,远达两三里。这种火箭用竹木制成,在龙形的外壳上缚四支大"起火",腹内藏数支小火箭,大"起火"点燃后推动箭体飞行,"如火龙出于水面"。火药燃尽后点燃腹内小火箭,从龙口射出。击中目标将使敌方"人船俱焚"。这是世界上最早的二级火箭。另外,该书还记载了"神火飞鸦"等具有一定爆炸和燃烧性能的雏形飞弹。"神火飞鸦"用细竹篾绵纸扎糊成乌鸦形,内装火药,由四支火箭推进,它是世界上最早的多火药筒并联火箭,与今天的大型捆绑式运载火箭的工作原理很相近。

火箭的发展,使人产生了利用火箭的推力飞上天空的愿望。根据史书记载,14世纪末,明朝的一位勇敢者万户坐在装有47个当时最大的火箭的椅子上,双手各持一个大风筝,试图借助火箭的推力和风筝的升力实现飞行的梦想。尽管这是一次失败的尝试,但万户被誉为利用火箭飞行的第一人。为了纪念万户,月球上的一个环形山以万户的名字命名。

中国的火药推进了世界历史的进程。恩格斯曾高度评价了中国在火药发明中的作用:"现在已经毫无疑义地证实了,火药是从中国经过印度传给阿拉伯人,又由阿拉伯人和火药武器一道经过西班牙传入欧洲。"火药动摇了西欧的封建统治,昔日靠冷兵器耀武扬威的骑士阶层日渐衰落了!火药的发明大大地推进了历史发展的进程。

二、指南针

指南针是用以判别方位的一种简单仪器,前身是司南。指南针的主要组成部分是一根装在轴上可以自由转动的磁针。磁针在地磁场作用下能保持在磁子午线的切线方向上。磁针的北极指向地理的北极,利用这一性能可以辨别方向,常用于航海、大地测量、旅行及军事等方面。指南针上的 N 指北方,E 指东方,W 指西方,S 指南方。

中国是世界上公认发明指南针的国家。物理上指示方向的指南针的发明有三类部件,分别是司南、罗盘和磁针,均属于中国的发明。指南针的发明是中国古代劳动人民在长期实践中对物体磁性认识的结果。由于生产劳动,人们接触了磁铁矿,开始了对磁性质的了解。作为中国古代四大发明之一,指南针的发明对人类的科学技术和文明的发展起了无可估量的作用。在中国古代,指南针最初用于祭祀、礼仪、军事和占卜与看风水时确定方位。

(一)指南针的产生背景

地球是一个大磁体。地球的两个极分别在接近地理南极和地理北极的地方。地球表面的磁体,当可以自由转动时,就会因磁体同性相斥、异性相吸的性质指示南北——这个道理,古人不够明白;但这类现象,古人已经发现。

先秦时代的中国劳动人民已经积累了对磁现象的认识，在探寻铁矿的时候，常常遇到磁铁矿，即磁石。《管子·地数篇》中早已记载了这些发现："山上有慈石者，其下有金铜。"《山海经》中也有类似的记载。磁石的吸铁特性很早被人发现，《吕氏春秋》九卷精通篇就有："慈招铁，或引之也。"古人称"磁"为"慈"。古人把磁石吸引铁看作慈母对子女的吸引，并认为："石是铁的母亲，但石有慈和不慈两种，慈爱的石头能吸引它的子女，不慈的石头就不能吸引了。"汉以前古人把磁石写成"慈石"，是慈爱石头的表达。

关于磁石吸铁性的应用有很多传说。秦朝时，据说秦皇宫的磁石门可防止身带铁刃的刺客进入。到了西汉，有一个名叫栾大的方士，他利用磁石的特性做了两个像棋子的东西，通过调整两个棋子极性的相互位置，有时两个棋子相互吸引，有时相互排斥，栾大称其为"斗棋"。他把这个新奇的玩意献给汉武帝，并当场演示，汉武帝惊奇不已，龙心大悦，竟封栾大为"五利将军"。

文献中对磁石吸铁现象多有记述，如战国时期成书的《吕氏春秋》、西汉时期成书的《淮南子》和东汉王充的《论衡》，这些书的作者都提到磁石吸铁现象，以及玳瑁和琥珀等物体能吸引某些轻小物体的现象。王充指出，这些现象是"感应"（一种超距作用的看法）的作用，但似乎并不知道电感应和磁感应的区别。指南针是用天然磁石制成的，要发明指南针，就要研究磁石的指极性。

（二）指南针的早期形制

中国的方位文化经历了从天文学方法定位，再以磁学方法制成司南，最后由司南演变成指南针的三个阶段，随之而来的是测定方位技术的不断完善。

1. 司南

司南是最早的磁性指向器。"司南"之称，始于战国（公元前475—公元前221年），终止于唐代（618—907年）。"指南"的词义有指导或准则之意，而"指南"来源于"司南"，两者仅一音之转。在汉至唐的文献中，读者可读到诸如"事之司南""文之司南"以及"人之司南"等词语。唐代以后，在社会科学中，"司南"一词完全为"指南"所取代。因为司南的古义不断演化，它与一系列的古代发明结下了不解之缘。

记载司南的最早的文献是《鬼谷子》，其中写道："郑人之取玉也，必载司南之车，为其不惑也。"从《鬼谷子》中的记载可以看出，郑人去"取玉"，必须要带上司南，就是为了避免迷失方向。磁体定向装置的出现，使人从靠观察天体定向的被动性转向靠地磁定向的主动性。人类最早的磁体定向装置，是以天然条状磁石制成的司南，它出现在战国末期，在汉代得到进一步发展。司南仪的出现具有重要的历史意义，因为它是以与天文定向原理截然不同的磁学原理制成的新型导向装置，在任何天气条件下都能昼夜工作，迅速指出方向，操作简便，易于携带。

2. 磁勺

磁勺是一种天然磁石琢成的勺形指向器，当它被发现的时候，其状取法北斗七星，名称则沿用"司南"。

磁勺的实物虽然迄今尚未发现，但与此有关的文物至少有两件。一是瑞士苏黎世的Rietberg博物馆中所藏的一块114年的东汉画像石，其右上角有一个人正在观测一件可能是"司南之勺"的东西。二是那志良《玉器通释》上册著录的一件"司南佩"古玉器，此玉"长不过寸许，一端琢成一个小勺，一端琢成一个圆形的小盘，中间有一个横穿"。"司南佩"的制作年代不明，推测为唐代之物。

除上述的磁勺之外，司南又是指南车、指南舟和报时刻漏的代称。晋人葛洪所作的《西京杂记》中提到的"司南车"即半自动机械装置指南车。《宋书·礼志》记载："晋代又有指南舟。"南朝任昉的《奉和登景阳山》诗吟道："奔鲸吐华浪，司南动轻枻。"诗中的司南即指皇家园池中的指南舟。可是"指南舟"究竟怎样导航，至今依然是一个谜。唐代大诗人杜甫的《鸡》诗云："气交亭育际，巫峡漏司南。"意谓夜半零时整，诗人恰闻司南的报时之声。

3. 磁针的发明

指南针的发明应当是在一个很漫长的时间中，慢慢地改进的结果，而不同时期则以不同的形式出现。唐代开始强调方向的选择，寻找比磁勺更方便的指向器成了当务之急，于是指南铁鱼或者蝌蚪形铁质指向器及水浮磁针就应运而生。

水浮磁针的制作方法首见于北宋沈括的《梦溪笔谈》卷二十四，其文曰："方家以磁石磨针锋，则能指南。"这种方家在实践中总结出来的钢针磁化法，经沈括之手公布于世，有力地促进了磁针在堪舆和航海两大领域中的应用和普及。指南针进入到实用磁针的阶段，对装置方法的研究提到了议事日程。沈括全面研究和比较了"水浮"法、置"指爪"法、置"碗唇"法及"缕悬"法的优缺点，认为"缕悬"法最佳。现代磁强计中悬挂的小磁铁，就采用了与此相似的方法。磁针指的精度，与司南及指南鱼不可同日而语，故磁针的发明，很快导致了磁偏角的发现。

由于堪舆术的神秘性，再加上中国唐宋堪舆著作在流传中又相互影响，有所增删，所以要从众多早期堪舆著作中理出磁针、磁偏角以至罗盘的发明、发现年代，诚非易事。然而，北宋司天监杨惟德于庆历元年（1041年）奉命编撰的相墓大全《茔原总录》卷已为磁偏角的发现订定了下限，书中说："客主的取，宜匡四正以无差。当取丙午针，于其正处，中而格之，取方正之正也。"这里明确地记载了"丙午针"，即后世沈括在《梦溪笔谈》卷二十四中所说的磁针"常微偏东，不全南也"。西方直到13世纪才知道磁针偏南。1429年，哥伦布横渡大西洋时，才正式测到磁偏角现象。

中国发现了元代水浮法指南针瓷碗。1959年，在辽宁旅顺甘井子元代墓葬中出土了两件磁州窑白釉褐花大碗，大碗内底部彩绘两个同心圆，圆内绘并排的三个点，中间用一条线相连。乍看此图形似一个不规则的"王"字，故被称为"王字纹碗"。碗外底圈足内又墨书一个"针"字。经科技史学家王振铎先生研究证实，这种碗就是航海时指示方向所用的针碗。它的使用方法是这样的：针碗的水面上漂着穿在浮漂上的磁针，碗内底的"王"字形标志则有助于标明方向。先将"王"字中的细道与船身中心线对直，如船身转向，磁针便和该细线形成夹角，从而显示航向转移的角度。

4. 罗盘的发明与西传

磁针问世后，先后用于堪舆和航海。为了使用方便，容易读数，加上磁偏角的发现，对指南针的使用技巧提出了更高的要求。方家首先将磁针与分度盘相配合，创制了新一代指南针——罗盘。

罗盘古称"地螺""地罗"。南宋曾三聘的《因话录》（作于1200年前后）"子午针"条说："地螺，或有子午正针，或用子壬丙午间缝针。"曾三聘是江西临江府峡江（今江西清江县）人。离峡江不远的江西临川，于1985年出土了世界上最早的堪舆旱罗盘模型，正可与《因话录》的记载相互印证。1985年5月，江西临川南宋朱济南墓（葬于1198年）出土了座底墨书"张仙人"的瓷俑一式两件。风水先生"张仙人"俑，左手抱一罗盘。值得注意的是，该罗盘的磁针与水罗盘的磁针根本不同，中部增大呈菱形，菱形中央有一个明显的圆孔，明确形象地表示这是一种用轴支承的旱罗盘。

中国的磁针和罗盘先后经由陆水两路西传，曾给人类文明的进程带来重大的影响。以前史学界认为磁针在水中的水罗盘与指南针一脉相承，是中国的发明，但旱罗盘是欧洲发明的，16世纪才经由日本船传入中国，而今临川罗盘证明：旱罗盘的发明权也属于中国。

三、造纸术

造纸术是中国古代四大发明之一。纸是中国古代劳动人民长期经验的积累和智慧的结晶，是人类文明史上的一项杰出的发明创造。纸发明于西汉时期，改进于东汉时期。

中国是世界上最早养蚕织丝的国家。中国古代劳动人民以上等蚕茧抽丝织绸，剩下的恶茧、病茧等则用漂絮法制取丝绵。漂絮完毕，篾席上会遗留一些残絮。漂絮的次数多了，篾席上的残絮便积成一层纤维薄片，薄片经晾干后剥离下来，可用于书写。这种漂絮的副产物数量不多，在古书上被称为赫蹏或方絮。这表明中国古

代造纸术的起源同丝絮有着密切的渊源关系。

（一）造纸术的发展与历史

纸是用以书写、印刷、绘画或包装等的片状纤维制品，一般由经过制浆处理的植物纤维的水悬浮液，在网上交错地组合，初步脱水，再经压缩、烘干而成。中国是世界上最早发明纸的国家。根据考古发现，西汉时期中国已经有了麻质纤维纸，此种纸质地粗糙且数量少，成本高，不普及。

远古以来，中国劳动人民就已经懂得养蚕、缫丝。秦汉之际以次茧做丝绵的手工业十分普及，这种处理次茧的方法称为漂絮法，操作时的基本要点包括反复捶打，以捣碎蚕衣。这一技术后来发展成为造纸中的打浆。此外，中国古代常用石灰水或草木灰水为丝麻脱胶，这种技术也给造纸中为植物纤维脱胶以启示。纸张就是借助这些技术发展起来的。

在造纸术发明的初期，造纸原料主要是树皮和破布。当时的破布主要是麻纤维，品种主要是苎麻和大麻。据称，我国的棉是在东汉初期，与佛教同时由印度传入，后期用于纺织。当时所用的树皮主要是檀木和构皮（即楮皮）。最迟在公元前2世纪时的西汉初年，纸已在中国问世。最初的纸是用麻皮纤维或麻类织物制造成的，由于造纸术尚处于初期阶段，工艺简陋，所造出的纸张质地粗糙，夹带着较多未松散开的纤维束，表面不平滑，还不适宜于书写，一般只用于包装。

直到东汉和帝时期，经过了蔡伦的改进，一套较为定型的造纸术工艺流程才形成。其过程大致可归纳为四个步骤：

第一，原料的分离，就是用沤浸或蒸煮的方法让原料在碱液中脱胶，并分散成纤维状；

第二，打浆，就是用切割和捶捣的方法切断纤维，并使纤维帚化，而成为纸浆；

第三，抄造，即把纸浆渗水制成浆液，然后用捞纸器（篾席）捞浆，使纸浆在捞纸器上交织成薄片状的湿纸；

第四，干燥，即把湿纸晒干或晾干，揭下就成为纸张。

汉代以后，虽然工艺不断完善和成熟，但这四个步骤基本上没有变化；即使在现代，在湿法造纸生产中，其生产工艺与中国古代造纸法仍没有根本区别。

造纸技术的发展主要体现在两个方面。在原料方面，魏晋南北朝时已经开始利用桑皮、藤皮造纸。到了隋朝、五代时期，竹、檀皮、麦秆、稻秆等也都已作为造纸原料，先后被利用，从而为造纸术的发展提供了丰富而充足的原料来源。

其中，唐朝利用竹子为原料制成的竹纸，标志着造纸技术取得了重大的突破。竹子的纤维硬、脆、易断，技术处理比较困难，用竹子造纸的成功，表明中国古代的造纸技术已经达到相当成熟的程度。唐时，在造纸过程中加矾、加胶、涂粉、洒金、染色等加工技术相继问世，为生产各种各样的工艺用纸奠定了技术基础，生产出来的纸张质量越来越高,品种越来越多。从唐代到清代,中国生产的纸,除了一般的纸张,还有各种彩色的腊笺、冷金、泥金、罗纹、泥金银加绘、砑花纸等名贵纸张,以及各种宣纸、壁纸、花纸等,纸张成为人们文化生活和日常生活的必需品。纸的发明、发展经过了10世纪到18世纪的宋元和明清时期,楮纸、桑皮纸等皮纸和竹纸特别盛行,消耗量也特别大。造纸用的竹帘多用细密竹条,这就要求纸的打浆度必须相当高,而造出的纸也必然很细密匀称。先前唐代用淀粉糊剂做施胶剂,兼有填料和降低纤维下沉槽底的作用。到宋代以后多用植物黏液做"纸药",使纸浆均匀,常用的"纸药"是杨桃藤、黄蜀葵等浸出液。这种技术早在唐代已经采用,但是宋代以后才盛行起来,于是不再采用淀粉糊剂了。

这时候的各种加工纸品种繁多,纸的用途日广,除书画、印刷和日用外,中国还最先在世界上发行纸币。这种纸币在宋代被称作"交子",元明后继续发行,后来世界各国也相继跟着发行了纸币。明清时期用于室内装饰用的壁纸、纸花、剪纸等,也很美观,并且行销于国内外。各种彩色的蜡笺、冷金、泥金、罗纹、泥金银加绘、砑花纸等,多为封建统治阶级所享用,造价很高,质量也在一般用纸之上。

经过元、明、清数百年岁月,到清代中期,我国手工造纸已相当发达,质量先进,品种繁多,成为中华民族数千年文化发展传播的物质条件。

(二)造纸术的流传

造纸术首先传入与我国毗邻的朝鲜和越南,随后传到了日本。在蔡伦改进造纸术后不久,朝鲜和越南就有了纸张。朝鲜半岛各国先后都学会了造纸技术。纸浆主要由大麻、藤条、竹子、麦秆中的纤维提取。大约4世纪末,百济在中国人的帮助下学会了造纸,不久高丽、新罗也掌握了造纸技术。此后高丽的造纸技术不断提高,到了唐宋时,高丽的皮纸反而向中国出口。西晋时,越南人也掌握了造纸技术。610年,朝鲜和尚昙征渡海到日本,把造纸术献给日本摄政王圣德太子,圣德太子下令推广全国,后来日本人民称他为"纸神"。

中国的造纸技术也传播到了中亚的一些国家,并从此通过贸易传播到达了印度。10世纪,造纸技术传到了叙利亚的大马士革、埃及的开罗和摩洛哥。在造纸术的流传中,阿拉伯人的传播功劳不可忽视。

欧洲人是通过阿拉伯人了解造纸技术的。最早接触纸和造纸技术的欧洲国家是一度为阿拉伯人、摩尔人统治的西班牙。1150年,阿拉伯人在西班牙的萨狄瓦建立了欧洲第一个造纸厂。1276年,意大利的第一家造纸厂在蒙地法罗建成,生产麻纸。1348年,法国于巴黎东南的特鲁瓦附近建立造纸厂,此后又建立几家造纸厂,这样一来,法国不仅国内纸张供应充分,而且还向德国出口。德国14世纪才有自己的造纸厂。英国因为与欧洲大陆有一海之隔,造纸技术传入比较晚,15世纪才有了自己的造纸厂。瑞典于1573年建立了最早的造纸厂。丹麦于1635年开始造纸。1690年

建于奥斯陆的造纸厂是挪威最早的纸厂。到了17世纪，欧洲各主要国家都有了自己的造纸业。

西班牙人移居墨西哥后，最先在美洲大陆建立了造纸厂。墨西哥造纸始于1575年。美国在独立之前，于1690年在费城附近建立了第一家造纸厂。到19世纪，中国的造纸术已传遍五洲各国。

为了解决欧洲纸张质量低劣的问题，法国财政大臣杜尔阁曾希望利用驻北京的耶稣会教士刺探中国的造纸技术。乾隆年间，供职于清廷的法国画师、耶稣会教士蒋友仁将中国的造纸技术画成图寄回了巴黎，中国先进的造纸技术才在欧洲广泛传播开来。1797年，法国人尼古拉斯·路易斯·罗伯特成功地发明了用机器造纸的方法，从蔡伦时代起中国人持续领先近2000年的造纸术才被欧洲人超越。

造纸术的发明和推广，对于世界科学、文化的传播产生深刻的影响，对于社会的进步和发展起着重大的作用。

（三）造纸术的意义与价值

造纸术，尤其是东汉蔡伦改进的造纸术（又称"蔡侯纸"），是书写材料的一次革命，它便于携带，取材广泛不拘泥，推动了中国、阿拉伯、欧洲乃至整个世界的文化发展。

有了文字之后，最重要的就是要有一个很好的载体。古代埃及人利用尼罗河的纸草来记述历史；在古代的欧洲，人们还长时间地利用动物的皮比如羊皮来书写文字；而中国，在造纸术发明以前，甲骨、竹简和绢帛是古代用来供书写、记载的材料。但是甲骨、竹简都比较笨重，秦始皇一天光阅读奏章，就要整整一车；绢帛虽然轻便，但是成本非常昂贵，也不适于书写。到了汉代，由于西汉的经济、文化迅速发展，甲骨和竹简已经不能满足发展的需求了，从而促使了书写工具的改进——纸被发明出来了。造纸是一项重要的化学工艺，纸的发明是中国在人类文化的传播和发展上，所作出的一项十分宝贵的贡献，是中国历史上的一项重大的成就，对中国历史也产生了重要的影响。

四、印刷术

中国的印刷术源远流长，传播广远。它是中华文化的重要组成，随中华文化的萌芽诞生，随中华文化的发展演进。如果从其源头算起，迄今已经历了源头、古代、近代、当代四个历史时期，长达五千余年的发展历程。早期，中国人民为了记载事件、传播经验和知识，创造了早期的文字符号，并寻求记载这些字符的媒介。由于受当时生产手段的限制，人们只能用自然物来记载文字符号。例如，把文字刻或者写在岩壁、树叶、兽骨、石块、树皮等自然材料上。由于记载文字的材料十分昂贵，因此，只能将重要事件做简要记载。大多数人的经验，只能靠口头传播，这严重影响着社会文化的发展。

印刷术是中国古代劳动人民的四大发明之一。印刷术发明之前，文化的传播主要靠手抄的书籍。手抄费时、费事，又容易抄错、抄漏，既阻碍了文化的发展，又给文化的传播带来不应有的损失。印章和石刻给印刷术提供了直接的经验性的启示，用纸在石碑上墨拓的方法，直接为雕版印刷指明了方向。雕版印刷术发明于唐朝，并在唐朝中后期普遍使用。宋仁宗时毕昇发明了活字印刷术。宋朝虽然出现了活字印刷术，但并未普遍使用，仍然普遍使用雕版印刷术。

中国的印刷术经过雕版印刷和活字印刷两个阶段的发展，给人类的发展献上了一份厚礼。印刷术的特点是方便灵活、省时、省力，是古代印刷术的重大突破。

印刷术是人类近代文明的先导，为知识的广泛传播、交流创造了条件。印刷术先后传到朝鲜、日本、中亚、西亚和欧洲地区。

（一）中国印刷术的起源

中国印刷术的起源最早可追溯至公元前 3000 年两河流域人民所使用的滚筒印刷法，主要用作日常装饰及巫术展示。在不同的历史时期，中国印刷术具有不同的体现。比如春秋战国之际，人们深受诸子百家的影响形成了雕刻凸版与镂板印花技术，这也导致金属雕刻刀具得到了明显的发展。在西周时期，人们开始意识到保存历史文化的重要性，此时产生了青铜器图文雕刻技术及印章雕刻技术。西周时期，为了满足人们占卜需求，兽骨雕刻技术开始出现，较为成熟的最早文字甲骨文也在同时期出现了。

到了新石器末期，人类利用语言传达信息并加以保存的渴望日益增强，由此衍生了彩陶拍印术，在此期间，中国印刷术得到了快速的发展并出现了不同的表现形式，这也为现代印刷业的辉煌打下了扎实的基础。其中雕版印刷最早出现在中国，它作为刻章及拓石的结合体，是人类文明发展的重要产物。最早的雕版印刷实物来源于唐朝初期。

宋仁宗期间，毕昇又发明了活字印刷术。到了元朝又出现了活字版《毛诗》。直至 19 世纪，改良铅活字印刷技术又流传于世，甚至在世界知名，从而造就了我国印刷术的发展。

（二）中国印刷术的发展

活字印刷术是人类历史上最伟大的发明之一，是中国对世界文化的重大贡献。

北宋仁宗庆历元年至八年间，即 1041—1048 年，一位名叫毕昇的普通劳动者发明了活字印刷术。沈括比毕昇小十几岁，是同时代的人，而且毕昇制造的泥活字后来归沈括的侄子所有，因此沈括的《梦溪笔谈》中关于毕昇发明活字印刷术的记载是翔实可信的。

  像任何发明创造一样,毕昇发明活字印刷术是有它的社会需要、物质基础和技术条件的。中国社会进步到北宋时期,由于经济的发展、商业的繁荣和文化的兴盛,需要迅速地、大量地传播信息,活字印刷术正是为解决这个社会需要而产生的。

  印刷术必须用纸和墨。中国早在汉代就发明了纸和油烟、松烟两种墨。纸和墨的发明为活字印刷术的诞生奠定了物质基础。战国、秦汉以来出现的印章和拓碑等复制文字、图画的方法又为活字印刷术的发明提供了技术条件。

  顾名思义,印刷术的"印"字,本身就含有印章和印刷两种意思;"刷"字,是拓碑施墨这道工序的名称。印刷术的命名已经透露出它跟印章、拓碑的血缘关系。印章和拓碑是活字印刷术的两个渊源。

  印章的面积本来很小,只能容纳姓名或官爵等几个文字。东晋时期,道教兴起。道教一派注重符箓,他们在桃木枣木上刻文字较长的符咒,从而扩大了印章的面积。据晋代葛洪的《抱朴子》一书中记载,道家有一种刻着120个字的复印。可见当时已经能够用盖印的方法复制一篇短文了。这实际上就是雕版印刷术的先驱。

  拓碑是印刷术的另一个渊源。汉武帝"罢黜百家,独尊儒术"后,当时儒家典籍全凭经师口授,学生笔录。因此,不同的经师传授同一典籍也难免会有差异。汉灵帝熹平四年(175年),政府立石将重要的儒家经典全部刻在上面,作为校正经书的标准本。为了免除从石刻上抄录经书的劳动,大约在4世纪,人们发明了拓碑的方法。拓碑的方法很简便。把一张坚韧的薄纸浸湿后敷在石碑上,再蒙上一张吸水的厚纸,用毛刷轻敲,到纸陷入碑上刻字的凹穴时为止,然后揭去外面的厚纸,用棉絮或丝絮拍子,蘸着墨汁,轻轻地、均匀地往薄纸上刷拍,等薄纸干后揭下来,便是白字黑地的拓本。这种拓碑的方法,跟雕版印刷的性质相同;不同的是,碑帖的文字是内凹的阴文,而雕版印刷的文字是外凸的阳文。石碑上的文字是阴文正写,拓碑提供了从阴文正字取得正写文字的复制技术。后来,人们又把石碑上的文字刻在木板上,再传拓。唐代大诗人杜甫在诗中曾说:"峄山之碑野火焚,枣木传刻肥失真。"这和雕版印刷已经所差无几了。

  在唐代,印章与拓碑两种方法逐渐发展合流,从而出现了雕版印刷术。唐穆宗长庆四年十二月十日,即825年1月2日,诗人元稹为白居易《长庆集》作序,说到当时扬州和越州一带处处有人将白居易和他自己的诗"缮写模勒",在街上售卖或用来换茶酒。"模勒"就是刊刻,这是现存文献中有关雕版印刷术的最早记载。836年,唐文宗根据东川节度使冯宿的报告,下令禁止各道私置日历版。冯宿在他的报告中说,每年中央司天台还没奏请颁布新历书的时候,民间私印的历书已飞满天下。可见当时民间从事雕版印刷业的人是很多的。

  1900年在甘肃敦煌千佛洞发现的藏书中有一卷雕版印刷的《金刚经》,其末尾题着"咸通九年四月十五日王玠为二亲敬造"一行字,咸通九年,即868年。这是现今世界上发现的有确切记载日期的最早雕版印刷品。这卷经书的形式是卷子,长

约 1 丈 6 尺，由 7 个印张粘接而成。最前面是一幅扉画，画的是释迦牟尼说法的情景，卷左上角有字曰"祇树给孤独园"，卷左下角有字"长老须菩提"，经首冠以净口业真言、奉请八金刚，其后皆为鸠摩罗什译本《金刚般若波罗蜜经》正文，末附真言，卷尾落款。这个卷子图文都非常精美，雕刻的刀法细腻，浑朴凝重，说明当时刊刻印刷的技术已经达到了相当纯熟的程度。

(三) 中国印刷术的升华

毕昇发明活字印刷术以后，朝鲜人民又开始用泥活字等方法印书，后来又采用木活字印书。到了 14 世纪，他们首先发明用铜活字印书，中国使用铜活字印书比朝鲜稍晚。朝鲜人民还创造了铅活字、铁活字等。

然而，真正利用油印技术印刷文件的人是旅居英国的匈牙利人盖斯特泰纳。1881 年左右，他用涂蜡的纤维纸作为模版，用铁笔把要印刷的资料刻于其上，铁笔刻写之处，纤维便出现微孔，然后将油墨刷于版上，用滚筒压紧推动，使油墨透过蜡版，黏附在下面的纸上。

发明家爱迪生在 20 世纪初也对孔版印刷进行过研究，他把铁笔与电动机配合起来，通过控制电动机使铁笔在纸上刻画，制成油印版。虽然这种方法当时未得以广泛重视，未能投入使用，但其原理却启发了后人。

1888 年，盖斯特泰纳用打字机代替铁笔。他将打字机上的色带卸下，使字直接打在蜡纸上，字迹在蜡纸上留下痕迹。卸下蜡纸，铺于纸上，涂墨压印，获得了成功。10 余年后，奥地利人克拉博发明了旋转式油印机，使得油印的速度大大地提高。

(四) 中国印刷术的传播

中国是印刷技术的发明地，很多国家的印刷技术或是由中国传入，或是由于受到中国的影响而发展起来的。日本是在中国之后最早发展印刷技术的国家，8 世纪日本就可以用雕版印佛经了。朝鲜的雕版印刷技术也是由中国传入的，高丽穆宗时（998—1009 年）就开始印制经书。中国的雕版印刷技术经中亚传到波斯，大约 14 世纪由波斯传到埃及。波斯实际上成了中国印刷技术西传的中转站，14 世纪末欧洲才出现用木版雕印的纸牌、圣象和学生用的拉丁文课本。中国的木活字技术大约 14 世纪传入朝鲜、日本。

中国的活字印刷技术由新疆经波斯、埃及传入欧洲。1450 年前后，德国美因兹的谷腾堡受中国活字印刷的影响，用合金制成了拼音文字的活字，用来印刷书籍。根据他从葡萄酒压榨机改进的机器设计，古登堡开发了使用凸起的活字，从一开始就使用油性墨。

印刷技术传到欧洲，加速了欧洲社会发展的进程，为文艺复兴的出现提供了条件。马克思把印刷术、火药、指南针的发明称为"资产阶级发展的必要前提"。中国

人发明的印刷技术为现代社会的建立提供了必要前提。

（五）毕昇与活字印刷术

活字制版只要事先准备好足够的单个活字，就可随时拼版，大大地加快了制版时间。活字版印完后，可以拆版，活字可重复使用，且活字比雕版占有的空间小，容易存储和保管。这样活字的优越性就表现出来了。

1041—1048年，平民出身的毕昇用胶泥制字，一个字为一个印，用火烧硬，使之成为陶质。排版时先预备一块铁板，铁板上放松香、蜡、纸灰等的混合物，铁板四周围着一个铁框，在铁框内摆满要印的字印，摆满就是一版。然后用火烘烤，将混合物熔化，与活字块结为一体，趁热用平板在活字上压一下，使字面平整。便可进行印刷。用这种方法，印两三本谈不上什么效率，如果印数多了，几十本以至上千本，效率就很高了。为了提高效率常用两块铁板，一块印刷，一块排字。印完一块，另一块又排好了，这样交替使用，效率很高。常用的字如"之""也"等字，每字制成20多个字，以备一版内有重复时使用。没有准备的生僻字，则临时刻出，用草木火马上烧成。从印版上拆下来的字，都放入同一字的小木格内，外面贴上按韵分类的标签，以备检索。毕昇起初用木料做活字，实验发现木纹疏密不一，遇水后易膨胀变形，与粘药固结后不易取下，才改用胶泥。

毕昇发明活字印刷，提高了印刷的效率。但是，他的发明并未受到当时统治者和社会的重视，他死后，活字印刷术仍然没有得到推广。他创造的胶泥活字也没有保留下来，但是他发明的活字印刷技术，却流传下去了。

1965年在浙江温州白象塔内发现的刊本《佛说观无量寿佛经》经鉴定为北宋元符至崇宁年（1100—1103年）活字本，这是毕昇活字印刷技术的最早历史见证。

总之，印刷术的发明，是人类文明史上的光辉篇章，而建立这一伟绩殊勋的莫大光荣属于中华民族。印本的大量生产，使书籍留存的机会增加，减少手写本因有限的收藏而遭受绝灭的可能性。印刷促进教育的普及和知识的推广，书籍价格便宜使更多人可以获得知识，因而影响他们的人生观和世界观。书籍普及使人们的识字率提高，反过来又扩大了书籍的需要量。

五、丝绸

丝绸是用蚕丝或人造丝纯织或交织而成的织品的总称。在古代，丝绸就是蚕丝，尤其以桑蚕丝为主织造的纺织品。现代由于纺织品原料的扩展，凡是经线采用了人造或天然长丝纤维织造的纺织品，都可以称为广义的丝绸。而纯桑蚕丝所织造的丝绸，又特别称为"真丝绸"。

丝绸是中国的特产，中国古代劳动人民发明并大规模生产丝绸制品，更开启了世界历史上第一次东西方大规模的商贸交流，史称"丝绸之路"。从西汉起，中国的丝绸不断大批地运往国外，成为世界闻名的产品。那时从中国到西方去的大路，被欧洲人称为"丝绸之路"，中国也被称为"丝国"。

（一）中国丝绸的历史演变

1. 初期发展

上古传说中，黄帝的妻子嫘祖发明"养蚕取丝"，但现实中丝绸究竟是何时被发明的尚具争议。专家们根据考古学的发现推测，在距今五六千年前的新石器时期中期，中国便开始养蚕、取丝、织绸。真正能够说明蚕茧得到利用的是 1926 年在山西省夏县西阴村发掘到的半个蚕茧。据考古学家李济和昆虫学家刘崇乐的研究，断定为桑蚕茧。茧壳长约 1.36 厘米，幅宽约 1.04 厘米，是用锐利的刀刃切去了茧的一部分，为人们研究丝绸起源提供了实物。西阴村所处的时代为仰韶时期（距今约 5600—6000 年）。

在河姆渡遗址中人们已发现了纺织工具，借此可以推断丝绸的使用至少不迟于良渚文化。最具影响力的说法，是中国科学家在 1958 年的考古发现——距今 5300 年大汶口文化时期的丝绸织品。

丝绸织品技术曾被中国垄断数百年，最早的丝绸织品只有帝王才能使用，但丝绸业的快速发展令丝绸文化不断从地理上、社会上渗透进入中华文化，并成为中国商人对外贸易中一项必不可少的高级物品。

2. 商周时期

商代农业有了很大发展，蚕桑业亦形成了一定规模。考古发现的商代丝织品尽管数量有限，但已出现了提花丝织物，这说明当时的织造技术已达到相当水平。

西周时期，统治者对手工业生产已有了严格的组织与管理，丝绸生产技术比商代有所进步。

3. 春秋战国时期

春秋战国时期是中国历史上从奴隶制向封建制过渡的时期，生产力和社会经济形态发生了巨大变化。蚕桑丝绸业也受到重视，发展农桑成为各国富国强民的重要国策。

战国时期，农业与手工业相结合的农户成了社会的基本生产单位，手工业成为农业经济的重要组成部分。丝绸生产的专业化分工更加明显，有些技术世代相传，达到了相当高的水平。几乎所有的地方都能生产丝绸，丝绸的花色品种也丰富起来，主要分为绢、绮、锦三大类。锦的出现是中国丝绸史上的一个重要的里程碑，它把蚕丝的优秀性能和美术结合起来，不仅成为高贵的衣料，而且成为艺术品，大大提高了丝绸产品的文化内涵和历史价值,影响深远。此时中国丝绸也传入了印度。

4. 秦汉时期

秦汉时期是中国封建社会处于初步巩固与发展的时期,秦的统一和中央集权制度的建立为汉代的强盛奠定了基础。汉初实行"与民休息"政策,促进了经济的迅速发展。规模宏大的官营丝绸业建立起来,其产品主要满足宫廷与官府的需求;民营丝织业也有了较大发展,有的作坊形成了自己的产品特色和知名度。丝绸产区较商周时期有所发展。西汉时期丝绸的生产重心在黄河中下游地区,从东汉时期开始,西南地区的蜀锦成为全国闻名的丝绸产品。

秦汉时期,丝织业不但得到了大发展,而且随着汉代中国对外的大规模扩展,丝绸的贸易和输出达到空前繁荣的地步。汉武帝时期北击匈奴,控制了通向西域的河西走廊。张骞两次出使西域,沟通了中原内地通向西域并连贯欧亚大陆的道路。贸易的推动使得中原和边疆、中国和东西邻邦的经济、文化交流进一步发展,从而形成了著名的"丝绸之路"。这条路从长安出发,经甘肃、新疆一直西去,经过中亚、西亚,最终抵达欧洲。元朔三年(公元前126年),在汉武帝的西进政策下,中国的蚕丝与丝绸源源不断地通过"丝绸之路"输往中亚、西亚并到达欧洲,"丝绸之路"沿途出土的大量汉代丝绸织物就是当时贸易繁荣的物证。中国的丝绸生产技术也在这一时期传播到中亚地区。

5. 魏晋时期

魏晋南北朝时期,战争连绵不绝,国家长期分裂,政权频繁更替。剧烈的社会动荡、复杂的政治格局、广泛的国际往来,令丝绸生产虽发展艰难,但内涵丰富,面貌多样。这一时期,北方仍然是丝织品的主要产区,四川成都地区丝绸业一向发达,江南地区由于三国时的相关政策,开发丝绸业有了新的起色,经过南朝的经营而进一步得到发展,为唐代中期以后江南丝织业的崛起奠定了基础。

三国、两晋、南北朝的长期战乱,对黄河流域经济造成严重破坏,到了隋代,中国蚕桑丝绸业的重心已经转移到了长江流域。

6. 隋唐时期

隋唐时期是中国封建社会发展的高峰,总的来说国家强盛、经济发达、商业繁荣,尤其是文化上的开放,显示了这一时代雍容大度、兼蓄并包的风格。丝绸业也在这一社会基础上出现了发展高潮。当时重要的丝绸产区有三个:一是黄河流域,以河北、河南两道为主体;二是四川巴蜀地区,剑南道和山南道的西部可以划入本区;三是长江下游的东南地区,基本形成三强鼎立的局面。安史之乱后,江南地区的重要性大大增强。此外,西北地区丝绸的发展在边远地区中首屈一指,并表现出浓郁的地方特色。

唐朝是丝绸生产的鼎盛时期，无论产量、质量和品种都达到了前所未有的水平。丝绸的生产组织分为宫廷手工业、农村副业和独立手工业三种，规模较前代大大扩充。同时，丝绸的对外贸易也得到巨大的发展，不但"丝绸之路"的通道增加到了三条，而且贸易的频繁程度也空前高涨。丝绸的生产和贸易为唐代的繁荣作出了巨大的贡献。

唐代的丝绸贸易十分发达。陆上丝绸商道更多采用一条偏北迂回的道路；海上"丝绸之路"也在这一时期兴起，丝绸产品通过东海线和南海线，分别输往朝鲜半岛、日本和东南亚、印度乃至由阿拉伯商人传播到欧洲。丝绸贸易的兴盛导致了丝绸技术的外传，至7世纪，东起日本，西至欧洲，西南到印度，均有丝绸生产，基本奠定了日后蚕丝产区的格局。

7. 宋朝时期

宋朝时期，随着蚕桑技术的进步，中国丝绸有过短暂的辉煌，不但丝绸的花色品种有明显的增加，特别是出现了宋锦、丝和饰金织物三种有特色的新品种，而且对蚕桑生产技术的总结和推广也取得了很大的突破。

北宋丝绸生产以黄河流域、江南地区和四川地区为重要产区，中晚期生产重心已转移至江南地区，但北方在高档丝织品生产上仍保持优势。南宋时，丝绸产区基本集中在长江流域，江南地区丝绸生产占绝对优势，浙江已成为名副其实的"丝绸之府"。辽在夺取燕云十六州后开始发展蚕桑丝绸生产，金代统治区域的丝绸业虽遭破坏，但也维持了一定规模。

宋朝的官营丝绸生产作坊有相当规模，在京城少府监属下设置绫锦院、染院、文思院和文绣院，同时还在重要丝绸产区设置官营织造机构。宋朝民间丝织业十分发达，除作为农村传统手工业以外，城市中的丝织作坊大量涌现，民间机户的力量不断增长。对外贸易方面，海上丝绸贸易有了长足的发展，中国的生丝与丝绸大量输往世界各地。

8. 元朝时期

元朝的统治者在统一中国之前，即对经济政策有所调整，注意保护生产力和生产资料。官方建立了农业管理机构——司农司，指导督促农业生产，使农业生产和社会经济得到较快恢复和发展。西方的天文、历法、算术、医学传入中国，中国的罗盘、火药、印刷术也先后传到国外。中外文化交流和大一统的政治局面，促进了丝绸技术水平的提高。黄河下游一带的北方丝绸业得到回升，丝绸生产分工细致，织造技术提高；长江中下游的南方，丝绸生产重心的地位进一步巩固提升。

9. 明朝时期

明代由于资本主义的萌芽与发展,丝绸的生产与贸易也发生了较大的变化:丝绸生产的商品化趋势日渐明显,丝绸的海外贸易发展迅速。江南苏湖一带成为最重要的丝绸产地,发展了一批典型的丝绸专业市镇,官营织造也日趋成熟,此时中国丝绸发展到了最活跃的时期。

明初采取了集中力量发展垦荒、兴修水利和振兴农业的政策,改变了元朝手工业奴隶的身份,大大地解放了劳动生产力。世袭的手工业者除定期轮流应役外,大部分时间可以自己制造手工业品到市场出售,同时还减轻商业税赋。农业、手工业和商业的恢复,促进了蚕桑丝绸生产技术的进步和发展。明代已有不少学术价值很高的著作出版,如:李时珍的《本草纲目》已对桑品种作了科学分类;徐光启的《农政全书》中的《蚕桑篇》,对蚕桑生产有全面论述;宋应星的《天工开物》,是当时丝绸生产最重要的著作。

明代中期以后,社会风气渐趋奢靡,在商品经济与专业分工经营条件下,江南地区的丝绸工商业获得了极大繁荣。官府在广州、泉州、宁波等地设置"市舶司",中国生丝与丝绸大量销往日本或经由澳门地区销往欧洲。

10. 清朝时期

清初丝绸业在战争中损失惨重。康熙时采用了鼓励措施,丝绸生产获得较快发展,在地域上进一步向环太湖地区和珠江三角洲集中,特别是江南地区在规模和水平上成为全国丝绸业的中心。

清代官营织造体系废除了明代的匠籍制度,原料也以采买为主,总体规模比明代有所缩减,重要的有江宁织造局、苏州织造局和杭州织造局,合称"江南三大织造",负责供应宫廷和官府需要的各类丝织品。民间丝织业生产规模有所扩大,专业性分工和地区性分工更加明显,涌现出一批繁荣的丝绸专业城镇,产品种类繁多,内销市场繁荣。在对外贸易方面,清政府厉行海禁,加强了对外贸易的限制,实行一口通商。尽管如此,中国对日本的生丝出口和对欧洲各国的生丝与丝织品出口仍然达到了相当规模。

晚清时中国丝绸业在苛捐杂税和洋绸倾销的双重打击下,陷入了十分可悲的境地。

(二)中国丝绸文化

丝绸是中国古老文化的象征,对促进世界人类文明的发展作出了不可磨灭的贡献。中国丝绸以其卓越的品质、精美的花色和丰富的文化内涵闻名于世。几千年前,丝绸从长安沿着"丝绸之路"传向欧洲,所带去的不仅仅是一件件华美的服饰,更是东方古老灿烂的文明,从那时起,丝绸几乎就成为东方文明的传播者和象征。

1. 四大名绣

(1) 苏绣

苏绣是以苏州为中心包括江苏地区刺绣产品的总称。苏绣的发源地在苏州吴县(今为吴中区)一带。在长期的历史发展过程中,苏绣在艺术上形成了图案秀丽、色彩和谐、线条明快、针法活泼、绣工精细的地方风格,被誉为"东方明珠"。

(2) 蜀绣

蜀绣亦称"川绣",是以成都为中心的四川刺绣产品的总称。蜀绣的历史悠久。蜀绣以软缎和彩丝为主要原料,针法种类丰富,充分发挥了手绣的特长,形成了具有浓厚地方的特色风格。蜀绣题材多为花鸟、走兽、山水、虫鱼、人物,品种除纯欣赏品绣屏以外,还有被面、枕套、衣、鞋、靠垫、桌布、头巾、手帕、画屏等,既有巨幅条屏,又有袖珍小件,是观赏性与实用性兼备的精美艺术品。

(3) 湘绣

湘绣是以湖南长沙为中心的刺绣产品的总称。湘绣的特点是用丝绒线(无拈绒线)绣花,其实是将绒丝在溶液中进行处理,防止起毛,这种绣品当地称作"羊毛细绣"。湘绣也多以国画为题材,形态生动逼真,风格豪放,曾有"绣花花生香,绣鸟能听声,绣虎能奔跑,绣人能传神"的美誉。湘绣人文画的配色特点以深浅灰和黑白为主,素雅如水墨画;湘绣日用品的色彩艳丽,图案纹饰的装饰性较强。

(4) 粤绣

粤绣是广东刺绣艺术的总称,包括以广州为中心的"广绣"和以潮州为代表的"潮绣"两大流派。先前绣工大多是广州、潮州男子,为世所罕见。粤绣始于唐代,明中后期形成特色,清代由广州港出口名扬国外。粤绣技艺精湛,构图装饰性强,色彩浓郁鲜艳,绣绒平整光亮,文理清晰,线条洒脱。

2. 三大名锦

(1) 云锦

云锦是指在南京生产的一种提花丝织工艺品,织造精细、图案精美、锦纹绚丽多姿。云锦的主要特点是逐花异色,从不同角度观察,绣品上花卉的色彩各异。云锦的历史可追溯至宋代,因色泽光丽灿烂,状如天上云彩,故而得名;流行于明清时期,元、明、清三朝均为皇家御用品、贡品,被称作"中国古代织锦工艺史上最后一座里程碑"。2006年云锦被列入第一批国家级非物质文化遗产名录;2009年9月,入选联合国《人类非物质文化遗产代表作名录》。

(2) 蜀锦

蜀锦原指四川生产的彩锦,后成为织法似蜀的各地所产之锦的通称。蜀锦多以染色的熟丝线织成，经线起花，运用彩条起彩或彩条添花，以几何图案组织和纹饰相结合的方法织成。蜀锦图案取材广泛，诸如神话传说、历史故事、占祥铭文、山水人物、花鸟禽兽等。成都"锦官城"得名于秦汉时期，秦汉至隋唐时期的锦织品几乎全为蜀锦，是丝绸之路的主要交易品之一。2006年，蜀锦织造技艺经国务院批准列入第一批国家级非物质文化遗产名录。

（3）宋锦

宋锦起源于宋末，主要产地在苏州。宋锦纹样组织精密细致，质地坚柔；图案花纹对称严谨而有变化，丰富而流畅；色彩运用艳而不火，繁而不乱；制作工艺以经线和纬线同时显花为主要特征。宋锦实用性非常强，质地柔软坚固、图案精美、耐磨且可以反复洗涤，适用面非常广泛。宋锦是在唐代蜀锦的基础上发展而来的，2006年被列入第一批国家级非物质文化遗产名录。

（三）中国丝绸的价值意义

中国是丝绸的故乡，丝绸是中华文明的重要特征之一，与中国的礼仪制度、文化艺术、风土民俗、科学技术等有极多的联系。帝王用丝绸彰显其权威，百官用丝绸标识其等级；文人写下咏叹丝绸的诗词，画家在丝绸制成的绢帛上泼墨挥洒。四大发明中有两项与丝绸有着直接的关系："纸"的最初含义就是制丝绵过程中的茸丝的积淀物；印刷术的发明直接与丝绸上的凸版印花术有关，丝绸上的凸纹版印花是后代雕版印刷术的鼻祖。此外，海上"丝绸之路"的发达也直接促进了指南针的实践和完善。

丝绸并不仅是简单的一种昂贵的服装原料，在很长的历史时间里，还承担着重要的货币功能。对中国而言，丝绸不仅仅是商品，而是货币本身，不但可以用来支付戍卒的薪水，还可以用来支付购买马匹等大宗商品的支出。中国用丝绸购买草原部落的畜牧产品，而草原人则沿着"丝绸之路"，将这些丝绸向西贩卖输送。正是在这一过程中，丝绸实现了从货币向商品的转变，也解释了在"丝绸之路"的东端常能发现罗马、拜占庭金币，而在西方很少出土中国铜钱的原因，因为丝绸本身就是"丝绸之路"通行的货币。

除此之外，丝绸的发展还促进了纺织业的发展，促进了汉语言文学的发展。丝绸文化在汉字的产生、发展中起到了很大作用，反映到汉字中表现为与桑、蚕、帛和大量"纟"部字及与其有关的汉字的产生和应用。丝绸的发展促进了民俗文化的衍生，众多有关丝绸文化的歌谣、谚语、方言俗语，是历史的活化，积淀着浓郁的民俗色彩，许多岁时习俗、社会习俗和人生礼仪习俗都与丝绸文化有关。丝绸文化深入文化生活的方方面面，对人们的审美情趣产生了很大影响，促进了工艺美术的发展，进而影响着其他艺术，甚至促进一些新的艺术门类的产生。当然，它也促进了世界文化的交流，使本土文化更加丰富多彩。

思考与练习

1. 试述中国古代"四大发明"对人类的贡献。
2. 讨论"丝绸之路"与"一带一路"的关联。
3. 炼丹术与火药有何关系?
4. 简述造纸术的历史与发展。
5. 中国"四大名锦"与"三大名绣"有哪些?

第三节 中华传统生活文化

学习提示

中华传统生活文化是我国传统文化宝库的重要组成部分。因地制宜的饮食文化、雅风高致的品茶文化、香飘万里的饮酒文化、精美绝伦的陶瓷制品、更迭变化的传统服饰、巧夺天工的园林建筑都成为"活的社会化石"。在广袤的神州大地上，历经数千年来的积淀、传承，各民族不断融合、发展，各种习俗、礼节、风尚交织在一起，塑造并影响着一代代中华儿女。

本节课，请同学们一起通过文本的学习管窥古代先民的衣食住行，这不仅是对古人生活形态的探究，更是认知先民生活的智慧，感受先民至美的精神与心灵。文本学习的同时，更希望同学们带着问题在自己的生活中去观察、去寻找、去体验、去感受，你会发现本节课所提到的各种传统生活文化形式仍然留下了印记，它们演绎着中国传统文化的精髓。

学习目标

1. 了解中国传统饮食、品茶、陶瓷、服饰、建筑文化的发展历程、核心内容，掌握其中所蕴含的审美价值和文化精神；

2. 培养欣赏中华传统生活文化之美的能力，具备深入学习、知识拓展的能力；

3. 理解生活中的内在文化意蕴，提升个人审美水平，培养高雅的生活情趣，热爱中华优秀传统文化。

一、因地制宜的饮食文化

几千年来，中国创造了符合自身饮食结构、烹饪技术、器具特点、饮食审美的饮食风俗，独具特色的中国饮食文化是世界饮食文化宝库中一颗璀璨的明珠。在中国，"民以食为天"，饮食在人们日常生活中的地位极其重要。中国饮食文化博大精神，源远流长，是中国传统文化的一个重要标志。

（一）中国饮食文化的发展

旧石器时代，人们还不懂得取火，有巢氏茹毛饮血。直到燧人氏钻木取火，石烹熟食的出现揭开了人类烹饪史的序幕。伏羲时代，结网罟以教佃渔，养牺牲以充庖厨。神农氏开创农业，教民稼穑。陶具用于制作发酵性食品，是人类最早的炊具和容器。轩辕黄帝作灶，使食物烹饪更加简单。甑的出现，实现了蒸的烹饪方式，"蒸谷为饭，烹谷为粥"，食物也因烹饪方式不同被加以区分。周秦以谷物、蔬菜为主食，烹调技术日趋精湛，是中国饮食文化的成形期，一些饮食理论开始出现，如孔子"食不厌精，脍不厌细"的饮食之道就影响深远。汉代，在与西域饮食文化交流的过程中，许多食材、水果被引入中原，中国饮食文化得到了丰富。到了国富民强的唐宋时期，丰富的积累满足了人们的口腹之欲，最具代表性的就是奢侈浪费的烧尾宴，人们对食物过分讲究，促使饮食文化达到高峰。明清时期是中国饮食文化的又一个高峰，融合满族、蒙古族的饮食特点，中国传统饮食结构发生了很大变化，满汉全席代表了清代饮食文化的最高水平。

"其为食也，足以增气充虚，强体适腹而已矣。"（《墨子·辞过篇》）中国传统饮食文化既满足中国人享受美味的需求，也为养生、进补、益生提供了可能。

（二）风味各异的菜系

中国幅员辽阔，民族众多，各地区自然环境、历史条件、风俗习惯等都有很大差别，因此在不同的区域，形成了各具风格、自成体系的烹饪技艺和饮食风格。各地域差异性产生的根本原因是古代生产力水平受限，地域之间缺乏交流，食材多为就地取材，饮食方式久而成习，菜系就是这种区域性特征的体现。

自春秋战国起，南北菜肴的风味差异已经出现；唐宋时，南食、北食各成体系；清初，鲁菜、川菜、粤菜、苏菜"四大菜系"影响较大；清末时，又加入浙菜、闽菜、湘菜、皖菜，共同组成中国传统饮食的"八大菜系"。

1. 鲁菜

鲁菜就是山东菜，是北方菜的基础，对其他菜系影响较大，为八大菜系之首，由济南和胶东两地的地方菜发展而来，特点是鲜咸脆嫩。《黄帝内经·素问·异法方宜论》载："东之域，天地之所始生也。鱼盐之地，海滨傍水，其民食鱼而嗜咸，皆安其处，美其食。"胶东菜以烹饪海鲜见长，口味清淡，以突出原料的鲜嫩。济南菜则精于清汤和奶汤的调制。鲁菜烹饪善用爆、炒、烧、熘等技法，配大葱和面酱的调味，烹制出精美的菜肴。其中，孔府菜是我国最精湛的官府菜。鲁菜的代表菜有葱烧海参、九转大肠、奶汤蒲菜、油爆双脆等。

2. 川菜

川菜就是四川菜。国际上有"食在中国，味在四川"的说法。川菜十分注重调味，"一菜一格，百菜百味"，善用辣椒、胡椒、花椒、豆瓣酱、陈皮、香醋等多种调料，总体上呈现辛、辣、麻、怪、鲜的特色。煎、炒、干煸、干烧是川菜主要的烹饪技艺。巴蜀之地物产丰富，菜品众多，除清鲜味重的高档筵席菜，多数菜品适合平民大众，如鱼香肉丝、宫保鸡丁、麻婆豆腐、灯影牛肉、回锅肉等。近年来，川菜在全国范围内的广泛流行，证明川菜菜品具有很强的适应性。

3. 粤菜

粤菜历史悠久，用料广博，主要由广东菜、潮汕菜、东江菜三部分组成。广东菜味道清、鲜、脆、嫩，常用炒、煎、焖、煲等烹饪方法；潮汕菜以烹制海鲜、甜品见长；而东江菜喜用肉类，口味浓重。配合四季时令天气特点，粤菜或清淡或浓重，同时讲究"五滋六味"（"五滋"：香、松、软、肥、浓；"六味"：酸、甜、苦、辣、咸、鲜），柠檬汁、鱼露、沙茶酱、蚝油等调味品使广东菜品别具一格。著名的粤菜有脆皮鸡、烤乳猪、沙茶牛肉、广东叉烧等。

4. 苏菜

苏菜即江苏菜。江苏自古富庶繁华且物产丰富，饮食资源丰富，名厨荟萃，烹饪历史悠久。苏菜由淮扬菜、金陵菜、苏锡菜和徐海菜四部分组成。这些菜肴的共同特点是精致、清鲜，就像江南美女一般清秀雅丽。苏菜菜肴四季有别，选料十分严谨，制作非常精细，追求味美也注重造型配色。烹饪从不急于求成，炖、焖、煨、焐中，火候把握到位，刚刚好地呈现鲜活食材的本味。松鼠鳜鱼、蟹黄豆腐、盐水鸭等都是苏菜中的名菜。

5. 浙菜

浙菜由杭州菜、宁波菜、绍兴菜三方风味组合而成，种类丰富，常以南料北烹，使得南北风味交融在浙菜之中。杭州菜精细地烹饪淡水鱼虾，口感清鲜双脆，在全国都十分受欢迎。宁波菜在烹饪技法上以炖、烤、蒸为主，常将鱼干制品成菜，口味咸鲜。绍兴菜口味浓厚，令人回味无穷。西湖醋鱼、东坡肉、龙井虾仁等是浙菜中的名菜。

6. 闽菜

闽菜即福建菜。因为这里曾为百越之地，在与少数民族交流的过程中，在保留自身特色的同时，也吸收了众多外来饮食风俗，所以，闽菜是南方菜系中颇具特色

的一个菜系。因靠山沿海，海鲜及山野蔬菜等新鲜食材成为闽菜的主要原料。炖、蒸、煨、汆是闽菜常用的烹饪方法，佐料讲究，口味以甜酸、甜辣为主。闽菜注重调汤，汤汁或清淡、或浓稠，都能恰当地与食材搭配，满足人们挑剔的味觉。闽菜著名的风味菜点有佛跳墙、鸡汤汆海蚌、八宝鲟饭等。

7. 湘菜

湘菜就是湖南菜，口味偏重酸辣。湖南地处我国中南，地势较低，气候温暖潮湿，酸辣口味可以祛湿祛寒。同时酸辣也为菜品增香解腻，刺激了人们的味蕾，增加了食欲，使得湖南菜广受喜爱。地理因素也催生了湘菜中的熏腊制品，食品经熏腊处理后易于保存，更使得食材别具风味。湘菜中，腊味合蒸、口味虾、臭豆腐、麻辣仔鸡等都是颇具代表性的菜肴。

8. 皖菜

皖菜即安徽菜，皖南菜是皖菜中最具代表性的。皖菜随着南宋时徽商的发迹而兴起。山珍野味、河鲜家禽，尽入其味。皖菜以烧、炖、蒸、熏为主要烹饪技法，口味一般较为厚重。著名的皖菜有无为熏鸭、火腿炖鞭笋、符离集烧鸡等。

（三）中国饮食文化的审美意蕴

丰富的中国饮食满足了人们的口腹之欲，还升华到了满足人的精神需求的境界。中国饮食文化独特的审美意蕴，可以用"礼、美、和"三个字来概括。

1. 礼

中华传统文化讲究"礼"，"夫礼之初，始诸饮食"（《礼记·礼运》），中国传统饮食礼俗形式多样，秩序规范要求严格。

每到年节，人们会饮食对应的年节食品，如中秋节吃月饼、端午节吃粽子、春节吃饺子、元宵节吃元宵等。但凡贺年馈节需要走动，一般会以食为礼，以食示情。在人生几个重要的阶段，或诞生，或成年，或升学，或婚嫁，或丧葬，人们有邀请亲朋好友参加筵席的习俗，此时的筵席已不是简单的饮食活动，而是一种仪式。在不同时代、不同地区和不同民族，各种名目的红白喜庆食礼都因循各自的习惯及审美情趣，各有特色，生动多彩。受中华传统文化的宗法及等级观念影响，中国人在饮食活动中也通过宴请规格、座席排位、上菜次序等形式区分身份地位，辨别尊卑贵贱。

2. 美

中国传统饮食的美贯穿饮食活动的每一个环节，讲究色、香、味、形、器、效

的统一，带给人们精神上的愉悦和享受，是中华传统美食的魅力所在。

色美就是色彩搭配要给人食欲，香美就是给人美好的嗅觉体验，味美是讲究味道的调和，形美是追求通过雕刻、摆盘达到悦目的状态，器美是自身精致且与菜肴匹配，效美是食后对身体有益。美味佳肴可以被看作是一件件艺术品，悦目赏心，常引得历代文人墨客借题感叹，进而带给食者更高层次的审美体验。

3. 和

"和"是中华传统文化的核心和精髓，"和"是中华传统饮食文化的追求，是中国饮食文化最重要的哲学内涵。

在饮食活动中，"调"是"和"是最典型的体现，要根据料、菜、人、时、地来调和五味，成就佳肴。"和"还表现在饮食过程中饮食者之间的情感交流。自古以来，中国人的饮食方式就是共餐制，这是中国传统家庭观念和人际关系理念——"人和"的体现。

二、风雅高致的品茶文化

茶的故乡在中国，制茶、饮茶都源于中国。茶，在中国人的生活中有着重要的位置。远古神农时代起源至今，茶从药食同源到逐渐成为人们喜爱的饮品，茶文化因其得以发扬光大，已经成为一门艺术。

（一）茶文化源流与社会功能

相传早在五千年前的《神农本草》中就有记载"神农尝百草，遇七十二毒，得荼而解之"，"荼"指的是苦味的植物叶子，是茶的古字。东汉神医华佗在《食经》中说"苦荼久食，益意思"，道出了茶有利于头脑清醒、思维敏捷的医学价值。西汉已用"荼陵"（即湖南的茶陵）来命名茶的产地。三国魏时张揖的《广雅》中最早记载了茶饼的制法，茶饼的饮法像米汤，先将茶烤成赤黑色，再捣成末，用葱、姜、橘子等作料一起烹煮，喝了有解酒醒神的功效。此时，茶文化已萌芽。

唐代是茶文化的形成时期。上起天子，下迄黎民，都不同程度地饮茶，尤其中唐以后，饮茶之风日盛，茶成为国饮，也是这个时期，"茶"字代替了"荼"字。780年陆羽著《茶经》，是茶文化形成的标志。《茶经》第一次全面总结了唐代以前有关茶的诸多经验，探讨了饮茶艺术，还将儒、道、佛三教精华及诗人艺术气质渗透其中，首创了中国茶道精神，奠定了中国茶文化的理论基础。唐代文人雅士不仅品茶评水，还作饮茶诗、作茶画、著茶书。他们以茶会友、辟茶室、办茶宴，成为唐代茶饮一道独特、亮丽的风景线。

宋代是茶文化的兴盛时期。宫廷中设立茶事机关，文人中出现品茶社团，民间茶肆、茶坊林立。敬茶礼仪广泛流传，点茶技艺高雅高超，斗茶分茶趣味横生。

明清是茶文化的普及时期。明太祖朱元璋下令公差改制，促使茶品生产工艺由繁到简，而茶饮方式也愈加简约了——"撮泡法"是主要的饮茶方式。唐伯虎、文徵明等不少文人雅士也在这一时期留下了关于茶事的传世之作，如《烹茶画卷》《品茶图》《惠山茶会记》《陆羽烹茶图》等。到了清代，茶叶出口已成一种正式行业，茶书、茶事、茶诗不计其数。

中国人的开门七件事：柴、米、油、盐、酱、醋、茶，茶是其一，而茶文化却不同于一般的饮食文化，因为它同时满足人们的生理需求和精神追求、审美情趣。人们饮茶不仅是为了解渴、养生，更多的是为了追求一种高品位的文化体验，获得精神上的满足感。唐代刘贞亮曾著《茶十德》，总结了饮茶的作用："以茶散郁气，以茶驱睡气，以茶养生气，以茶除病气，以茶利礼人，以茶表敬意，以茶尝滋味，以茶养身体，以茶可行道，以茶可雅志。"除增进人的健康、促进经济发展和弘扬传统文化之外，茶文化也始终发挥着陶冶个人情操、协调人际关系和净化社会风气的功能。

（二）大众茶俗与文人茶趣

"茶兴于唐，盛于宋"，饮茶之风自宋朝起更盛，此时茶已经成为人们联络感情的使者。茶已融入千百年来最具平民性的日常生活礼仪，承载中国淳厚的民风。

客来宾至，"敬元宝茶"来接风洗尘；邻里迁徙，"献茶"愿后会有期；男子求婚，"下茶"送出聘礼，女方"受茶"代表受聘，倘若"吃茶"，双方的婚姻就合法了，世俗认为"好女不吃两家茶"。

中国不同地域民族，也有着丰富多彩的茶俗：擂茶是南方客家人的传统茶饮习俗，陕西镇巴山民四季都喝烤茶，云南白族用三道茶或雷响茶待客，广西侗族打油茶，宁夏回族喝盖碗茶，藏族饮酥油茶历史悠久，新疆奶茶最为闻名。

民间有这样一首打油诗：夏令时节太阳大，路上人车共嘈杂，借问清静何处有？更公遥指"吃纯茶"（环境幽静的茶室）。这首打油诗描述了社会下层的百姓饮茶。可见，大众品茶，愈加追求精神上的愉悦度。

"仁者乐山，智者乐水"，中国文人向来有寄情山水的超凡情趣。茶，自然天成之物，其"清灵玄幽"的秉性，恰恰与文人清心、淡泊的心态相符。文人对茶的追求，既讲究泡饮技术，又注重情趣。"茶趣"就是"雅趣"，品茶是文人墨客生活的中的一件韵事。

"食罢一觉睡，起来两瓯茶。举头望日影，已复西南斜。"白居易饮茶自乐的生活情趣可见一斑。白居易一生留下茶诗50多首，甚至自号"别茶人"。唐代卢仝的《走笔谢孟谏议寄新茶》是千古传唱的茶诗。"戏作小诗君勿笑，从来佳茗似佳人。"宋代苏轼将"佳茗"拟作"佳人"，成千古名句。陆游单是《剑南诗稿》就有220多首茶诗，足见他嗜茶之深。

与茶"联姻"是中国传统文学的特色，各代的名作佳篇几乎可以嗅到茶香，唐代甚至有"不饮茶做不了诗人，名诗人不能不写茶"之说。

（三）茶艺与茶道

茶艺指泡茶与饮茶的技艺，是茶文化的外在表现形式。它包括个人品茗、奉茶待客等生活型茶艺，茶馆、茶楼等经营性的茶艺和具有经过艺术加工的表演性茶艺，这些茶艺不止是一种浅层的技艺，也是一种美学的享受，体现的是对茶道精神的追求。泡茶讲究仪表与心灵美的统一，饮茶讲究修养与礼仪的融通，无论哪种类型的茶艺都可以体现出我们对茶的实用性、人的个性、艺术的审美性和内涵的理性的重视。

茶艺终究是为了饮用而服务的，所以冲泡过程不应是关注的重点，唯有将茶的滋味与人的感受相融合，才能享受到饮茶的乐趣。中国茶艺注重意境，或热情奔放，或含蓄儒雅，体现人的个性，茶艺才得以多姿多彩。中国虽有茶艺的规范，却不僵化，不拘一格、自由旷达的技艺形式，增强了审美体验。茶艺是修身养性的途径，旨在参悟它所承载的厚重的茶道精神。

茶道是茶文化的核心。中国茶道精神与中国的民族精神、中华优秀传统文化的特征相一致，它以享受饮茶艺术过程中的思想和精神追求为内涵，是生活的哲学、人生的艺术。

茶道是产生于特定时代的综合性文化，集哲学、宗教、美学、艺术及道德为一体。唐代茶道就可分为带有鲜明政治特点的富丽的宫廷茶道，讲求安静、幽寂的寺院茶道和强调精行俭德的文人茶道。茶道精神融合了儒、释、道三家思想的中庸包容、淡薄清尚、恣意浪漫，品茗，能感受其中浓郁的东方香气。"尚和、求雅、贵真、重礼"是茶道精神的精髓。

1. "和"是茶道精神的核心

儒、释、道三家思想的融合就是"和"最典型的体现。三家思想旨趣相异：中庸之道的主要内涵是"中和"，儒家推崇将个人的内在与外在、个人与群体的相对和谐统一作为理想的境界；佛教中的"和"是超越四大皆空的"茶禅一味"，是六根清净的规范；道家追求"天地与我并生，万物与我合一"的自然、生命精神。

2. "雅"是茶道精神的灵魂

"雅"有"高雅""雅志""文雅"等多种意思，也可以与"俗"并称。饮茶的环境要雅，茶客要雅，茶具要雅，饮茶方式也要雅。特别是茶客的人格要清高，方能于清净之境品饮清净茶汤，"俗"是不行的。不可俗，却可以勤俭、清廉。守操、雅志、励节是茶人自古所崇尚的人生价值。

3. "真"是茶道精神的初心

茶道讲究人与自然的亲和，追求真善美的统一。"真"不止于表层的真香、真味，也指精神上的真情、真性、真趣。人的心境与自然环境相和谐，才能参悟、透彻、从容、淡定。心真，身方能感受真茶质朴、真水清纯的魅力。

4. "礼"是茶道精神的精义

茶礼是在制茶、沏茶、品茶等过程中，茶人所体现的礼仪规范。礼制与个人、国家的文明有着直接的内在联系。儒家倡导"礼之用，和为贵"，这种形式化、制度化的茶道精神，是中华民族在漫长的饮茶历史中积淀下来的表达情感的惯用形式。茶道人道，茶道仁道，维护茶礼是维系人情、维持秩序的要道。

三、香飘万里的饮酒文化

酒，馥郁浓韵，是令人沉醉的饮品。中国酒历史绵长，渗透到中华五千年的文明史中，与中国人的生活息息相关。

（一）酒的历史与功能

据古书记载："酒之所兴，肇自上皇……有饭不尽，委余空桑。郁积成味，久蓄气芳。本出于此，不由奇方。"（晋江统《酒诰》）意思是，剩饭放在树洞中自然发酵，传出香气。在大自然的启示下，人类发明了酿酒工艺。中国人早在3000多年前的商周时代，就独创了酒曲复式发酵法，开始酿制黄酒。黄酒是世界上最古老的酒类之一。随着农业和经济的发展，酿酒技术越来越完善，古书中常出现"琼浆玉液"等词汇，表明人类不仅已经懂得酿制多种酒类，并且能够鉴别酒的质量。到了宋代，中国人发明了蒸馏法，从此，白酒上席，成为中国人最常饮用、最具代表性的酒类。如今，酿酒技术已经非常完善，美酒佳酿越来越多，中国名酒荟萃，享誉中外。

民间大众饮酒，并不单将其作为单纯的饮料来看待。从古至今，酒可用以治病，用以养生，用以忘忧，用以成礼，用以庆贺，用以壮胆。从饮食养生，到文化娱乐，再到人际交往，酒在中国人生活的方方面面发挥着重要的作用。

（二）酒德与酒礼

酒德就是饮酒行为的道德，这个词最早见于《尚书》和《诗经》，"颠覆厥德，荒湛于酒"提示饮酒者的德行不能像夏纣王一样酒后无德。儒家讲究修身养性，治世济人，不反对饮酒，但注重酒德，"饮惟祀（只有在祭祀时才能饮酒）""毋彝酒（不要经常饮酒）""执群饮（禁止聚众饮酒）""禁沉湎（禁止饮酒过度）"，都是周公颁布的《酒诰》中儒家酒德观念的集中体现。

酒德是中国酒文化的外壳，而酒礼是中国酒文化的内涵，用以体现饮酒行为中儒家思想的礼仪规范。饮酒若不能自制，极易生乱，制定酒礼就极为重要。礼乐文化确立后，酒文化中"礼"的色彩也更浓烈。中国古代饮酒的礼仪分拜（礼拜表敬意）、祭（祭谢大地养生之德）、啐（小口品尝酒味）、卒爵（仰杯而尽）四步。此外，晚辈给长辈侍饮时要先跪拜、入次席、不早于长辈饮尽杯中酒，酒宴上主客之间互敬酒时要"避席"等也都是中国古代饮酒的礼仪。为了维持酒礼的正常执行，各代还都设有酒官。

在悠长的中国文化史中，酒已不只是一种客观存在事物，也是人类所追求的绝对自由、不计宠辱的精神的象征。

（三）饮酒风俗

古时，我国用酒的场合都非常庄严，因为酒被认为是非常神圣的，一般只在祭祀天地宗庙和奉迎嘉宾时使用。后来得益于酿酒业的兴起，酒逐渐成为人们日常生活用物，酒事活动也愈加广泛。从"无酒不成席"这句俗语就能看到酒在某种程度上已经成为祭奠迎宾、婚丧嫁娶、破土动工、生日庆功、农事节庆等各种民俗活动的重要依托。婚礼庆典要喝"喜酒"，情人相爱要喝"交杯酒"，孩子满月要喝"满月酒"，祝捷要喝"庆功酒"……特别是在中国重大的传统节日中，都有相应的饮酒活动，酒席散尽往往"家家扶得醉人归"。

宋代王安石《元日》一诗有云："爆竹声中一岁除，春风送暖入屠苏。"其中"屠苏"指的是屠苏酒，从东汉起，饮屠苏酒成为过年的一种风俗。"屠苏酒，陈延之《小品方》云，'此华佗方也'。元旦饮之，辟疫疠一切不正之气。"（明代李时珍《本草纲目》）春节饮屠苏酒，寓意吉祥、健康、长寿。饮用时，要遵循"由幼及长"的顺序，在梁宗懔的《荆楚岁时记》中可以找到原因——"正月饮酒，先小者，以小者得岁，先酒贺之。老者失岁，故后与酒"。

"清明时节雨纷纷，路上行人欲断魂。借问酒家何处有，牧童遥指杏花村。"很多人都通过杜牧的《清明》了解到清明节有饮酒的习俗。此时饮酒，一是因为清明节跟寒食节几乎重合，人们不生火，只吃凉食，而饮酒可以增加热量；二是因为清明节人们哀悼亲人，悲伤的心情可以借酒来平复或麻醉。白居易也曾对清明饮酒赋诗："何处难忘酒，朱门羡少年。春分花发后，寒食月明前。"（《劝酒十四首》）

农历五月初五是端午节，相传这一天，五毒（毒蛇、蝎子、蜈蚣、壁虎、蟾蜍）俱出，邪佞当道，为了辟邪、除恶、解毒，人们习饮雄黄酒。农历八月十五——中秋节，与家人团聚，赏月饮酒品月饼，是中国人的习俗。八月中秋，恰逢桂花飘香时节，据清代潘荣陛《帝京岁时记胜》记载，"时品"饮"桂花东酒"。自汉朝起，农历九月初九——重阳节，就有登高饮酒的习俗。刘歆《西京杂记》载："菊花舒时，并采茎叶，杂黍米酿之，至来年九月九日始熟，就饮焉，故谓之菊花酒。""九月九日佩茱萸，食蓬饵，饮菊花酒，云令人长寿。"许多医书描述了菊花的特性和功效，认为菊花对老年人有大益，喝菊花酒可以抗衰老，如同菊花可以经霜而不凋。

（四）酒与诗文书画

许多文人雅士都爱饮酒助兴，他们往往在醉酒的状态中，获得艺术的灵感和自由的精神。魏晋名士"第一醉鬼"刘伶曾有言："幕天席地纵意所如，兀然而醉豁然而醒，静听不闻雷霆之声，熟视不睹山岳之形。"借着酒意，文人雅士的作品变得神采飞扬，而这些作品也为饮酒增添了一番趣味，绚烂了中国的酒文化。

中国古典诗歌，满溢着酒香。"酒入豪肠，七分酿成了月光，余下的三份啸成剑气，绣口一吐，就半个盛唐。"单是把"诗仙"李白的诗作拿出来"榨"一下，就能得到几斤美酒。李白提及酒的诗歌多达170多首，无论是"举杯邀明月，对影成三人"的情趣，还是"五花马，千金裘，呼儿将出换美酒，与尔同销万古愁"的激情，再或者是李白醉酒后水中捉月溺亡的说法，都证明"酒仙"之名，名副其实。

常常酣饮吟诗、饮酒抒怀的文人又何止李白一人，且不细数与李白并称"饮中八仙"的另外七位，"欢然酌春酒，摘我园中蔬"的陶渊明，"宽心应是酒，遣兴莫过诗"的杜甫，"何处难忘酒，天涯话旧情"的白居易，"劝君更尽一杯酒，西出阳关无故人"的王维，"开轩面场圃，把酒话桑麻"的孟浩然，"一生大笑能几回，斗酒相逢须醉倒"的岑参，"俯仰各有志，得酒诗自成"的苏轼，"醉里挑灯看剑，梦回吹角连营"的辛弃疾……"酒朋诗侣"早成为中国文人的精神依托，他们将内心的欢乐与忧伤都浓缩在了酒诗之中，诗酒相映成辉，品来醇厚芬芳。

浓烈的酒香，在中华传统绘画和书法艺术中同样可以嗅到。画圣吴道子，非酣饮不动笔，醉后挥毫，成就"吴带当风"。"书圣"王羲之"遒媚劲健，绝代所无"的《兰亭序》也是醉时泼墨而作，待酒醒后却"更书数十本，终不能及之"。《古诗四帖》的作者草圣张旭常常喝个酩酊大醉，呼叫狂走，然后就下笔，甚至用头发蘸墨书写。李白曾作诗写与张旭并称"颠张醉素"的怀素——"吾师醉后依胡床，须臾扫尽数千张。飘飞骤雨惊飒飒，落花飞雪何茫茫"。怀素酒醉挥毫《自叙帖》，堪称狂草艺术的千古绝唱。

醉酒使得古老中国的文学家、艺术家们摆脱束缚，回归精神自由，获得卓越的艺术创造力。每一个因酒而得的经典作品都诠释着中华民族精彩纷呈的酒文化。

四、精美绝伦的陶瓷制品

(一) 文明初现——陶器

1. 陶器的开端——水与火的冲突

随着人类文明的发展,最初人类利用自然资源取得火源,在火源运用中发现了被烧过的土地变硬的特性,由此获得灵感。随着时间的推移,农业经济和定居生活的发展,谷物贮藏和饮水搬运需要大量的容器,人们在选泥、拌泥、塑形、晾干、焙烤的过程中,改变了陶泥的性质,制作出了陶器。这就是为什么在不同区域生产的陶器都有其特点,反映了当地的风土人情。

陶器是水与火冲突的结果,在新石器时代陶器成为主要生活用具,为取水饮水、烧制食物、贮存粮食提供了很多的生活便利,享受美食的同时也无形地推进了人类文明的发展。

2. 陶器的发展

陶器萌芽于黄河流域、长江流域。当时的人们烧制各种陶器类日用品,有盆、瓶、罐、瓮、钵、杯、豆、壶等,出现了非常具体的平口、提梁、双耳、长颈、尖底、高足、单耳等器皿,这些器型满足了人民生活需要,也奠定了生活用具器型的基础。从艺术角度和与人民生活意义来说,陶器的出现是人类利用火改变了事物的化学性质,让人们的生活和思维方式也发生了改变。这是人类文明史上的一个标志。

新石器时代的彩陶距今8000年,目前发现的最早的彩陶来自新石器时代的老官台文化。彩陶是用矿物质颜料赭石和氧化锰作为呈现颜色的元素进行描绘,烧制后在胎体呈现出赭红、黑、白等色彩图案,有几何纹样、象形纹样和抽象纹样等。

(1) 几何纹样

几何纹样是指点纹、圈点纹、直线纹、曲线纹、折线纹、弧线纹、旋涡纹、短线纹、长线纹、三角纹等各种纹饰,以及各类纹饰组成的花纹形式。彩陶文化时期的几何纹样,由这类纹样组合形成不同的风格特征,多样而富有变化。

(2) 象形纹样

象形纹样包括动物纹样、植物纹样、人物纹样以及动植物和人形的组合纹样等。象形纹样距今6000年,以黄河流域仰韶文化为代表。原始人类以狩猎为主,原始彩陶动物纹样有鱼纹、鸟纹、蛙纹、鹿纹、兽纹等,很多学者认为这是原始人类对自然崇拜的表现。之后,在彩陶上出现了花瓣纹、花叶纹的植物纹样。最著名的就是马家窑文化的彩陶"舞蹈纹彩陶盆",外壁用黑色线条作为装饰,图中舞蹈的小人每组五个,舞者手拉手,步调一致,像是在翩翩起舞。

(3)抽象纹样

仰韶文化中出土了大量彩陶,这些彩陶上运用的大量的象形文字,赋予了彩陶精神力量,向世人展示了辉煌的彩陶艺术。抽象纹样是在对生物临摹的基础上发展起来的,最具有代表性的是"人面鱼纹盆"。我们从原始社会晚期彩陶的大量抽象纹样中发现,各种纹饰都具有节奏、对称、交错、连续、均衡等特点,引得后人为之赞叹,是艺术史上的第一个高峰。

商代早期人们对陶器温度和质量有一定的要求。为了使陶器外表坚硬经得起火烤,夏朝时期就在陶泥中夹杂砂砾,以保证器型的耐热程度。到了商代中期,制陶技术进一步提高,以高岭土作为制陶的主要原料,制作出了灰陶、白陶、印文硬陶器、釉陶、原始瓷器。陶器呈现出不同的颜色,主要是制陶原料和烧窑后期人们控制火焰的性质所致。到了商代后期,实用陶器数量减少,是因为这时期的青铜器、白陶器、印文硬陶器和原始瓷器等胎质坚硬的器皿得到了较多的使用,器皿也以饮食器为主。

秦汉时期是中国封建社会初始阶段。日常用具陶瓷器皿相对简单,但艺术陶的制作却独具特色。秦始皇陵兵马俑被世人称为"世界第八大奇迹",代表其艺术陶制作的巅峰。秦陶俑有崇高地位,"俑"是殉葬的代替品,秦始皇陵兵马俑在墓内大量存在。陶俑中服饰、战车、兵器个个精制,神态各异,造型以写实为主,按照真人大小,精准再现秦王朝的政治和军事状况。

到了汉代,陶艺术进入了重要时期,铅釉陶成为汉代陶艺最高成就。西汉宣帝以后,铅釉陶在关中、河南等地较多出现,东汉普及全国,成为汉代特别重要的陶器品种。这种釉陶器,胎体是陶,釉是以铜和铁的氧化物做呈色剂,铅的氧化物做助熔剂。铅釉陶烧成温度低,大多为700℃,因此叫低温铅釉陶器。铅釉、陶釉的熔融温度低,高温下黏度小,流动性较大,能够比较均匀地覆盖在器物表面,冷却后釉清澈透明、平坦光滑,有玻璃的质感。由于烧成温度低,胎体不结实,釉中铅含量高,因此不大做食器,大多做装饰器和明器。汉代铅陶的大量烧制成功,不仅是汉代陶器的成就,也开创了我国低温釉陶大量生产之先河,反映了当时秦汉文化融合的大趋势,并为六朝、唐代的陶瓷艺术奠定了重要基础。

唐代的唐三彩是唐代彩色釉陶器统称,造型生动、色泽艳丽,是一种低温铅釉陶器,采用金属氧化物着色,釉彩有黄、绿、白、褐、蓝、黑等色,以黄、褐、绿三色为主色(唐三彩中的"三彩"是多彩的意思,并非指三种颜色)。唐三彩最为人们熟知的是人物俑,造型多样,有仕女、文官武将、马匹、骆驼、狮子等形态,而且根据社会地位,刻画不同的特征。唐三彩被广泛应用于皇家观赏、园林建筑、对外经济、宗教和贵族随葬等方面。女俑和马是最具代表性的唐三彩。唐三彩女俑是根据唐代宫廷女性特点，刻画出不同性格特征，而唐三彩马最为人们追捧，诗人白居易、李白曾以佳作来描写马匹，抒发那份畅快和潇洒。唐三彩马形象各异、生动自然，充分展现了马在那个时期的不同凡响，将马的力量和魅力融合，彰显了大唐的风采。唐三彩流行时间短，在7世纪出现并快速发展，8世纪初衰退并逐渐消失，流行仅约50年。唐三彩虽然衰落，但技术持续发展，衍生了辽三彩、宋代的宋三彩、金代的金三彩。唐三彩从中国传到日本、西亚等国家，衍生出了奈良三彩、波斯三彩等。唐三彩是中国彩陶艺术的巅峰之作，是盛唐文化、艺术兴旺的标志。

（二）火的升腾——瓷器

1. 原始瓷的特点和演变

商代中期出现原始瓷。在烧制中，通过不断改变烧制工艺和控温技术，创造出了原始瓷。其特点是烧成温度比瓷器低，器物成型多采用泥条盘筑法，器物造型不甚规整，胎体厚薄不均，器表釉层不均匀，釉层较薄，釉色不稳定。

商代文物青釉瓷尊（郑州出土）是装酒的器物，已基本具备了瓷器的特征，质地坚硬细腻，敲击声清脆悦耳，胎骨渗水性弱，烧制温度在1200℃左右。商代、西周和春秋时期原始瓷的胎质变得更为细腻，铁和钛的含量较低，外表多施青釉，已接近瓷器。到了秦代，原始瓷的胎质呈现出灰色及深灰色，胎质粗糙，吸水率高，氧化铁的含量较高，多数达不到所需的烧成温度，且含砂粒较多，不及战国时期的细腻、致密。这些差异都表明秦汉的原始瓷与以前的原始瓷是两个不同产物，没有直接的继承关系。但是原始瓷重又在越国故地复兴，说明烧制原始瓷的工艺传统和影响并未全然断绝，所以在短期中断以后又重新烧造。

2. 陶器和瓷器的碰撞

进入新石器时代，先民开始烧煮食物，最开始使用蚌壳以及瓠之类原始器具，但这些器具不结实，高温下极易破损，陶器的发明，使人们的生活得到了便利。几乎中国各地都有新石器乃至以后陶器遗迹的出现。陶器和瓷器虽然合称陶瓷，但陶和瓷是两个不同的种类。

第一，胎土原料不同。陶器一般是用陶土作胎，瓷以瓷土（高岭土）作胎，二者所含的矿物成分不同。

第二，上釉的不同。陶器表面一般不施釉，吸水性强、透气性强。瓷器一般施有高温釉，使器表面致密化，强度、硬度大幅度提高，吸水率低于1%。

第三，烧结温度不同。陶器的烧结温度一般在700~800℃，工艺简单。瓷器的烧结温度一般在1200~1400℃，且工艺复杂。

(三) 文化升华——瓷器的鼎盛时代

1. 唐代瓷器——南青北白

隋唐时期，中国制瓷工艺基本成熟，进入了真正的瓷器时代。最为人称道的是"南青北白"，"南青"指浙江越窑的青瓷，"北白"系河北邢窑的白瓷。青瓷与白瓷平分秋色，由此开创了陶瓷青白两大体系。

越窑是中国古代著名的青瓷窑系，最早的青瓷器在其龙窑里烧制成功，因此，越窑青瓷被称为"母亲瓷"。该瓷胎壁薄，施釉均匀，青翠莹润。越窑生产了很多生活器皿，繁多的制瓷品种反映了唐代社会的繁荣。陕西法门寺地宫出土的唐代秘色瓷，胎体细腻，造型工整，釉色温润如玉、轻薄雅致，印证了唐代青釉瓷器的技术达到了很高水平。越窑持续烧制了1000多年，于北宋末南宋初停烧，是我国持续时间最长、影响范围深远的窑系。

邢窑在河北省内丘县。北方瓷以素面白瓷为主，经过长期改进，邢窑白瓷似雪如玉，器内施满釉，器外釉不足，胎质细腻，胎体坚实，釉色饱满，透光性好，有玉质感，器物表面没有纹理。邢窑白瓷胎体的氧化铅偏低，通常小于0.7%，这决定了它的胎、釉的烧结度与白度都要超过一般白瓷。阿拉伯商人苏来曼在他所著的《东游记》中有这样一段记载："中国人能用陶土做成用品，里面装了酒，从外面能看到。"这种瓷器就是邢窑出产的透影白瓷。但在唐代后期，因原料殆尽，白瓷烧制迅速衰落。

2. 宋代瓷器——独具风格

宋朝是陶瓷器制作的巅峰时期。由于社会经济和贸易的发展繁荣，名窑遍及中原和江南各地。宋代煤窑开采盛行，用炭来烧窑增加了窑内的温度，改变了木柴烧窑的不稳定性，使窑内温度的持久性有了保证。在釉色上，有多种深浅不一的白、蓝灰、紫灰、鲜红、暗紫、青绿、褐、黑等色，更有因酸化作用而产生的变化如行云流水的窑变色。装饰方面有划花、绣花、印花、锥花、堆花、暗花、珐花等，纹饰题材极其丰富，常见的有花卉、龙凤、鹤、麒麟、鹿、兔、游鱼、鸳鸯、鸭、山水纹、回纹、卷枝、卷叶、曲带、云头、莲瓣、钱纹等。

（1）宋瓷的美

宋代人们生活安定，文化发达。宋朝对儒家、道家以及佛家极为推崇，将其融入艺术创造中。如道家对色彩主张"素朴玄化"，极力反对绚丽灿烂的美感，在此种环境下，制瓷工业者大量烧制青白瓷来取悦社会上层的审美偏好。

宋代陶瓷艺术表现为严肃、典雅、朴素、简约，强调自然韵味，追求自然之美，器型基调简洁醇厚。宋瓷以青瓷、白瓷为主，也发展了釉下彩绘瓷、彩釉瓷，形成

了各自独特的风格。宋瓷官窑在釉色的运用上多以青色为主，追求如玉般的质感。宋代钧瓷以窑变釉为主，以天青、月白等素雅的颜色为底釉，由于原料中有铜元素，经过烧制呈绿或紫红斑，打破了青瓷的单调形式，形成了如晚霞般的窑变之美，给人庄重、典雅的审美感受。此外，宋瓷还有秀丽素雅的汝瓷。宋瓷的整体风格均是质朴的，釉色多围绕青色变化。由此不难看出，相比于唐代瓷器的华丽多姿，宋瓷更加注重审美的淡雅和余韵。人们将宋代文化的审美特征融入陶瓷生产中，宋瓷由此成为宋代文化典型代表。

（2）宋瓷名窑

宋代瓷器创造出丰富多彩的造型，所谓唐八百、宋三千之说，并不夸张。宋代是瓷器的全盛时期，窑厂产地遍布全国各地，窑厂之间相互竞争，各具特色。随着竞争也出现了"官、汝、哥、钧、定"五大名窑，在我国陶瓷历史上作出了杰出贡献。

官窑有两个概念，即官府经营的窑厂和曾为宫廷供过瓷器的民窑。由朝廷出资或者经营的官窑，有官员监督，原料精密讲究，用料选上等瓷土，匠师优秀，工艺先进，在窑口的设计上比民窑更加科学，出窑工序严格，在器型、纹饰上均有严格的礼仪规定，等级森严。瓷器特点是胎质细腻，釉面莹润光泽，有玉的质感。釉面有粉青、翠青、灰青、米黄等多种，其中粉青色最佳。釉面纹片是官窑器物的特征之一。官窑集中了宋代瓷器之大成。由于官窑瓷器只供朝廷，民间禁用，因此挑剩下的器物也尽数被毁。

汝窑，宋代五大名窑之首，以地处汝州而得名，在中国陶瓷史上素有"汝窑为魁"之称。北宋后期汝窑专为宫廷烧制御瓷，名为"汝官瓷"。汝瓷工艺后因宋金战乱而失传，传世品极少，目前全世界存量不足百件，被北京故宫和台北、上海以及日本、英国的博物馆收藏。汝瓷胎质细腻，技术考究，釉色温润纯净，素静典雅。胎为灰白色，深浅有别，像香燃烧后的灰色，俗称"香灰胎"。釉面开片较细密，多呈斜裂开片，深浅相互交织叠错，呈蝉翼纹状。汝瓷主要继承了南方越窑的青瓷釉色和定窑的印花技术，大气、古朴，象征纯洁、平安、富贵。在当时，拥有汝瓷体现了一个人的社会地位和文化艺术涵养。

哥窑，其特点是釉层较厚，光泽柔和，釉色有米白、淡白、米黄、粉青、灰青、灰绿、奶酪黄等。釉面有网状开片，或重叠如冰裂纹，或呈细密小开片（俗称"百圾碎"）。一般都有两种纹路，即较粗疏的黑色纹交织着细密的红、黄色裂纹（俗称"金丝铁线"），也称"墨纹梅花片""叶脉纹""文武片"等。哥窑胎体因采用含铁量较高的紫金土做原料，烧后大多呈紫色或棕黄色。烧成时，因釉层较厚且高温流动性较好，口沿部位和转折处产生釉薄，露出胎骨，加上二次氧化影响，导致无釉的圈足泛黑铁色，这就是所谓的"铁足紫口"的由来。哥窑瓷器造型上有各式瓶、炉、洗、盘、罐等。流传于世的哥窑经典器大多源自清宫旧藏，由于这批器物与古文献中记载的哥窑特征不符,而且没有考古资料佐证,因而成为中国陶瓷史上最大的悬疑。

钧窑,鼎盛于北宋晚期,在宋代五大名窑中以"釉具五色,艳丽绝伦"而独树一帜。釉色属于青瓷系,但往往不呈现青釉。窑变的花釉一般以玫瑰紫、海棠红、天青、月白等为主,具有釉色灵活、变化微妙之美,釉中红里透紫、紫里藏青、青中寓白、白里泛青,可谓纷彩争艳。釉质乳光晶莹,肥厚玉润,类翠似玉赛玛瑙,有巧夺天工之美。在装饰方面以素瓷居多,也有少量雕刻花纹,但花纹不明显。

定窑,建于晚唐和五代,兴于宋,失于元。窑址在河北省曲阳县。定窑是在唐代邢窑白瓷基础上发展起来的,以烧白瓷为主,还兼烧黑釉、绿釉、紫色釉、彩色釉等。釉色洁白细腻,造型简约,优美典雅。定窑白瓷坯体有两种做法:一是手工轮制成形后再行雕刻,二是在陶模内压制完成。胎薄而轻,不透明。定窑器皿的装饰技法有刻花、贴花和印花等,其中,素白无花,以印花为主的装饰手法使得定窑有很浓烈的北方制瓷效果。定窑许多是官方的,瓷器底部常有"官"字款。北宋中期,采取覆烧的方式,提高了产量和质量。覆烧也有缺点,口沿无釉,但也形成了它自身的特征。

此外,还有龙泉窑、磁州窑、耀州窑、建窑、景德镇窑、越窑等名窑。

3. 宋瓷的代表形制

宋代瓷器,瓶、壶、盒成就最高,最具代表性。

宋代瓶类有梅瓶、长颈瓶、玉壶春瓶、仿古瓶、赏瓶等。梅瓶,口小,短颈,长身,圆肩,因深腹容量大,多用为酒器。宋代梅瓶具有非常明显的时代特征,高耸挺拔,充分体现了宋人的典雅风度和文人的审美意趣。玉壶春瓶又称玉壶赏瓶,流行地区广,沿用时间长,宋以后历代各地窑场均有烧制。玉壶春瓶,撇口,细颈,垂腹,圈足,是一种以弧线为轮廓线的瓶类,这种瓶的造型定型于宋代,历经宋、元、明、清、民国,直至现代。

宋代壶类有青釉壶、倒流壶,为酒器。宋代青釉壶由唐代凤首壶演变而来,产于宋代耀州窑,呈现敞口、短颈、圆腹、曲柄等特点。倒流壶,无颈,圆腹,壶底中央有一个通心管,故又称内管壶,始于宋、辽时期,在清代广为流行,到了元代,其工艺发展得更加炉火纯青。

宋代盒类有粉盒、镜盒等。宋人起居生活崇尚静雅,即便是胭脂香粉盒,也是美不胜收,极为讲究的。粉盒,多为贵族使用。圆形粉盒较为常见,通体施青釉、黄釉或白釉,装饰一般较为简朴,素面无纹饰,口沿为子母口结构,也是早期瓷粉盒的形制。镜盒,内放铜镜,扁圆腹浅,分为盒盖、盒身,盖上有如意钮。

4. 元代瓷器——缤纷多彩

元代瓷器以"类冰似玉"为主,以素面、贴塑等装饰手法为辅助,彩绘装饰退

居其次。元代中后期才真正掌握了用钴料在瓷胎上进行彩绘，并成功地创烧了青花瓷。

青花瓷又称白地青花瓷，简称青花，是中国瓷器的主流品种之一，是江西独有的特色文化。青花瓷起始于唐宋，成熟于元代。工匠在陶瓷坯体上描绘纹饰，再涂上一层透明釉，经1300℃高温一次烧成，是釉下彩瓷的一种，也是中国陶瓷装饰中较早发明的方法之一。元代的青花瓷一改唐代和宋代黄釉色的特征，摆脱了黄色干扰，成为青白釉青花瓷，之后还有白釉、卵白釉。

元青花体型较大，出现了直径近60厘米的大盘和高达70厘米的大瓶。其特点是胎体较白，粗糙而不吸水，高温而不变形，绘画挥洒自如，不究细节，是后世青花所不能及。元青花纹饰可谓繁而不缛，多而不乱，密而不匦，人物故事图居多，有《西厢记》《昭君出塞》《百花亭》等十四种，分别代表忠义、人才、爱情、人文关怀等主题。

元代瓷器也远销海外。青白花碗、罐、壶、瓶等器物，畅销于东南亚、西南亚和非洲不少国家和地区。至今在伊朗、土耳其等国家的博物馆中，还保存有元代的青花瓷器。一些考古学家在东非海岸一些地方，如格迪、奔巴岛、桑给巴尔岛、坦噶尼喀和基尔瓦群岛等，不断发现很多中国的瓷器和瓷器的碎片，其中也有一些是元代的，这就证明了元代的青花瓷器也输入了东非。

5. 明清瓷器——五光十色

明清两代是瓷器发展的鼎盛时期。明代之前，宋代窑厂及其生产的瓷器遍布全国各地；到了明代，景德镇烧制的瓷器却独占鳌头，各地虽有民窑，留存的已无法跟景德镇的瓷器相提并论。景德镇多以官窑制品为主，生产规模和工艺水平远超以前各代。明朝宫廷的玉器厂就在景德镇内，专供皇室瓷器。由于官窑瓷器的制作成本高，画工精妙，造型千姿百态，不断出新，大大刺激了当时的制造业发展。明朝时期的青花瓷，装饰线条的运用强劲有力，一反元代的厚重之感，更加清新雅致。青花瓷胎质细腻洁白，质地精良，釉层饱满。在制瓷技术方面也有新的突破，陶车旋刀取代了竹刀旋坯，并开始运用吹釉技术，瓷器的质量与数量由此迅猛提高。

明清时期的制瓷业，是中国瓷器发展史上的顶峰，对今日中国瓷业仍然有着重大影响。到了清代，康熙青花在瓷器制作史上又有突出贡献，仅用一种青花色料通过浓淡变化，即渲染了景物的阴阳向背、远近疏离，使画面层次分明，立体感十足，被誉为青花五彩。康熙青花纹饰追求现实生活中的生动自然，更多吸收了中国画的特色。雍正青花造型轻巧，可与纤细秀丽的明永乐、成化瓷器相提并论。青花瓷器的产生在清雍正、乾隆两朝仍占重要地位，带有帝王年号款的官窑青花瓷器在这一时期占有很大比重。嘉庆前期御窑厂的烧造，不过是乾隆制瓷业的延续，因而又称"乾嘉之器"，嘉庆后期开始，御窑厂制瓷业走向低谷。

（四）中国陶瓷对世界的影响

中国是瓷器的发明地和主要产地，素有"瓷之国"的美誉。瓷器可以说是我们中国人的骄傲，我们曾经用瓷器"征服"了整个世界。

在历史长河中，中国劳动人民用双手生产出许多的器物，在众多的器物中，瓷器居于独特的地位。中国的瓷器不仅是实用的日用器皿，也是价值很高的艺术品。自汉唐以来，中国的瓷器源源不断地销往国外，其制作技术随之传遍世界各地，受到各国人民的喜爱。16世纪初欧洲人民大量购买中国瓷器，中国在当时也是唯一一个高端瓷器生产国，拥有世界瓷器市场的全部份额。

中国瓷器大规模地对外输出，刺激和影响了中国经济的繁荣和发展，也对世界各国的制瓷业产生了深远的影响。在九十世纪，埃及模仿三彩陶瓷生产出了多彩彩纹陶瓷和多彩线纹陶瓷，当输入白瓷时，便仿制了白釉陶器。埃及开罗南的福斯特仓库里，珍藏着六七十万片陶瓷片，这些陶瓷片中70%至80%是中国陶瓷的仿制品。11世纪以后，又有青瓷、白瓷和青花瓷的复制品等。15世纪起，朝鲜在中国的影响下烧制成功青花瓷。16世纪初，在波斯的伊斯伯罕出现了中国的制瓷技师，中国的制瓷技术在这里传播并影响了叙利亚的制瓷业。17世纪，日本开始大规模自制青花瓷，这些青花瓷深受中国明代天启年间青花瓷影响。与此同时，中国制瓷业也从国外获得了物质和技术上的借鉴。明初永乐、宣德时期的青花瓷，相传使用的是进口的青料。正德、嘉靖时期的"回青料"也是进口青料。清朝康熙年间用西洋进口的珐琅彩料绘制瓷胎，创制出风格特异的珐琅器，对粉彩瓷器的创造有直接影响。

陶瓷是集艺术造型、装饰、材质、工艺、元素为一体的艺术品。许多国家了解中国文化是从瓷器开始的，中国瓷器"西进东渐"，传播了华夏文明。中世纪以来，中国瓷器逐渐发展为集精美工艺与艺术为一体的独特的中国文化之一，并通过陆上和海上"丝绸之路"传播到世界各地，中国瓷器文化在世界产生了既广且深的巨大影响。中国瓷器既传播了具有魅力的东方文化，又吸收了国外文化精髓，极大地丰富和广泛地影响了世界各国人民的生活，既促进了本国经济的发展，也影响了国外的制瓷业，为世界文明增添了夺目的篇章。

五、更迭变化的传统服饰

衣冠服饰是人类文明的产物。中华传统服饰文化历史悠久、丰富多彩。服饰不仅是御寒保暖的工具，也是一个民族文化特色的体现。冠冕章服、罗裙霓裳、足衣佩饰……早已融合了政治制度、礼仪规范、生活习俗、审美情趣，每件服饰都讲述着一个时代的故事，都传承着中华民族的内在文化精神。

（一）中国传统服饰演变

1. 原始社会时期

《机赋说》（东汉王逸）中大致描绘了衣服形成的过程："古者衣皮即服制也。特衣裳未辨。羲炎以来裳衣已分。至黄帝而衮章等衰大立非谓始衣服也。"原始社会时期，生产力水平低下，据《礼记·礼运》记载："昔者先王未有宫室，未有丝麻，衣其羽皮。"《韩非子·五蠹》也提及："妇人不织，禽兽之皮足衣也。"人类所谓的服饰不过是围披的皮毛，起到遮羞、御寒、防护的作用。据《易·系辞》载："黄帝垂衣裳而天下治。"直至仰韶文化晚期，衣服制度才正式开始形成，中华服饰文化史由此发端。

2. 殷商时期

随着农业和纺织技术的进步，皮、革、丝、麻成为商代的主要服装用料。衣冠服饰随着社会分工明确开始成为"昭名分、辨等威"（清·纪昀《四库全书·史部·政书类·仪制之属》）的工具。周代，从天子到庶民各个等级都有对应的服饰，配合不同场合的服饰也应运而生，如祭礼服、朝会服等，中国的冠服制度逐渐完善。周王朝还设置专门掌管王室服饰的官职——"司服"。从出土的周代文物来看，中国服饰上衣下裳的基本形制当时已经分明。

3. 春秋战国时期

春秋战国时期，百家争鸣局面兴起。儒家把服饰看成是"礼"的重要内容，主张遵循周礼，如"冠弁、衣裳、黼黻、文章、雕琢、刻镂皆有等差"（《荀子·君道》）。道家主张"无为"，认为奢侈的服饰消费是不合理的。墨家主张注重服饰的实用性而弱化其审美功能，如"衣必常暖，然后求丽""冬以圉寒，夏以圉暑。凡为衣裳之道，冬加温、夏加清""适身体和肌肤而足矣，非荣耳目而观愚民也"（《墨子·节用》）。法家主张崇尚自然，反对修饰，与墨家的观点相近。阴阳家提出的"阴阳五行说"及与之对应的五行之色对服装色彩影响极大，赋予了服饰作为政治外在表现形式的作用，通过色彩来"别上下，明贵贱"。与百家争鸣共同影响当时服饰的，还有各诸侯国地域、经济水平、思想文化的差异，各国衣冠服饰呈现出各自的特色，而列国的交战交往，又使得这些差异相互影响，相互交融。

4. 秦汉时期

秦统一后，衣冠融合六家特色，兼收"六国车旗服舆"，除保留祭礼服外，废除周代服制，采用上衣下裳、分裁合缝、上下不通缝、不同幅的深衣作为基本形制，服色尚黑。

《后汉书·舆服志上》记载:"秦以战国即天子位,灭去礼学,郊祀之服皆以袀玄(黑色深衣礼服)。汉承秦故。至组践阼,都于土中……显宗遂就大业,初服旒冕,衣裳文章,赤舄绚履,以祠天地,养三老五更于三雍,于时至治平矣。"汉代服饰沿袭秦代旧制,但因汉代统治者将儒家思想作为国家意识形态,所以区分官阶等级、尊卑贵贱的舆服制度更加完备,史书列皇帝与群臣的礼服、朝服、常服等有二十多种。汉代的政治经济环境促使纺织业得到长足发展,织绣工艺发达,绫罗绸缎被制成深衣、袍、襦、裙、襜褕等各种制式,颇具审美价值。西汉年间"丝绸之路"的开辟,也让中国服饰文化走向世界。

5. 魏晋南北朝时期

魏晋时期,玄衣(赤黑色礼服)、纁裳(浅绛色的裳)、黼黻(绣有华美花纹的礼服)、衮衣(古代帝王及上公穿的绘有卷龙的礼服)是服饰的主流。服饰的风格上,受道家返璞归真的理念影响,呈现出飘逸灵动的特点。南北朝时期,北方少数民族入主中原,胡汉文化在政治、经济、文化习俗各方面相互交流融合,汉服也出现胡化的现象,服饰形式更加合身适体。

6. 隋唐时期

隋唐时期,中国进入统一的状态,国力逐渐增强,经济稳定,文化多彩。服饰既沿袭了历代制度,又融合胡服紧身、圆领、开衩等特点。如唐代官服中圆领窄袖袍衫、缺骻、幞头革带、皮靴,民间妇女上身小袖短襦、下身裙腰高系的紧身长裙等,都颇具异域风情。由于社会的繁荣、开放,唐代还出现了半臂、披帛等新的服装样式,女装男性化也成为一种时尚。

7. 宋元时期

宋代勘订礼制,基本遵循周礼旧制,大致分为官服、便服、遗老服三类。其中,官服材料以罗为主,分七等不同花色,服式与晚唐的大袖长袍相近。男女便服以简洁的襦裙、褙子、袍衫为主要形制,颜色淡雅,呈现出清新、朴实、自然、雅致的特点。

元代,蒙古族统一中原。对汉人衣冠礼制采取"参酌古今,随时损益,兼存国制,用备仪文"(明·宋濂《元史·舆服志一》)的态度,蒙古族的质孙服、辫发、左衽等服制在中原都很流行。同时,汉族的朝服、冕服和公服也被沿用。

8. 明清时期

明太祖朱元璋在推翻元朝定鼎南京后,禁胡服,下诏"衣冠悉如唐代形制",从

冠冕章服到百姓服饰，从样式到穿着礼仪，都做了更加详细的规定，繁缛细致。如服装用色方面，平民妇女只能用紫色、绿色、桃红等，不能用大红、青色、黄色等，以区别于官服。明代的朝服、公服的衣前，出现了补子，用补子上的鸟兽纹样来标志品级。

清兵入关后，强令剃发留辫，一改汉人"束发簪缨冕旒冠笄"的冠式，也改变了汉人"交领右衽宽袍大袖"的服式，以满族服装为大流，着长袍马褂（马褂后改良为唐装），还有坎肩等服饰。用以标志品级的"顶戴花翎"和"项挂朝珠"是清代冠冕章服的特色。清代妇女的服装比较多元化，满汉互相效仿，有"大半旗装改汉装，宫袍裁作短衣裳"的说法。清末民初，随着中西方文化的交流碰撞，服饰也开始直白地表现人体的体态美，"旗袍"作为女性服饰代表登上历史舞台并延续至今。

总的来说，"一代之兴，必有一代冠服之制，其间随时变更，不无小有异同，要不过与世迁流，以新一时耳目，其大端大体，终莫敢易也"（明·叶梦珠《阅世编·冠服》）。中国服饰还在演变发展，它不仅是文化传承的物化形式，也是中国传统文化的重要组成部分。

（二）中国传统服饰与礼仪

服饰不仅是蔽体、遮羞、御寒的工具，也是礼仪制度的物化和载体。从中国传统服饰、传统礼仪制度可见一斑。

1. 传统服饰与身份地位

在强调伦理纲常的等级社会中，服饰是一个人社会身份的外在标志。通过服饰的形制、颜色、纹饰、质地可以鲜明地区分尊卑贵贱、长幼贫富、等级层次。

为了推行教化，使社会上下有序，尊贵尚贤，统治阶级将衣冠服饰作为"昭名分，辨等威"的工具，对不同阶层等级在服饰的形制上有严格的区分。如《周礼·春官·司服》中记载："王之吉服：祀昊天、上帝，则服大裘而冕，祀五帝亦如之；享先王则衮冕；享先公、飨、射，则鷩冕；祀四望、山川则毳冕；祭社稷、五祀则希冕；祭群小祀则玄冕。"《左传·襄公三十一年》中还记载了服饰的违制犯禁，暴露内心篡位企图的故事。北宫文子见时任楚令尹的公子围用了国君的服饰仪仗，有了国君的威仪，判断出公子围有篡位的意思。果然，第二年公子围便杀了国君自立为楚灵王。

自唐代贞观年间开始，颜色就在公服中用以区别官职高低，被称为"品色服"制度，后来虽然颜色所对应的不同等级稍有差别，但一直被用来定名位、别尊卑。颜色中以黄色为最尊贵，为帝王所占用，北宋开国皇帝赵匡胤就是"陈桥兵变，黄袍加身"。清代还作了细分，皇太子用杏黄色，皇子用金黄色，其他人未经赏赐是不

能服黄的。紫色、红色是官服的颜色,而紫色是官吏公服中最贵重的一种,所以民间认为"大红大紫"寓意富贵吉祥,也存在"红得发紫"这样的俗语。金、黄、紫、红这样的颜色是非达官贵人不能穿的,属于平民的是青、蓝、黑、白等素色。因为古代平民着白衣,所以常称百姓为"白丁"。黑色,多为小吏、商人的服色,"乌纱帽"就是小官的首服,"黔首"说的就是用黑巾裹头的从事农业、小商业的平民。青色蓝色,用作品位、地位更低的身份,"青衣"因为曾经是地位低下的婢女所穿的服装,而用来代称婢女。借助服色所标志的身份差异,似乎确实可以"以貌取人"。

中国古代的等级地位的区分也可以靠服饰上的纹饰来判断。纹饰主要包括珍禽瑞兽、花鸟鱼虫、山水人物和几何图案等类型。"十二章纹"是中国冕服之上最醒目的特点之一,因用五种颜色绣日、月、星辰、山、龙、华虫、藻、火、粉米、宗彝、黼、黻十二种图案而得名。每一章纹都有独特的象征意义,其中龙是最具代表性的,象征皇权,臣子及百姓乱用会受到惩罚。明清时代官服补子的纹样,既体现了中华民族象征文化的丰富内涵,也区分了官员的身份等级。文官用禽,武官用兽,据《明史·舆服志三》记载:"公、侯、驸马、伯服,绣麒麟、白泽。文官一品仙鹤,二品锦鸡,三品孔雀,四品云雁,五品白鹇,六品鹭鸶,七品鸂鶒,八品黄鹂,九品鹌鹑""武官一品、二品狮子,三品、四品虎豹,五品熊罴,六品、七品彪,八品犀牛,九品海马"。各个朝代都可以看服装纹饰辨官职,而一直以来,百姓穿衣是不可以有纹饰的。

百姓服装不可以有纹饰,所以只能穿本色的麻布衣,这是古代服饰礼制对民间服饰的限定,"布衣"也因此成了平民百姓的代名词。相较之下,我国古代帝王、王公、百官服饰的质料要高级得多、讲究得多。

2. 传统服饰与礼节秩序

《礼记·哀公问》云:"民之所由生,礼为大。非礼无以节事天地之神也,非礼无以辨君臣、上下、长幼之位也,非礼无以别男女、父子、兄弟之亲,昏姻、疏数之交也。"可见,着装要与身份、场合相适宜,是受"礼"约束的。如"父母在,冠衣不纯素"(《礼记·郊特牲》)就提出了儿女在父母健在时不得穿纯白色衣服的要求。在中华传统文化中,还有许多典型的礼仪是与着装有直接关系的。

"冠者,礼之始也。"(《礼记·冠义》)冠礼,被儒家认为是"礼仪之始"。《礼记·曲礼上》曰:"男子二十,冠而字。"男青年到了二十岁,行冠礼、取字,表示他已经成人,可以婚嫁和参加各种社会活动了。行冠礼,有很繁缛的礼节。

古代婚礼要完成从议婚到完婚的六种礼节,是非常隆重的仪式。在仪式上,婚服需要庄重而喜庆。我国古代新郎和新娘的婚服制式主要有三种,分别是"爵弁玄端——纯衣纁袡""梁冠礼服——钗钿礼衣"和"九品官服——凤冠霞帔"。

参加祭神或祭奠祖先的祭祀礼仪时要穿丧服,丧服是中国传统服饰中最典型的礼服,是专门为丧葬礼俗活动制作的一种服饰。根据血缘关系和尊卑地位,丧服分为斩衰、齐衰、大功、小功、缌麻五种服制,简称"五服"。在丧礼中,与死者的血缘关系最近的着最重的孝服——斩衰,服丧的时间为三年,与死者的血缘关系越远,服制越轻,服丧时间也越短。服丧期满,丧服即可脱下。

(三) 传统服饰的文化内涵

时代、民族、政治、风俗、审美各种文化因素的融合,使中国传统服饰得以丰富地呈现,而在多彩的服饰背后,也蕴含着朴素的中华传统文化的共性。

儒家"天人合一"的思想观念,奠定了中国传统服饰强调人与自然和谐统一的哲学基础。在基本形制上,上衣下裳"盖取诸乾坤"的上天下地、上阳下阴,因此,衣尊而裳卑;传统服饰中的首服足衣,也充分体现了"天冠地履"的精神;冠履的"戴圆履方"、深衣中的"圆袼方"与古代"天圆地方"的观念相符;帝王之服"玄衣黄裳"与宇宙"天玄地黄"相呼应。中国传统服饰"褒衣大袖"的剪裁方式,象征意蕴相当丰富的纹饰图案,也都符合"自然"之道。从审美角度来讲,中国传统服饰的精神气质与客观世界要融为一体,才能达到和谐、自然之境。

中国是一个统一的多民族国家,在漫长的历史中,各民族文化碰撞融合,各民族传统服饰也互相影响,加之时代赋予的魅力,让不同时代、不同民族、不同文化的审美融合到中国传统服饰之上。服饰在审美趋向上表现出了世代沿袭、日臻完备的传承性,基本形制不变而含蓄动态变化的同一性与多样性,以及自成体系的展现民族风貌的民族性。

六、巧夺天工的园林建筑

(一) 传统建筑与园林

建筑是在自然环境和社会条件下产生的,建筑是人类生存意志的体现。自从人类进入文明社会以来,建筑与人类的发展就相关。

1. 建筑的萌生

原始社会时期,原始人从山地洞穴走出,随着生存的需要不断迁徙,以便寻找一处长久的居住地。但是由于生产力低下,他们常常会选择依靠森林湖泊、方便获取生活资源的地方,因而黄河流域就成为新石器时代最适宜居住的地方。渭河流域位于关中平原地区,也是仰韶文化原始先民的居住地,在这里可以狩猎、采摘、捕鱼,丰富的地理资源成了人们最基本的保障。原始人为了安居乐业,建造出的每一幢原始房屋,都是人类生存意志的一次表述,原始人住过的"原始屋舍"是建筑世界的原起点。

2. 早期园林的出现

夏商周时期，奴隶主通过分封制度获得统治地位，并且大规模建造自己的庄园。这个时期用于居住的建筑可称为室，群居地点为邑。庄园建筑的目的也是"立君"，建立邑制，统治民众，早期城市由此而建立。这些奴隶主庄园便是中国皇家园林的前身。

3. 建筑园林的转折

秦汉时期建筑进一步发展，秦始皇时期大兴土木兴建了著名的咸阳宫和阿房宫。据资料显示，咸阳宫位于咸阳，是秦王朝的重要宫殿，是一座多重楼台的建筑群。到了汉王朝立都长安，修筑了雄伟壮丽的长安城，未央宫则是长安城中的重要建筑。

汉朝大型宫殿居多，而汉人对方位有着很明确的概念，利用"金、木、水、火、土"五行来确定方位。在城市建筑方面也多为左青龙、右白虎、上朱雀、下玄武的设计，这是因为中国地处北半球，人们习惯于面南而居，这也是对地理方位的认知。魏晋南北朝之后，历史动荡，朝代兴盛和衰落此起彼伏，宫殿园林遍布大大小小的城市，也影响了社会各阶层的生活。园林建筑悄悄融入中国古代社会，成为中国古代建筑的重要构成部分。

（二）中国古代园林建筑的发展和特点

中国园林建筑体现出的自然式山水园林艺术，是中国历史长期积攒的建筑理论和艺术创作实践经验的表现，充分反映了劳动人民的物质与精神需求，承担着文化传承的功能。中国是园林建筑艺术起源最早的国家之一，北京颐和园、承德避暑山庄、苏州的拙政园和留园并称中国四大名园，在全世界园林建筑史上具有重要的影响力。

从建筑发展史来看，从殷、周时代的囿开始，园林已经经历了三千多年的理论沉淀和艺术积累，具有独特的艺术风格。园林出现在魏晋时期，最有特色的是魏晋时期的庄园。随着士族发展，庄园文化意识更加强烈，动荡的年代，庄园就成为士族们退养之地。到了东晋时期，园林的规模已超过了退养的需求，更多的是文化的展现和精神的超越。在这段时期庄园从物质需求转变成精神寄托，园林在建筑营造上也增加了许多自然色彩和写意成分，园林风格渐渐脱离了秦汉时期的仙山楼阁，逐渐变得清新自然。

盛唐的自然园林建筑形成了独特的民族风格，中国的园林建筑也因此在世界造园史上享有盛誉。这是中国经济社会发展的缩影，表明人们的思想从解决温饱转向追求更高的物质和精神享受。

　　自唐宋始，中国造园技术传入日本、朝鲜等国。18世纪前后，中国自然式山水园林开始向欧洲传播，具有代表性的是英国著名造园家威廉·康伯，他把中国自然式山水园林艺术传到英国，使当时的英国一度出现了"自然热"。在法国不仅出现"英华园庭"一词，而且仅巴黎一地就建有中国式风景园林约20处。

　　唐朝是中国历史上最辉煌的时代，社会安定，经济繁荣，书法、诗歌、绘画等艺术成就潜移默化地影响着人们的审美情趣。这种文化形态也深刻地影响了这一时期的园林和建筑风格。唐代人造园善于利用建筑，唐代的建筑大气恢宏，雍容典雅，无须其他装饰便增加了整个园林空间的气势。到了宋朝，崇文尚雅，园林出现了"可行、可望、可游、可居"的风格特点。宋代的山水画在构图上突出了人文景观，讲究以各种建筑物来点缀风景，这时绘画、诗作、园林三者相互渗透，发展成了"以画入园，因画成景"的中国古典园林经典手法。到元明清时期，中国园林的规模庞大，内容上也包含了观赏、游乐、居住等多种功能，尤其是清朝，园林更加专业，达到了中国园林的鼎盛时期。

1. 皇家园林

　　明清时期大肆修建园林，清代园林更是汇聚了天下园林的精华，供帝王后妃们赏玩。现在保存下来的有颐和园、承德避暑山庄、香山静宜园等，而最著名的圆明园被英法联军损毁。

　　康熙乾隆年间，皇家园林建造开始兴盛，亭台楼阁千姿百态，极具江南风格。北京颐和园是清代修建最晚的大型皇家园林建筑，其前身是乾隆年间的清漪园，在明代为"好山园"，以昆明湖和万寿山为主体，山水相望，依山傍水。但在1860年，英法联军入侵，清漪园和圆明园同时被损毁，1893年修复后统称为圆明园。但是好景不长，1900年再次被损毁，5年后由清政府修复。颐和园的特点是以水取胜，水是园林布置极好的基础。在这些基础上，颐和园运用了许多江南造园的技巧，以水面造景，山合水流，娴静优雅。颐和园的整体设计大气恢宏，在细节方面可以说是巧夺天工，其华丽精巧集皇家古典园林之大成。

　　河北承德的避暑山庄，又称为热河行宫，是世界文化遗产之一，也是中国四大名园之一。避暑山庄历经清康熙、雍正、乾隆三朝，耗时89年建成，是中国古代最大的皇家宫苑，是清代皇帝夏天避暑和处理政务的场所。避暑山庄分为宫殿区和风景区，园中山石较多，依水而建，有72景观之称。宫殿区位于湖泊南岸，地形平坦，是皇帝处理朝政、举行庆典和生活起居的地方。风景区包括湖泊区、平原区、山峦区，分区明确，景色丰富，每一处景观都有其独特的风格。在避暑山庄东面和北面的山麓，分布着宏伟壮观的寺庙群，这就是外八庙。

　　香山的静宜园，是一座具有山林特色的皇家园林。清代康熙年间进行扩建，咸丰十年和光绪二十六年先后两次被英法联军、八国联军焚毁，现存的有琉璃塔和见心斋等。香山的琉璃塔也称为琉璃万寿塔，位于海淀区香山昭庙后山上。见心斋以水池为主，建筑环池而建，圆墙蓝瓦，秋日登高有满山红叶的奇景。

圆明园是雍正皇帝做皇子时被赐予的花园，由圆明园、长春园和绮春园组成，所以也叫圆明三园。长春园的一部分是欧洲风格的花园，俗称"西洋楼"。

皇家园林大气恢宏，山水一体，花园、宫殿、庙宇相互辉映，园林景色设计精巧，自然环境既优美又开阔。园林的出现部分满足了人们对于舒适居住环境的需求，在设计方面并未局限于对自然界的模仿，而更多的是将人们理想中的完美风景体现在那些微缩的山石、水面、桥梁、树木、花草、亭台楼阁、绘画、书法以及工艺中，把北方和南方、皇家与民间的造园艺术融会贯通，使其达到前所未有的广度和深度。

2. 江南私家园林

明清时期江南园林艺术兴盛。因江南物产富饶，景色秀丽，私家园林在继承了唐宋写意山水园的基础上，充分利用环境优势，因地构园，汲取自然风景的精华，寄托造园者的人文思想和生活意识，也表达了主人的文学、哲学、艺术、人生的观念。

江南私家园林本是明清官宦退养之地，由于安居乐业、独善其身是他们对社会的清醒认识，所以斥资修筑但不能张扬。江南园林在当时多规模较小，布局精巧，具有深厚的文化积淀和高雅的艺术格调。江南园林中最著名的有拙政园、留园、沧浪亭、狮子林等，以及扬州个园、上海豫园、无锡寄畅园等。诸如此类的私家园林建筑，各具特色和魅力，使得江南地区私家园林艺术成为中国艺术史上的瑰宝，享誉中外。

江南园林追求诗情画意的意境，在造园时，运用多种手法，区分不同景观风格，将名园景观移植仿造于园内，通过提炼加工将自然景观缩小为园林景观，追求布景的深远和空间形态的丰富，最终在小范围内塑造一种小中见大、禅性天趣的意境。与西方园林的几何模式相比，江南私家园林更加强有力地融合中华传统文化中的感性哲学思辨，以展示中华民族的艺术精神，以及崇尚自然、热爱自然，对于美好生活的追求。

拙政园，明清中期修筑，是中国古典园林的经典之作，也是江南私家园林的典范。拙政园占地 48000 平方米，是最大的苏州园林。拙政园曾有江南名士文徵明参与设计，园中文墨气息浓厚，彰显诗情画意之感。全园以水景取胜，建筑、山石、水木，临水而建，简约平淡，体现了江南地区私家园林最高的艺术魅力，因而被列入中国四大名园之一。

留园，建于明清时期，占地面积 23300 平方米，建筑结构采用了独具匠心的表现手法，善于运用大小、曲直、明暗、高低、收放等关系，将园中景致表现得淋漓尽致。留园以泉石之盛名、茂林修竹、亭台楼榭之幽深而享有盛名，也是中国四大

名园之一。留园以游廊为引导，借助透窗逐渐展示园中景致，由于面积较小，空间有限，在设计上以静观为主，动观为辅，遵循"小中见大"原则，运用实景和虚景相互交错，大大拓展了观赏空间，形成了无径不曲、无处不幽的特点。

沧浪亭位于江苏省苏州市城南，是苏州最古老的园林，始建于北宋庆历年间，是苏州现存园林中唯独以亭而命名的。北宋庆历五年，苏舜钦蒙冤遭贬到苏州，见五代孙承佑的废园，便以四万钱购得。苏舜钦遭贬后便自号沧浪翁，吟唱着"沧浪之水清兮，可以濯我缨；沧浪之水浊兮，可以浊我足"的屈原《渔父歌》，在城市中过起了隐逸山水、逍遥自乐的生活。沧浪亭是一座风格独特的园林，自然娴静，气质古朴。未入园门先见景，一湾清流将园紧紧环绕，园内随处可见参天古木和亭台楼阁。园内古亭石枋上"沧浪亭"三字为俞樾所书。沿长廊而行，透过廊壁上的漏窗，可见园外风光。漏窗无一雷同，被称作沧浪亭一绝。

狮子林位于苏州城内东北部，为苏州四大名园之一，始建于元代至正二年（1342年），因园内多竹林怪石，许多石头形似狮子，故名"狮子林"。狮子林因洞壑深邃而盛名于世，素有"假山王国"的美誉。狮子林由天如禅师为奉其师所造，初名"狮子林寺"，后改为圣恩寺、五松园、画禅寺。直到1917年，贝氏贝润生买下此园，经9年修建、扩建为祠堂，仍名为狮子林。如今的狮子林，面积大约1万平方米，以燕誉堂、指柏轩、问梅阁、花篮厅各具特色、设置独特而引人入胜。狮子林全园格局紧凑，园内假山遍布，长廊环绕，楼台隐现，曲径通幽，是布局精致、气息典雅、文化深蕴的古典园林，在苏州诸园林中算是别具一格。狮子林后为当代著名建筑家贝聿铭的祖宅。

纵观中国园林建筑发展，我们可以看到，中国园林建筑独具民族风格特征，在园林具体造型和色彩上给人以视觉享受，体现了古代人们追求自由、征服大自然的生活态度。园林艺术可以调节人们的生活环境，丰富生活意趣，是中华传统文化发展的必然产物。

 思考与练习

1. 中国古代园林建筑有哪些特点？
2. 中国古代最著名的皇家园林和最著名的私家园林之间有什么区别？
3. 请尝试站在现代视角理解中华饮食文化的内涵。
4. 试论中华传统茶酒文化的现代意义。
5. 简述历代服饰的演变与传承。

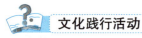

1. 观看《舌尖上的中国》，绘制中国美食地图。

2. 品茗：在过程中设置猜茶谜活动，注意增强活动的趣味性。

3. 汉服展示：根据服饰文化知识，规范着汉服，通过拍照、短视频的录制进行汉服展示。

4. 课程讨论：请将下表填写完整。

讨论题目1	中国共餐制度的文化内涵是什么
你的观点	
心灵感悟	

讨论题目2	谈谈对文人饮酒的看法
你的观点	
心灵感悟	

讨论题目3	探讨复兴汉服的意义和途径
你的观点	
心灵感悟	

知识链接

1. 世界文化遗产

世界文化遗产，是一项由联合国发起、联合国教育科学文化组织负责执行的国际公约建制，以保存对全世界人类都具有杰出普遍性价值的自然或文化处所为目的。世界文化遗产属于世界遗产范畴，是文化保护与传承的最高等级。1972年10月17日至11月21日，联合国教科文组织在巴黎举行第十七届会议，通过了《保护世界文化和自然遗产公约》，明确了文化遗产的定义：①文物：从历史、艺术或科学角度看，具有突出、普遍价值的建筑物、雕刻和绘画，具有考古意义成分或结构的铭文、洞穴及各类文物的综合体；②建筑群：从历史、艺术或科学角度看，因其建筑的形式、同一性及其在景观中的地位，具有突出、普遍价值的单独或相互联结的建筑群；③遗址：从历史、审美、人种学或人类学角度看，具有突出、普遍价值的人造工程或人与自然的共同杰作以及考古遗址。截至2019年7月，中国已有55项世界文化和自然遗产列入《世界遗产名录》，其中世界文化遗产37项，世界文化与自然双重遗产4项，世界自然遗产14项，在世界遗产名录国家中排名第一位。

2. 二十八宿

古人认为恒星间的相互位置固定不变，所以以此为标志来说明日月五星运行所到的位置。他们先后定出黄道和赤道（亦称天赤道，即地球赤道在天球上的投影，与黄道有一个23°26′的夹角）附近的二十八个星区作为观测的标志，也就是所谓的二十八宿（也称二十八舍或二十八星）。宿者，舍也，止也。二十八宿的名称，自西向东排列为：

东方苍龙七宿：角、亢、氐、房、心、尾、箕（jī）；

北方玄武七宿：斗（dǒu）、牛、女、虚、危、室、壁；

西方白虎七宿：奎、娄、胃、昴（mǎo）、毕、觜（zī）、参（shēn）；

南方朱雀七宿：井、鬼、柳、星、张、翼、轸（zhěn）。

二十八宿不仅是五星的坐标，有时还是古人测定岁时季节的观测对象，像"荧惑守心""太白食昴"等。

3. 中国古代数学

数学是中国古代科学中的一门重要学科，其发展源远流长，成就辉煌。

我们的先民在从野蛮走向文明的漫长历程中，逐渐认识了数与形的概念。出土的新石器时期的陶器大多为圆形或其他规则形状，陶器上有各种几何图案，通常还有三个着地点，都是几何知识的萌芽。先秦典籍中有"隶首作数""结绳记事""刻木记事"的记载，说明人们从辨别事物的多寡中逐渐认识了数，并创造了记数的符号。

殷商甲骨文中已有13个记数单字，最大的数是"三万"，最小的数是"一"。一、十、百、千、万，各有专名。其中已经蕴含有十进位制萌芽。传说伏羲创造了画圆的"规"，画方的"矩"；早在大禹治水时，禹便"左准绳"（左手拿着准绳），"右规矩"（右手拿着规矩）（《史记·禹本纪》）。因此可以说，"规""矩""准""绳"是我们祖先最早使用的数学工具。人们丈量土地面积，测算山高谷深，计算产量多少，粟米交换，制定历法，都需要数学知识。

春秋时期，人们已谙熟九九乘法表、整数四则运算，并使用了分数。《九章算术》约成书于东汉，分九章介绍了许多算术命题及其解法，是当时世界上最先进的应用数学，它的出现标志中国古代数学形成了完整的体系。魏晋时期的数学家刘徽，运用极限理论，提出了计算圆周率的正确方法。南朝的祖冲之精确地计算出圆周率是在3.1415926～3.1415927，这一成果比外国早近一千年。《周髀算经》被人们认为是流传下来的中国最古老的既谈天体又谈数学的天文历算著作，它大约产生于公元前2世纪，其中提到的大禹治水时所应用的数学知识，成为现存文献中提到最早使用勾股定理的例子。

4. 中国武术

在"物竞天择，适者生存"的严酷生存战中，原始社会的人们开始掌握了一些初级攻防手段。春秋战国时期"以兵战为务"，武术的技击理论更受关注。汉代武术出现了兼具健身性和观赏性的象形拳术。唐朝推行"武举制"，从政策上促进了练武之风。两宋时期，百姓常通过结社习武以求自保。经历了元代的消沉，武术在明代得到了全面大发展，留下许多武学著作。清代武术流派林立，象征着武术的兴旺发达。

中国古代武术千门万户，在蔚为壮观的门派中最为人称道的是中华武术三大流派——少林派、武当派和峨眉派。少林派因起源于河南嵩山少林寺而得名，是历史最长的武术门派。它是以少林寺武术为代表的整个外家功夫的集大成者，少林功夫体系完备，内容庞大，对其他武术流派影响深远。武当派为宋人张三丰所创，有太极拳、无极拳等。其中太极拳是当今最流行的武术拳种，"四两拨千斤"的拳法既具技击性，又富观赏性，长期习练有强身健体、延年益寿的效果。峨眉派以起源于峨眉山而得名，其功法融合了众家之长，介于少林阳刚和武当阴柔之间，亦刚亦柔，内外相重，长短并用，攻防兼具。

中华武术根植于华夏文明的沃土，融合中医学、军事学、美学等多种传统文化思想和文化观念，逐步形成独具民族风貌的武术文化体系。中国武术以"尚武崇德"为其传承的基本原则之一。"尚武"要求习武者要经受身体和意志的考验，自强不息；"崇德"要求习武者严于律己，见义勇为。可以说，武术是中国文化的代表，是中华民族精神的延续。

第四章 制度文化

❀ 导言

　　制度文化是人类为了自身生存、社会发展的需要而主动创制出来的社会活动规范体系，是人类在物质生产过程中所结成的各种社会关系的总和。社会的各项制度都是制度文化的反映。人类的行为受思想、观念、精神因素的支配，然而人类行为实际上又是一种群体的、社会的共同行为。所以文化的精神因素必然会反映、萌生和形成习俗、规则、法律等制度因素。而制度一旦形成，就会促使人的精神因素转化成为物质成果。

　　制度文化作为文化整体的一个组成部分，既是精神文化的产物，又是物质文化的工具。文化的存在只有被认同和学习时才是有意义的。而被认同和学习的实现，必须依靠一套相关的制度规则。在此，制度文化就将文化与制度统一起来了。当制度体现为规则时，它必然反映了文化的价值、文化的精神、文化的理念。而当文化体现为规则时，它必然采取或风俗、或习惯、或制度的形式。从某种意义上可以说，没有文化价值的制度是不存在的，没有制度形式的文化也是不存在的。制度是对具体情况的限制，通常被视为行动的指针，决定一个人在特定的情况下应该做什么，不应该做什么，包括社会习俗、伦理道德和法律等。作为物质文化和精神文化的中介，制度文化在协调个人与群体、群体与社会的关系，保证社会的凝聚力方面起着不可或缺的显著作用，深刻地影响着人们的物质生活和精神生活。

　　本章讲述古代教育制度与宗法制度。通过本章学习，可以了解当时各项制度产生的历史背景、作用与意义。纵观封建社会，教育作为社会生活的重要组成部分，体制趋于完备，功能逐步扩展，自然科学、社会科学教育全面开花，很好地担负起了文化传承的使命。而宗族则是维系中国社会结构的一条纽带，是上千年中华民族文化内涵的重要承载者。宗法制度是以国家规定的制度和世俗传承的氏族宗法为基础形成的，对稳定以家族为社会基本单位的社会结构，调整人们之间的血缘亲属关系，维护伦理道德秩序和社会等级制度起到了巨大作用。宗法制度的本质是，掌握政权者为达到权力世袭的目的,按照族群血缘关系分配国家权力。其特点是宗族组织和国家组织的合而为一,宗法等级和政治等级的完全一致。

在学习古代教育、宗法制度有关知识的同时,必须明白制定和遵守制度的必要性。制度可以让人的活动有所遵循,让社会减少不必要的冲突,保障预期目标的实现。以文件形式呈现的制度是一种强制性的、以统一认识为前提的行为准则。社会秩序是由种种规则维持的,人的行为是一种需在一定范围内得到许可的行为,这种许可包括自然界的许可、社会的许可、他人的许可。这种制度的制约性既有其集体意识,也包含着个体的利害关系,是普遍存在的,也是不可消除的。

通过本章学习,我们可以从中领悟到,不论在古代还是现代,制度的存在和遵守都有深厚的社会基础,是保持社会稳定的基石。

视野拓展

书籍

1. 程舜英. 中国古代教育制度史料. [M]. 北京:北京师范大学出版社,2011.
2. 徐扬杰. 中国家族制度史. [M]. 武汉:武汉大学出版社,2012.

在线课程

1. 微课视频之一:西周的宗法制度.
   网址:https://v.qq.com/x/page/p0152fe9gdz.html.
2. 微课视频之二:西周的宗法制度.
   网址:https://v.qq.com/x/page/e1404rb67sz.html.
3. 中国大学MOOC:走近中华优秀传统文化.
   网址:https://www.icourse163.org/course/NJU-1002190001.

第一节　中华传统教育制度文化

学习提示

　　孟母三迁、岳母刺字、铁杵磨针，中国古代教育故事丰富多彩，寓意深刻；教育活动形式多样，历史悠长；教育制度日益完善，底蕴深厚。中国可算是世界上最重视教育的国家了。《孟子·滕文公上》中说："人之有道也，饱食暖衣，逸居而无教，则近于禽兽。"大意就是说做人，如果吃得饱、穿得暖、住得安逸，但是不接受教育，就近似飞禽走兽。可见古人对教育的重视程度。早在氏族社会，古人就认识到教育的作用，有了教育行为。这节课我们就一起来了解古代教育是何时出现，又是如何发展演变的；了解古代教育制度主导下产生的官学、私学、学院等各自的教学方式、特点及作用；了解科举制度的产生、发展和演变；了解古代实科教育的内容、作用及发展历程，分析古代教育思想对整体社会思想文化建设的作用。

　　通过本节学习，同学们要认识到，教育制度的制定和教育事业的开展与社会的发展变化紧密相连。在社会不断向前发展的同时，中国的教育事业也会不断向前发展。

学习目标

　　1. 了解古代教育制度中官学、私学、学院等教育机构产生的原因、组织形态、教学方法；

　　2. 了解古代教育家和教育思想；

　　3. 了解科举制度和古代实科教育的情况。

第四章

制度文化

一、古代教育概述

(一) 教育简析

1. 教育的含义

"教育"一词最早见于《孟子·尽心上》:"得天下英才而教育之。"《说文解字》释:"教,上所施,下所效也。""育,养子使作善也。"教育就是教诲培育的意思。教育是一种人类文明的传递行为与过程,是文化传播的首要手段。一般来说,教育主要指学校教育,指在专门设立的场所,根据当时社会(或起社会主导作用的阶级)的要求,有目的、有组织、有计划地对受教育者的身心施加影响,使其成为所需要的人的活动。广义上讲,凡是影响人们的思维方式、增进人们的知识和技能的活动,不管是有组织的还是无组织的,不管是系统的还是零碎的,都可以称为教育。

2. 教育的目的

教育的目的是把受教育者培养成为社会需要的人,是根据社会的政治、经济、生产、文化、科学技术发展的要求和受教育者身心发展的状况确定的,它反映了社会对受教育者的要求及国家人才培养目标的总要求。

教育的目的是使受教育者能够通过知识的增长立足于现实和不断发展的社会,通过培养掌握一定技能、有较高学识和智慧的人,维持社会的正常运转,推动整个社会发展。

教育的目的是取得教育活动的成果。教育的目的是随着个人成长与社会需求不断发展变化的。确立教育目的,可以对培养人才的活动起到保障作用,可以按照教育活动的规律性和社会的需要性对教育活动全程加以规范,对教育活动的顺利进行和教育目标的实现具有多方面的功能。

3. 教育起源的几种论述

人类的教育活动源于人类活动的社会化及个体发展的需要。原始人从制造工具和群居的社会生活开始,产生了相互模仿学习的需求。一些年长者在人工取火、采集、渔猎、制陶、战争和祭祀等活动中,积累了丰富的经验,为了种群的延续自然而然地产生了向年轻一代传授生活和生产知识、经验与规范的活动。这就是原始的教育行为。传授工具制作技能的活动就成了人类教育的第一课。燧人氏教民钻木取火,伏羲氏教民渔猎,神农氏教民农作,有巢氏教民筑屋,等等,都属于早期的文化教育活动。久而久之,随着人类社会发展进步,教育活动慢慢丰富起来,各朝各代教育名人辈出,教育活动生生不息,为中华民族的长久发展作出了巨大的贡献。

(1) 神话起源说

这一学说认为神创造了一切，教育也是由神（不同宗教有不同的神崇拜）所创造的。教育是神或上天意志的体现，是神对人传授某种应该皈依的意识的行为。严格来说，这一宗教人士和有神论者持有的观点在很多方面难以自圆其说，是非科学的。

(2) 生物起源说

这一学说认为动物的生存本能促使了教育的产生。这是教育起源学说的第一个正式提法，标志着对教育起源的研究从神话臆想转向自然生态解释。但是，这一论述缺乏科学基础，仅仅从人与动物均有外在模仿行为的角度给出了结论，没有看到人的教育行为与动物的养育行为之间质的差别，忽略了人类的社会性和教育的目的性，从而把教育的起源问题生物学化。

(3) 心理学起源说

这一学说认为教育起源于幼童对他人行为的仿效以及某种人与人相互模仿的下意识行为。心理起源说批判了"生物起源论"的教育观点，认为教育是人类社会的活动，不存在于动物界。从表面上看，心理起源说不同于生物起源说，其实二者差别不大，都脱离了教育的社会性思考。

(4) 需要起源说

这一学说认为教育的功能是让人们掌握生活技能，不同的人群有不同的受教育需求，教育起源于社会生活的多方面实际需要。

(5) 交往起源说

这一学说认为教育是由于人与人之间相互差异，进而取长补短相互学习产生的，教育兴起源于人与人之间的交往。

(6) 劳动起源说（社会实践起源说）

这一学说认为劳动创造了人和人类社会，教育起源于人类在社会活动过程中个人参与及自身发展的需要，人类对积累的生活经验和生产技术的教与学是人类教育的源泉。这一观点是以马克思历史唯物主义理论为指导形成的，是中国主流学派的教育学专家普遍认可的观点。

对教育的起源有多种说法，我们在研究时只要透过现象看本质，从产生教育的经济基础和社会基础综合思考就可以找到正确的答案。

(二) 古代教育的主要形式

中国古代教育制度是随着古代社会政治、经济发展的需要而不断发展变化的，主要有官学制度、私学制度和书院制度。

中国古代的官学教育是指朝廷直接举办和管辖的，以及历代官府按照行政区划在地方所办的，旨在培养专制统治所需人才的学校系统，包括中央官学和地方官学。

第四章

制度文化

私学与官学相对而存，指不由政府主持，不纳入国家学校教育体系之内，由个人或社会集团主持、经营、管理的教育活动。

书院制度是中国古代有别于官学的重要教育制度。一些封建士大夫在山林名胜之地建筑书院，聚徒讲学，名曰"书院"。书院属于私人办学范畴，但某些朝代的书院含有官方背景，具备半官学地位。

1. 官学制度产生的基础及其特点

（1）官学制度产生的基础

官学制度是应政治经济社会的发展变化而形成并为当时的统治阶级服务的。在国家形态基本形成之际，迫切需要大批有能力的各层级管理人员，于是培训机构逐步设立，官学也就应运而生。官学是统治者传授国家管理经验、培养治国人才的主要场所。夏商周时期生产力低下，只有官府才有开展教育活动的财力和物力。另外，在父业子承的宗法制度制约下，学术只在官府这个小圈子里传授。社会的物质财富和精神财富全部被统治阶级垄断，学习知识技能的学府也就成为官方的专属。官学制度被各朝代普遍采用，并且在中央官学的基础上发展为地方官学机构，使"学在官府"成为主要的教育制度。官学制度在很大程度上决定了学校的培养目标和教育内容，在为统治阶级培养人才上起到很大作用。

（2）官学制的特点

第一，教育具有鲜明的阶级性。封建社会地主阶级占有生产资料，掌管着国家机器，也掌握着教育资源，通过政治、经济各种方式培养为封建统治阶级服务的人员。被统治阶层的子弟大都不能入校学习，表面上人人都可进入私学，但政治上受排挤，经济陷入贫困的劳动人民子弟除少数接受初等教育外，基本被排斥在学校大门之外。由此体现出鲜明的阶级性。

第二，教育具备严格的等级性。官学招生的学生，哪一类身份入哪一类学校有严格的规定，"殊其士庶，异其贵贱"。中央官学对统治阶层的子弟要按其父兄官位品级的大小接受不同等级的教育。在唐代，这种等级制尤为明显。唐代的中央官学设有"二馆六学"，即弘文馆、崇文馆、国子学、太学、四门学、书学、算学、律学。学校制度规定：弘文馆、崇文馆招收皇亲、大臣的子孙；国子学招收三品以上文武官员的子孙；太学招收五品以上文武官员的子孙；四门学招收七品以上文武官员的子孙；书学、算学、律学则招收八品以下官员子弟及庶人。随着科举制度的推行，这种等级性在表面上比较淡薄了，但提拔官员举荐方式的长期存在，为教育等级性保持了绵绵不绝的深厚基础。

第三，教育内容为统治者所需。教学内容是为教育目的服务的。封建统治者通过科举选拔官员，通过控制科考内容控制教育。自汉武帝确立"独尊儒术"以后，儒家思想成了占统治地位的正宗思想。历代的选士和科举，虽然在用经义、诗赋或八股等作为科考的形式时有所不同,但都限定以儒家经书为标准,因而就使学校教育成了科举的附庸,使教育内容日趋形式化、教条化,脱离实际。

另外,中国封建时代,各个朝代为了满足群众生产、生活的需求,维持各行各业人才的接续,也需要培养具有自然科学知识和专业技术的人才。学校教育在以儒学为主的同时,也开设了一些算学、天文学、医学等方面的内容。唐朝从国家层面着手,在太医署、太仆寺、司天台等中央部门设科招生,以所管辖的业务作为学习内容,同时在地方也设立了一些专科学校,以各类专业知识为学习内容。这类学校在唐、宋时代已发展到一定规模,这在世界范围内也是最早的。但在中央官学中,这种学校政治地位比较低。

第四,教学方法呆板严格。教学以面授为主,要求学生机械记忆、背诵儒家经典,在严格的纪律约束下,体罚是常用的教育教学管理措施。同时,也非常强调个人自学和修行,要求学生加强个人悟性,提倡以游学等方式对先儒学说自觉践行。

第五,教育体系完善。从上古设立教育机构开始,到汉代就已经建立了比较完善的从中央到地方的官学体系。各王朝通过提供经费、设立场所、制定制度、选择师资等措施设置官学,从国家管理的角度形成了官学体制,成为历史上占主导地位的一种教育制度。

按照地方行政区划,由历代官府在地方所办的学校被称为地方官学。地方官学在各朝代略有不同,一般是由国家制定地方官学制度,由地方官吏具体实施。地方官学与中央官学共同构成古代社会官学教育制度。据史料记载,地方官学制度是自汉代开始设立的。西汉景帝时文翁在蜀郡设官学,培养地方政府管理人员。汉武帝对文翁设官学极为赞许,并诏令全国效仿,在郡县都设立官学。至汉平帝时,地方官学逐步形成规模,确立体制。

2. 官学制度的历史沿革

大约在公元前3000年的五帝时代已有"图书文字"和"象形文字"了。有了文字自然会有专门传授和学习的机构,当时称为"成均",这就是学校的最初萌芽。董仲舒第一个指出"成均"为五帝之大学。夏代有了正式以教为主的学校,称为"校"。《孟子·滕文公上》:"夏曰校,殷曰序,周曰庠。"《礼记·学记》称:"家有塾,党有庠,术有序,国有学。"塾、庠、序、学即是周代学校的名称。但此时的学校仅有"教化"的意义。

(1) 秦朝时期

秦始皇在统一全国,建立中央集权国家以后,非常注重在思想上控制、麻醉民众。秦朝没有官学制度,而是在全国各乡村组建了教化机构,"设三老以掌教化"。"三老"是秦朝政府中掌管教化的一种乡官,主要任务是对百姓进行法令政策、伦理道德的教育。这是一种"以法为教""以吏为师"的教育管理机构,是"书同文,行同伦"的组织保证，客观上发挥着官学机构的作用。

（2）两汉时期

由国家设立的中央官学正式创始于汉朝。汉武帝在中央设立太学，成为当时的最高学府（相当于现在的大学）。选拔五经博士为师资，以五经为学习内容，学生可任选一经学习。虽是课堂教学但以自学为主，教师定期讲解，每年有一次正式考试，成绩优良者任用为官。各个郡县也都设立学校，各项管理制度逐渐完善，官学制度由萌芽到成熟，逐步形成。东汉时期，由于地方官吏多系儒者，对修缮学宫、提倡兴学比较重视，因而郡县学校得以普遍建立，官学和私学交织发展，形成了"学校如林，庠序盈门"的景象。

（3）魏晋南北朝时期

自汉末建安以后，魏晋南北朝长达400余年，国家处于战乱分裂之中，官学或兴或废，地方官学更为衰废。汉末曹操掌政后，也曾令郡县各修文学。魏、蜀、吴三国，都曾设地方官学，但均时间不长。两晋时期，大都设有地方学校。南北朝时期，曾分遣博士、祭酒到州郡去立学。北朝地方教育较南朝发达，特别是鲜卑族北魏立国后，迫切需要汉族士人的辅助，十分重视国家管理人才的培养。献文帝（466年）时制定了地方官学制度，明确规定博士和助教的资格为"博士取博关经典，世履忠清，堪为人师者，年限四十以上。助教亦与博士同，年限三十以上。若道业夙成，才任教授，不拘年齿"，学生的资格为"郡中清望，人行修谨，堪循名教者"。但为了满足汉族士族的需要，又规定要"先尽高门，次及中第"。

（4）隋唐时期

隋文帝时在中央设立国子寺，设置祭酒为长官。这是我国设立专门的教育行政部门和专门官员负责教育的开始。隋炀帝大业三年（607年）改国子寺为国子监，在其下设立国子学、太学、四门学、书学、算学，另在大理寺设有律学。唐在隋设有六学的基础上，将六学中的前三学列为普通学校，学习儒家经典，后三学属于专科学校，学习专门的技术。唐代在各府、州、县分别设有府学、州学、县学，在县还设有市学和镇学。各学校统归地方政府之行政长官兼管。各府州医学和崇玄学，分别由中央太医署和礼部之祠部领导。地方学校学生毕业合格者报送尚书省参加科举考试，亦可以升入四门学，这是地方官学向中央官学选送学生的开端。地方学校的教师除教学外，还有服务地方、推行教化的任务。

（5）宋辽金时

宋朝立国之初，太祖、太宗虽崇尚儒术，但对地方官学却缺乏重视。由于宋朝初年朝廷在政治上采取强干弱枝、重文轻武政策，致使官学教育基本停滞，与私学、学院制相比处于较弱状态。后期，宋朝沿袭唐朝，也建立了一套由中央到地方的学校制度。中央以礼部掌管全国学校、贡举的政令。国子监是官学最高管理机构。太学是国立最高学府。专科教育继续发展，除了旧的书学、律学、算学、医学外，新

设画学和武学。地方官学也较为完善，按照路、州、县三级的地方行政区划制度，凡州、县两级都设官学，地方行政长官保障教育经费。宋代地方官员重视兴学，宋人文集里常有州、县建学的碑记，范仲淹甚至在自家宅基地兴建苏州州学，可见地方兴学之盛。同时有若干地区的少数民族纷纷请建番学。这一时期开始，有邻国遣士到中国地方官学学习的记载。

辽朝皇室和契丹贵族多仰慕汉文化，如辽的开国皇帝辽太祖崇拜孔子，先后于上京建国子监，府、州、县设学，以传授儒家学说。辽道宗时，契丹以"诸夏"自称，教育方面实行设学养士和科举取士。辽亦设有地方学校，在黄龙、兴中二府设有府学。圣宗统和二十九年（1011年）新置归、宁二州，翌年即为之设州学。此外，各县设县学，皆设博士、助教学官。

金为女真族立，国子学于海陵王天德三年（1151年）始创，规定词赋、经义学生百人，限宗室、外戚亲属及诸功臣三品以上官吏的兄弟或子孙入学。其地方府学于大定十六年（1176年）设置，共17处，学生千人。诸府州学各置教授1员。为了培养本族统治人才，于1173年在诸路设女真府学，其制度与汉学同，学习内容为女真大小字所译经书，毕业后得以参加女真进士的科举考试。

（6）元朝时期

元朝统治者于至元六年（1269年）设置了隶属于集贤院的国子学。元朝是理学发展史上的一个重要时期，其主要特征是理学实现了官学化。元朝建立以后，帝王开始意识到理学对统治的作用，从元世祖忽必烈到元仁宗都逐步推行"汉法"政策和"兴儒"方略。与此同时，在以赵复为代表的一些理学家们的推动下，理学在北方和蒙古人中得以推广。随着元代书院的兴起，书院官学化特征显现，理学开始由民间学术向官学转变。理学的官学化既有促进文化交流与发展、稳定政权的积极作用，也对学术发展产生了一定的消极影响。元代建有具有地方官学性质的书院，诸路皆设有提举学官管理官学。学习内容除"五经"外，须先修《论语》《孟子》《大学》《中庸》，从此"四书"与"五经"并列，同为各级官学的必习教材。元代除设以上学校外，还设具有民族特点的蒙古字学、医学、阴阳学。蒙古字学的学生可免杂役，教学以译成蒙古文的《通鉴节要》为教材，并令好习者兼习算学。医学直属太医院，学习以《素问》《难经》等医经为主，然亦须通四书。阴阳学隶属司天台，所习为天文、术数等科，学有成就者录于司天台就职。元代还定有"社学"之制，凡各县所属村庄50家为社，每社成立学校一所。

（7）明朝时期

明代教育制度完备，中央设有国子监和宗学两种学校。宗学是皇家学校。当时地方各级都有普通学校和专科学校。除学习"四书五经"外，还要学习武学、律学等专科知识。明代前期是中国封建社会地方官学兴盛的时代，立国之初就在全国设立了府、州、县学。明代教学管理制度较之前代更为完备，主要表现在三个方面：

其一，建立分堂教学和积分制。国子监教学组织分为六堂，其中正义、崇志、广业为初级，修道、诚心为中级，率性为高级。监生按其程度进入各堂肄业，然后逐级递升。其二，健全监生课业管理制度。国子监对课程安排、教学方式方法以及教学计划等，均有明确的规定。其三，实行监生历事制度。监生分配在各衙门历练事务，三个月考核引奏。勤谨者送吏部附选，遇有缺官，挨次取用。才力不及者送国子监读书。奸懒者发充下吏。学习内容定为专习一经，以礼、乐、射、御、书、数为学。洪武二十五年（1392年）又重行规定，分礼、射、书、数四科及经史礼仪等内容，要生员熟读精通，朔望又须学射于射圃，数学须通《九章》。但自科举盛行以来，学校已成为科举附庸，明代尤其强调科举致仕，更规定八股取士之法。故此，官学主要教八股范文，所定学习内容也就成为一纸空文。为了适应封建专制集权统治的需要，明代地方官学所订学规异常严厉，除平时设有稽考簿以记录学生的德行、经艺、治事情况外，还要求学生严格遵守"御制大诰"及"本朝律令"，不遵者以违制论。

（8）清朝时期

清朝时期的官学基本沿袭明制，依地域设有府学、州学、县学，并于乡间置社学。各地均设专职学官，如在顺治初年，各省设提学道，直隶、江南各设提学御史，至康熙年间改为提督学政，各管本省学政事务。清朝时期，还设有八旗官学及八旗义学。八旗官学是清政府专门培养八旗子弟的官办教育机构，称为旗学、官学、满学、满官学。入关后，八旗子弟曾一度与汉族子弟同校学习，附于儒学。康熙三十年（1691年）设盛京八旗官学，旗汉子弟分校学习。随后东北各地驻防城亦广设旗学，主要培养八旗子弟练武习文，既为国家培养人才，也铺垫旗人子弟进身之阶。

3. 私学制度

（1）私学产生的时代背景

顾名思义，私学即私人办的学校，指不由政府主持、不纳入国家官学管理制度之内，由个人或社会集团主持、经营、管理的教育活动。春秋战国是奴隶制向封建制过渡的历史转变时期，"王室衰落，礼崩乐坏"，奴隶主地位下降，新兴地主阶级势力抬头，并且逐步在一些诸侯国取得了政权。中央官学垄断教育的形式失去了原有的政治、经济基础，一些掌握六艺的知识分子失去公职，只能靠本身力量谋生。他们把藏于官府的典籍文物、礼器乐器带到民间，形成学术文化下移的趋势。当时一些新兴地主阶级为扩大自身势力，养士之风盛行。社会上有大批自由民急欲成士，以改变自身地位。这样，渴求从师受教的大批自由民及掌握大量知识并有能力从事教学的人就出现了。一些知识分子聚徒讲学，发表政见，组建学校，私学教育应运而生。随着经济政治基础的变更，原由商、周官府垄断的中央官学逐渐衰败，官学制度瓦解，私学得以产生和发展，即由"学在官府"变为"学在四夷"。教育从官学垄断到私人办学，教育扩大到民间，使更多的人受惠是历史的进步。

（2）私学教育的特点

私学教育的特点是：自由办学，自由就学，自由讲学，自由竞争；教师以私人身份随处讲学，学生可以自主择师，改变了政教合一、官师合一的管理体制；教学内容与现实生活有了广泛密切的联系。

（3）私学教育的作用

私学教育积累了丰富的教育经验，推动了学术文化下移和教育理论的发展，扩大了人才来源。春秋战国时期，由于学派繁多，出现了百家争鸣的盛况，同时培养出大批人才，造就了闪烁智慧光芒、创立各种学派的私学大师，如老子、孔子、墨子、荀子、韩非子等。他们的教育专著和文章像《中庸》《大学》《学记》《劝学》等阐述了教育的作用、学制体系、道德教育体系、教学原则和方法等理论，成为这一时代丰富的学校教育经验与教育思想总结，奠定了中国古代学校教育的理论基础，为中华民族的思想文化建设开辟了绵延不绝、繁荣发展的康庄大道。

（4）私学教育的意义

私学的创立，一是冲破了西周以来官府垄断教育的格局，教育对象从贵族扩展到贫民，教育的社会基础更为广阔；二是私学从政治中分离出来，教师不再是官吏，成为以教育谋生的专业化的教育工作者，迈出了教育独立化的第一步；三是建立了新的教育理论，使教育内容和教育方式发生了重大变化，为后代教育理论的发展奠定了坚实的基础。私学以其教学对象的包容性、教学内容的多样性、教学方式的灵活性以及教学成果的显著性，在政治上和教育上对中国封建社会产生过重要影响。私学的产生和发展是历史发展的必然，是教育制度上一次历史性的大变革。

（5）私学的教学模式

私学的教学采用授徒讲学的形式，同一个教师既可以教一个学生，也可以在同一个地点教多个学生。讲述的书目也可以因人而异。私学较多地采用家族开办学堂的教育方式，后来又发展成书院形式。

（6）私学教育的历史沿革

中国古代私学教育产生于春秋战国时期，到汉代有了较大发展。唐、宋、元时期，印刷术的发明和社会的进步促使私学的发展迈入了快车道。明、清时期，私学又称私塾，私学教学活动枯燥呆板，僵化教条，逐步走向衰败。

史书记载，早在孔子之前，郑国的邓析于春秋中叶就创办了私学，主要讲解他自己的著作《竹刑》，传授有关诉讼的法规。同时还有郑国的伯丰子也开办了私学。当时规模和影响最大的是孔子私学。少正卯的私学也有很大名声，还曾把孔子的学生吸引过去。春秋末期，私学愈加兴盛，最有名的是儒、墨两家，当时的社会称其为"显学"。战国时期，私人讲学之风进入高潮，孟子以阐明人伦为教学目的，从者数百人。子夏在西河讲学，弟子300多人，李悝、吴起、魏文侯等都是他的学生。

荀子晚年从事教学和著述，培养出李斯、韩非这些当时一流的思想家和哲学家。墨家治学严谨，纪律严明，是一个关心社会问题的政治团体和学派。墨家要求学生具有刻苦耐劳、服从和舍己为人的精神，重视生产劳动和科技知识教育。以老聃和庄周为代表的道家在后期对法家、兵家及儒家的思想广学博收，成为当时有极大影响力的学派。

　　春秋战国时期，百家争鸣。稷下之学（因稷下学宫建于战国时齐国的都城临淄的稷门之下而得名），以其半官半私的办学方式影响深远。它是齐国凭借国家的财力、物力设立的国家养士机构。稷下学宫中几乎集中了当时所有学派的学者，虽系官办，实际上是私学的集合体。其特色主要有：第一，"不治而议论"，即士人主要从事自己的学术研究和讲学活动，一般不负责行政事务，不担任官职，仅为统治者提供咨询服务，起到"智囊团"的作用。第二，自由辩论，稷下学宫倡导学术自由、兼容并包，各学派在稷下学宫地位平等，要使自己的学说得到公认，必须通过公开的辩论，以理服人。在学宫的"期会"中，校内教师、学生和四方游士均可自由参加，学术上民主平等。第三，学无常师，学生们在学宫学习时可以自由听讲，欢迎游学集团和个人游学者随时请求加入和告退，不受任何限制。学生上课不限于跟一个先生，也可以听其他先生讲学，这就使学生有机会接触各种学说，促进了学术发展。第四，学宫制定了历史上第一个学生守则——《弟子职》，全文载于《管子》，从尊敬师长到敬德修业，从饮食起居到衣着仪表，从课堂授课到课后复习，均有严格规定。《弟子职》体现出稷下学宫对学生的管理教育十分规范，对后世产生了深远的影响。

　　汉代的私学采用两种教学方式：一是设立开展启蒙教育的书馆或学馆，从认字开始，以《孝经》和《论语》为教材；二是设立传授经学的精舍，一般由当时精通儒学的名家所建。一些有名的经师、鸿儒，其门生弟子多达数千甚至上万人，讲学多使用学术讨论与研究方式。

　　魏晋南北朝时期，官学处于弱态，私学相对得以发展。名儒聚徒讲学，常有几百人或几千人听讲，如雷次宗在庐山、顾欢在天台山、沈德威在太学当博士。很多名儒在出外讲学之余，还要在家乡设堂讲学。许多贵族、士子也积极接受私学教育。北魏时期的徐道明讲学二十余年，学生先后多至万人。

　　隋唐时期，官学又一次兴盛，私学也随之发达。如隋朝大儒王通、曹宪，唐代颜师古、孔颖达、尹知章、韩愈等都曾在私学中教授学生。许多名儒隐居山水胜地，开学馆、设书院，成为宋代书院大兴的起因。

　　宋代以启蒙教育为引导的私学教育得到充分发展。北宋曾经三次兴学。南宋因时局动荡，官学有名无实，学者大都致力于私学。文字简练、通俗有韵、广为流传的《三字经》《百家姓》等教材大都为宋人编撰。这些文章影响巨大、流传久远，对儒学的传播起到极大作用。

辽、金、元各朝代私学也很发达。虽然统治阶层发生了多次更迭,一些少数民族占有了统治地位,但各不同民族的统治者都需要培养治国人才。在战乱频繁、社会大动荡的时代,官学衰弱,私学反而得以发展,私塾、家塾、经馆、家学等私学填补了人才的空白。

明清时代的私学仍兴盛不衰,与前朝的教育形式没有大的区别。另外值得一提的是自唐代开始的书院教育也属于私学范围,虽然在明清时代学院向官学转化,但这也体现了私学教育在中国教育发展史中的重大作用。

4. 书院制度

书院制度是中国传统教育制度的重要组成部分,是有别于官学的重要教育制度。书院一般分官办和私办两种,有两种功能:一种是作为由中央设立的主要用以收藏、校刊、整理经籍以及开展学术研究的地方;另一种是作为私人读书治学的地方。书院既是教学场所又是学术研究机构。

书院大都建设在山林僻静之处,其办学规模、办学宗旨、教学内容、教学方式大都自主决定。古代书院大都由富室、学者自行筹款或采用置学田收租和收取学费方法充作经费,当然也有得到官府资助的。书院办学的规模、层次不尽一致。层次较低的书院承担启蒙教育的任务,授受童学;中等书院可培养秀才之类的文人。

(1) 书院的起源

书院起源于民间教育组织,后官方也曾参与管理和建设。中国最早的官办书院出现在唐玄宗时期。袁枚《随园随笔》云:"书院之名,起于唐玄宗之时,丽正书院、集贤书院皆建于省外,为修书之地。"书院正式的教育制度则是由宋朝著名的理学家、教育家朱熹创立的。唐"安史之乱"以后,"干戈兴,学校废,而礼义衰"(欧阳修语)。到五代时期,一些封建士大夫在山林名胜之地设置读书场所,聚徒讲学,已具备学院雏形。宋朝建立以后,为防止武将拥兵自重,抑武事,兴文风,士子求学成为热潮。可当时的朝廷百废待兴,财力匮乏,无力顾及教育。一些名师大儒学习禅林讲经的做法,利用私人读书的地方治学,逐步发展成了正式的书院。明末至清时期,官学废弛,书院兴盛,书院完全成了官学。直到1901年,书院才正式废止。

(2) 书院制度的特点

书院在中国历史上存在了近千年,是一种具有相对自治权的教育制度。书院在长期的发展过程中,积累了许多经验,体现了中国古代私学教育制度的特色,是中国古代教育史上的一份珍贵遗产。

第一,书院创建自由,教学方式自主。从唐末到两宋,学者均可以自己创建书院,自由讲学,研究与传播自己的学术思想。书院的组织机构比较精干,一般只设山长(或称洞主、主洞)主理校务。规模较大的书院增设副山长、助教、讲书等协助山长工作。书院的主持人多数是书院的主讲,专门的管理人员很少。清人黄以周云："沿及南宋，讲学风盛，奉一人为师，聚徒数百，遵其学馆为书院。"理学的集大成者朱熹不仅在福建先后创建了寒泉精舍、云谷书院、武夷精舍、考亭书院等多所书院，而且还修复了白鹿洞、岳麓这两所闻名天下的书院。书院成为各学派学术研究与传播的基地，对中华传统文化的传承与发展起到了不可估量的巨大作用。

第二，书院管理独立，教学目标明确。书院在教学内容的选择、教学方式与方法的运用、内部管理体制等方面都表现出自主独立性。书院教学极具计划性，对不同年龄段的学生分别确立了教学目标。在程端礼所著的《程氏家塾读书分年日程》中，生徒学习分为"八岁未入学之前""自八岁入学之后"和"自十五志学之年"三个阶段，规定了每一阶段必读之书和读书的次序。学院教学要求生徒掌握真正的"为己之实学"，不能有功利目的。书院的教学目标主要是培养学识丰富的人而不是专为科举应试服务。

第三，书院兼具教学与学术研究功能。书院的主持人或讲学者多为当时的著名学者，甚至是某一学派的代表人物。某个书院就是某一学派教学和研究活动的中心，教学活动和学术研究紧密结合、相互促进，相得益彰。中国古代的官方教育机构主要是为科举储才，轻视学术研究。著名学者傅斯年曾说："国子监只是一个官僚养成所，在宋朝里边颇有时有些学术，在近代则全是人的制造，不关学术了。书院好得多，其中有自由讲学的机会，有作些专门学问的可能。"学院教育家大都将学术研究与文化传播作为其活动的主要内容，即所谓的"讲学明道"，要求学子全面认识"道"，在思想深处领悟、把握中华文化的精髓。

第四，书院讲学实行"门户开放"，重视学术交流和论辩。"书院聚四方之俊秀，非仅取才于一域"。书院可以邀请不同学术学派的学者前来讲学，在这些学术活动中，生徒可以平等地参与学术讨论，促使其走上学术研究、传播之路。书院的学术交流活动成为解决学术分歧、进行学术合作的重要方式。这种讲学方式更进一步发展为"讲会"制度。各书院轮流主办，邀集其他书院师生共同参与，当地官员、士绅、民众均可前来听讲，从而发展成以书院为中心的地区性学术讲习活动。书院教育与学术研究相结合，形成了一种教育新格局、新制度，影响了中国的文化教育模式，对中华民族的文化、文明发展作出了重大贡献。

书院学习一般都以自修为主，提倡相互研讨，所学内容和课程参照本人条件灵活设置，允许个人发挥专长有所侧重。对疑难问题，辅以教师指导。成绩考核多看重平时表现，不仅考查学业，尤重人品与气节的修养。

书院内师生关系融洽，感情深厚。书院主讲名师大多声名显赫，学识渊博，品德过人，他们大都具古贤人之风，热心育人。学生志向高远，能够尊重教师，虚心求教，见贤思齐，为学院教育的健康发展奠定了稳固的基础。中国教育史上尊师爱生的优良传统在书院教学中体现得十分突出。

第五，书院的经费多以自筹为主，有较大的自主权。书院常常组织师生共同管

理或监督各项开支,经费重点用于教学和学术活动,其他杂项费用所占比重甚低。

(3) 书院发展的历史沿革

1) 唐代书院

书院之名始于唐代,分官私两类。唐贞观九年(635年)设在遂宁县的张九宗书院,为较早的私人书院。官立书院初期主要是修书、校书和为皇帝讲经的场所。开元六年(718年),玄宗下诏改名东都洛阳乾元殿为丽正殿(又名丽正修书院、丽正书院)。开元十三年(725年),再下诏改丽正殿为集贤殿(又名集贤殿书院、集贤书院)。唐中叶之后,各地民间或私人创建的书舍、书屋、书楼、书堂、书院之类的场所大量涌现。在官方首先为"修书之地""藏书之所"以书院命名的诱发下,书院之名在民间也得到认可流行。

唐代书院众多,《全唐诗》提及民间有书院14所。据《唐代民间书院研究》和《唐代官府书院研究》统计,地方志载有的书院有40所。加上官府书院,唐代出现了57所书院,其中48所可以确定地址。这些书院的分布成点状,散布于今日全国12个省、区、市。书院真正具有学校性质,是在唐末和五代基本形成的。在战乱频繁的五代时期,南方相对稳定,因而所建书院更多。

2) 宋代书院

北宋初期,乱世渐平,社会安定。长期被战祸压抑的民间教育诉求开始喷发,而这时的政府却无力复兴唐代旧有的官学系统。中央官学不振,地方文化教育瘫痪,极不适应海内承平、文风日起的社会形势。对于朝廷来讲,无处养士也不利于政权的维系与建设。这时出现了"士子并无所学,往往相择胜地,立精舍,以为群居讲习之所"的局面。学院担负起了培养人才、发展教育的职责。北宋政府也因势利导,一方面大力提倡科举,另一方面又大力支持渐兴的书院。在太宗太平兴国二年(977年)至仁宗宝元元年(1038年)六十余年的时间内,朝廷通过连续不断地赐田、赐额、赐书、封官嘉奖等措施对书院加以褒扬,培植出大批学院,其中岳麓、白鹿洞、睢阳、嵩阳被誉为"天下四大书院",书院教学进入兴盛阶段。仁宗末年,朝廷有意对私人办学加以控制,前期影响较大的书院基本消失。熙宁四年(1071年)朝廷直接向州学派出教授,熙宁七年将各州书院并入州学。南宋初期,朱熹、吕子谦等学者开始恢复私人书院,并使学院成为学派活动基地。理宗(1224—1264年)即位后,将理学定为正统学说。北宋景、庆历以后,至北宋末年,随着朝廷历次大规模兴学,官办的州县学校渐起,书院沉寂达百年之久。

3) 元代书院

元朝初年对书院采取了保护政策。元世祖欲树立"施仁发政"形象,对儒士文人采取安抚怀柔之策,下令保护一切文化教育设施。规定:"宣圣庙及管内书院,有司岁时致祭,月朔释奠,禁诸官员使臣军马,勿得侵扰亵渎,违者加罚。"这一措施取得了积极的效果,奠定了元代书院发展的基础。元至元二十八年(1291年)元世祖下令广设书院，民间自己建立的学校，也立为书院。后多次颁布法令保护书院，将书院等视为官学，书院山长也定为学官，将书院官学化。

早在元太宗八年（1236年）行中书省事杨惟中，跟随皇子阔出征宋时，就注意收集宋儒所著经籍图书，并立宋儒周敦颐祠，建太极书院。这是元代自建的第一所书院，也是北方地区设立书院的开端。至元二十八年（1291年）明文规定："先儒过化之地，名贤经行之所，与好事之家出钱粟赡学者，并立为书院。"此后书院得到了充分的发展。

元代将书院和理学推广到北方地区，缩短了南北文化的差距，并创建书院296所，加上修复唐宋旧院，总数达到408所，但受官方控制甚严，无书院争鸣辩论的讲学特色。

4）明代书院

明初时，书院仍维持着元代的规模。由于科举制度弊端丛生，官学腐败，一批士大夫大力提倡自由讲学，书院逐日兴盛。当时著名理学家王守仁、湛若水在各地广收门徒，兴办书院。书院教育以"会讲"为特点，重清谈，轻读书，弥漫了自由讲学的风气。王、湛的学生继承其志，在各地纷纷建立书院，书院建设进入了鼎盛时期。明朝期间书院总数曾达到2000所左右，其中新创建的有1699所。此前唐、五代、宋、辽、金、元所有书院的总和，也不及其数一半。在书院发展史上，明代是最具活力与扩张性的时期。书院在总体分布上由先进发达地区走向神州边陲和发达省份的穷乡僻壤。西北的甘肃、西南的云南、东北的辽东都出现了书院，意义非同寻常。江西以绝对优势，连续五次居学院数量榜首，广东以207所书院而进入书院最发达省区行列。这标志着书院在经过750余年的发展之后，已得到普及和社会广泛认可，书院的发展进入了成熟的繁荣阶段。

明朝后期，政治日益腐败，思想控制愈来愈严格，特别是在严嵩当政、宦官魏忠贤专权期间，特务遍地，牢房私设，不许自由讲学。所以从嘉靖、万历以后，连续四次禁毁书院，政治对书院的干预达到了顶峰。在自由讲学方针指导下，一些著名书院往往针砭时事，评议政治，成为社会舆论的中心。嘉靖十六年（1537年）明世宗以书院倡邪学为由，下令毁天下私创书院。嘉靖十七年以书院耗费财物、影响官学教育再次禁毁书院。嘉靖末年，内阁首辅徐阶提倡书院讲学，书院得以恢复。万历七年（1579年）张居正掌权，在统一思想的名义下再次禁毁书院。张居正去世后，书院又开始盛行。天启五年（1625年）魏忠贤下令拆毁天下书院，造成了"东林书院事件"。明朝的书院分为两类：一种是重授课、考试的考课式书院，同于官学；另一种是教学与研究相结合，各学派在此互相讲会、问难、论辩的讲会式书院。后者多为统治者所禁毁。明朝出现的四起禁毁书院事件，以权宦魏忠贤迫害东林党人一案为最，天下的读书种子霎时好像都被剿灭。东林案后，明代书院一蹶不振，受到了毁灭性打击。

5）清代书院

清初统治者鉴于明末书院"群聚党徒""摇撼朝廷"的教训，对书院采取抑制政策，使之官学化。顺治九年（1652年）明令禁止私创书院。雍正十一年（1733年）才允许书院在朝廷严密控制下创建，后各府、州、县相继创建书院。乾隆年间，官立书院剧增，绝大多数书院成为学子参加科举考试的预备学校。清代书院分为三类：其一，讲授中式义理与经世之学；其二，主要学习八股文，为科举考试培育人才；其三，着重学术研究。清朝书院数量甚大，达2000余所，但除少数仍保留着传统书院讲学模式外，多数同官学无大差别。清朝末年，随着封建制度的日渐瓦解，书院也江河日下。光绪二十七年（1901年）谕令各省所有书院均改设大学堂，各府厅直隶州均改设中学堂，各州县均改设小学堂，书院就此结束。

二、古代教育思想

教育思想是教育活动的基础，是指对教育活动的一种理解和认识。教育思想具有历史性、社会性、前瞻性、继承性的特征。教育思想指导教育实践，不同时代会产生不同的教育思想。中国古代教育是人文主义教育，注重个人道德修养和社会责任感统一的培育。《礼记·学记》中明确教育的作用为"建国君民，教学为先""化民成俗，其必由学"，认为教育的主要作用是为国家培养人才和促进良好社会道德风尚的形成。中国古代教育思想源远流长，上起孔孟老庄，中经佛教禅宗，下迄宋明理学，都特别强调道德教育与自我修养，逐渐形成了系统、规范的道德教育与道德修养原则和方法。我们今天提倡的人本教育和素质教育都可以从古代教育思想中找到理论与实践的雏形，受到深刻的启示。

一般来说，古代教育思想可归纳为以下几点。

（一）综合观，即大教育观

古代教育家认为教育是社会大系统中的一个子系统，许多教育问题实质上是社会问题，教育问题与社会的发展变化密切相关。孔子曾经把人口、财富、教育当成"立国"的三大要素，认为"教之"即发展教育事业是"国家之本"。古代以"天人合一"为教育的主旨思想。认为世界从精神到物质是一个整体，人生活在这个综合体中，一言一行都应该适应自然规律。《周易》中说"天行健，君子以自强不息"，这里的"天"是指宇宙的抽象本体。从天与人的关系到人与教育的关系，《中庸》作了最概括的阐明："天命之谓性，率性之谓道，修道之谓教。"把教育纳入顺应天理的范畴，清晰地突出了古代教育思想综合性的特点。

（二）辩证观，即对立统一观

这种辩证统一表现在多个方面。首先是德育和智育的相互作用。孔子说："君子务本,本立而道生""行有余力,则以学文"。(《论语·学而》)同时他又说:"好仁不好学,其蔽也愚。"(《论语·阳货》)董仲舒也说过:"仁而不智,则爱而不别也,智而不仁,则智而不为也。"(《春秋繁露·必仁且智》)强调教育要做到德、智统一,德、智教育相互依存、相互渗透。其次要看到,道德观念与道德行为之间也存在着对立统一的关系。如孔子说:"知及之,仁不能守之,虽得之,必失之。"(《论语·卫灵公》)就是说,道德观念如果只停留在认识阶段,而不能转化为道德行为,那么道德就失去了规范的作用。再次知识与才能之间也存在矛盾统一的关系。古人云:"鸳鸯绣出从君看,不把金针度与人。"明代学者徐光启反其语曰:"金针度去从君用,未把鸳鸯绣与人。"(《几何原本杂议》)强调培养才能的重要,认为教学不只是教一些知识,还要让学生掌握治学方法。最后在教与学、师与生之间也存在着既矛盾又统一的关系。从先秦时期的《学记》到韩愈的《师说》,都揭示了这些深刻的教育辩证法。

(三)内心观,即认为教育主要是开启受教育者主体的内在力量

认为"人者天地之心也"(《礼记·礼运》)。人要做到"尽心"与"知性",才能得到开悟,获取知识和行动力。教育要关注人的内心。孟子说"万物皆备于我",以"内省"和"反身"为特征的心性修养理论指导教育活动。宋明理学家将"知性"与"天理"作为修身养性之学的指导思想。王守仁说:"必欲此心纯乎天理。"内心观极端重视本心的作用,强调人应该增强道德修养的"自律",即自我规范能力,努力求取人伦秩序与宇宙秩序的和谐,要从外在的规范向人心的心灵深处探寻意义,重视人的生命价值和存在价值,注重人与人、人与物之间的和谐,其追求价值之源的努力不是倾听外界的召唤、启示,而是向内。

(四)人文观,古代教育注重受教育者世界观、价值观的培养

人文观以人的道德培养为教育的核心和宗旨。"大学之道,在明明德,在亲民,在止于至善。"(《大学》)宋明理学家也都重视气节和操守的培养,以"为天地立心,为生民立命"为做人宗旨,主张发愤立志与自我节制的结合。这种教育的理想目标经常和伦理道德教育结合在一起。古代教育思想是培养既能克己复礼、独善其身,又能推己及人、兼济天下的人。古代思想家和教育家大多以"圣人"的后继者自许,由此产生的教育思想则必然带有浓厚的人文气息。

(五)方法论

古代教育重视教育方法的改进。格物致知,读书进学,温故知新,学思并重,循序渐进,由博返约,启发诱导,因材施教,长善救失,教学相长,言传身教,尊师爱生,等等,形成了一系列具有独特风格的教学手段和比较系统、深刻的教学理

论。这些优秀的教育遗产，至今仍具有不衰的魅力。

三、古代学校教育

教育有多种形式，学校教育有其独特性。学校教育是由专业人员承担，在专门的机构进行目的明确、组织严密、系统完善、计划性强，以影响学生身心发展为直接目标的社会实践活动。学校是在社会生产力发展到一定程度，出现了社会分工和剩余产品，文字发展比较成熟之后产生的。随着社会的进步和发展，学校教育得以逐步完善。学校按水平分为几等，按性质分为多种。古代教育部分对官学、私学、书院的教育活动分别给予了介绍，其中在教学特点上与学校教育有雷同之处。为了对占据教育主渠道的学校教育有更系统、更清晰的了解，下面专门对学校教育的起源、特征、历史沿革、教育思想进行分析。

（一）学校的起源

人类社会特有的教育活动起源于人类参与社会生活及自身发展的需求。学校作为一种专门的教育场所，是人类社会发展到一定阶段的产物。古代学校教育在各个历史朝代呈现出多种形式。远古时期随着生产力的进步和社会的发展，学校已开始具备独立的社会职能，学校的出现使脑力劳动者从体力劳动者中逐渐分离出来，出现了专门的教职人员。

大约在公元前 3000 年的五帝时代，"图书文字"和"象形文字"已经产生，随即出现了传授和学习的机构。当时，每个氏族都设立有举行宗教仪式或进行公众集会的活动场所，劳作之余人们在此嬉戏娱乐，使之逐步成为实施乐教的场所，后被称为"成均"。此外，氏族中公共粮食的储存地被称作"庠"，一般由老者看管，同时也作为敬老、养老、行礼之地。这些老人生活、生产经验丰富，自然担负起了教育年轻人的任务。"庠"就成为年轻人受教育的场所。"成均"和"庠"虽还不是正式的学校，但其所具备的条件可被认为是古代学校的萌芽，为以后专门教育机构的产生奠定了基础。

"成均"已经具备了学校的雏形。在"成均"进行的教育活动并不以生产劳动为教育内容，而是独立于生产过程之外的生活娱乐技能。西周时期学校由国家兴办，即"学在官府"，建立起了我国最早的官学制度。西周的学校分为两个级别：一是国学，一是乡学。国学设于京畿及各诸侯国的国都，属天子所设的学校，规模较大，有"五学"之称，即辟雍、成均、上庠、东序、瞽宗。诸侯所设的学校规模则比较简单，仅有一学，称"泮宫"。

(二) 古代学校教育的特征

1. 古代学校具有专业性

中国的教育在原始社会就已经诞生，历史上就有"燧人氏教民钻木取火""伏羲氏教民结网捕鱼"和"神农氏教民耒耜耕作"的传说。随着教育成为专门活动，需要专门的场所，也就出现了学校。古代学校产生后，教育活动成为一种社会过程。学校具备了独立的社会职能，成为传授军事、道德或宗教知识的场所，与社会生产劳动相脱离，具有非生产性。

2. 古代学校具有鲜明的阶级性和等级性

学校在传承文化的同时，承担着为统治阶级培养人才和教化百姓的双重任务。从本质上讲，国家是占统治地位的阶级进行阶级统治的工具，阶级性是国家的根本属性，为维护上尊下卑的礼教，更好地维持封建统治，学校教育有严格的等级性。

3. 古代学校教育表现出道统性、专制性、刻板性

学校教育内容主要是灌输统治阶级的政治思想和伦理观念。教育服从于统治之道。教育的过程采用管制与被管制、灌输与被动接受的专制化方式。教育方法停留在一个较低的水平。

4. 古代学校具有社会地位的象征性

能够接受什么样的教育标志着一个人的社会地位。经典、教义的教育处于社会较高的地位，学习实用知识则处于较低的社会地位。

5. 古代学校组织结构缺乏科学性、系统性

由于古代社会生产力发展的局限，教育的组织形式是官学与私学并存，以私人施教为主，这种教学形式虽然教师能因材施教，但效率低下。

(三) 学校发展的历史沿革

夏是中国历史上的第一个朝代，约于公元前21世纪到公元前16世纪，延续约471年。夏代贵族为培养自己的子弟，成立了教学场所，称为"校"。孟子曰："夏曰校，教也。"据古籍所载，夏代可能已有了庠、序、校三种尚未完全发展成学校形式的非专门的教育机关。

殷商从夏代继承发展，有庠、序、校和瞽宗四种学校，教育功能进一步完善。庠是用来养老、教育年轻人和习射的地方。到了商代又成为学习射箭技术、学习武

舞、学习射礼的场所。商代的瞽宗和右学是专门学习礼与乐的古代的高等学校。据考证，殷商崇尚右，以西为右，设在西郊的大学也叫作右学。瞽宗代表殷商的官家学校，设在西，故称为西学。可见右学、西学、瞽宗是同一种学校，即商代的大学。后也有人称为辟雍或西雍，这是商代大学的又一名称。由此可见，商代贵族很重视学校教育，设立了贵族学校，教师由国家职官担任，教育的内容包括宗教、伦理、军事和一般文化知识，是中国最早的官学雏形。

西周是奴隶社会鼎盛时期。学校教育分国学和乡学两种。国学是中央直属的大贵族子弟学校，乡学是一般贵族子弟的地方学校。国学设在王都和诸侯国都城。乡学按照地方行政区域区分，有塾、庠、序、校之别，按学生入学年龄与教育程度分为大学、小学两级。学校教育的主要内容是传授宗教祭祀知识和作战的技能经验。商周时代的"六艺"——礼（礼节、仪式）、乐（音乐、舞蹈）、射（射箭）、御（驾车）、书（写字）、数（计算），就是贵族子弟必修的科目。

春秋战国时期官学逐渐为私学替代。新兴阶层"士"的出现带来学习新途径。"士"代表了各个学派，他们招募学生传授自己的思想，促进了教育活动的发展。古史关于春秋时期学校的记载只有两条：一是《诗·鲁颂·泮水》中曾提到鲁僖公立"泮宫"，另一是《左传·襄公三十一年》中，说郑人"子产不毁乡校"。诸侯国势力的强大，迫使周天子失去了"共主"的地位，新兴的地主阶级在各诸侯国中逐步取得了政权，这是奴隶制官学衰废的历史背景。而"士"的出现，则是私学兴起、"文化下移"的表现。

秦朝由于实行特殊的文教政策而没有创建正式的学校。据史书记载，秦朝的教育一是吏师制度，今本《史记·秦始皇本纪》所载："若有欲学法令，以吏为师。"这就是说，秦朝统治者是"以法为教"。而法令政策的传授，主要是靠官吏来担任，即"以吏为师"。二是设置博士官，据《史记·秦始皇本纪》及《前汉书·郊祀志》所载，秦置博士官，其职责为：或议政事，或备咨询，或掌故籍。另外，他们也可以收徒讲学，传授典章文化。

汉代的学校分为中央官学和地方官学。中央官学又分两种：一种是以传授儒家经典为主的太学，由九卿之一的太常领导管理；另一种是特殊性质的学校，比如以文学、艺术为主的鸿都门学、以贵族教育为主的四姓小侯学等。地方办的官学也有两种：一是大学性质的郡国学，二是小学性质的校、庠、序等学校。当时的地方学校分四级：设在郡国的称为学，设在县（县、道、邑、侯国）的称为校，设在乡的称为庠，设在村落（聚）的称为序。私学则按程度分为书馆和经馆两类。学校设立呈现出官学和私学并存的状态。公元前124年，汉武帝采用经董仲舒改造过的儒家学说作为统治思想，罢黜百家，独尊儒术，从此儒学成了占统治地位的正统思想。汉代自武帝后，一直把兴办教育事业当作一项重要国策来抓，把教育的领导权牢牢控制在国家手中。东汉期间，外戚势力强大，皇帝为教育他们的子弟接受儒家思想，

· 144 ·

服从皇帝的统治,给予特殊待遇,为樊、郭、阴、马四族外戚子弟开办一所学校,叫四姓小侯学。因他们不是列侯,故称小侯。后来又为其他外族设贵胄学校、郡国学校。汉代还倡导社会教育,又称社会教化,主要是在乡和县由三老对百姓进行教化,使之服从封建统治者的统治。

元朝的学校教育开始于太宗窝阔台时期。据《元史·选举志》记载,太宗六年(1234年)元灭金,即改金之枢密院为宣圣庙,以冯志常为国子学总教,命侍臣子弟18人入学。至世宗忽必烈时期,学校教育进入兴盛时期,从中央到地方建立起了较为完备的学校体系。元朝的中央官学主要有国子学、蒙古国子学和回族国子学。国子学是专门学习汉文化的学校,始创于至元六年,由许衡任教官。蒙古国子学主要挑选蒙古子弟俊秀者入学,开设了蒙古字学、医学、阴阳学和骑射等课程,同时设立了专门学习亦思替非文字(即波斯文字)的回族国子学,依汉人入学之制培养各少数民族人才。

明朝的学校分官办和民办两大类。明太祖多次强调:"古昔帝王育人材,正风俗,莫不先于学校。"并将学校列为"郡邑六事之首",以官学结合科举制度推行程朱理学,而不重视书院,书院因此沉寂近百年之久。在朱元璋亲自过问下先后兴办起来的国子监(大学)、府州县学(中学)和社学(小学)属于官办学校一类。明中叶以后兴盛起来的书院,属于民办学校一类。据统计,明代书院共有1239所。书院的经费来源,大体上可以区分为官方拨置和私人捐赠。由于政治上的牵连,书院屡遭劫难,历史上共有四次禁毁书院的记载,但官方越是禁止,民间开办的书院就越多。

清代的学校除国子监外,另设宗学、八旗官学教育八旗子弟。初期除读书外,尚有骑马射箭之类的科目,后来成了一种形式。清时私人开办的书院仍在发展,为防止反清复明的情绪和力量的集结,顺治九年(1652年)诏令"不许别创书院,群聚徒党"。书院真正的发展是在雍正十一年(1733年)之后,当时清代的封建君主专制制度已经巩固,清代统治者开始积极兴办书院。雍正谕知各省设立书院,确认书院是"兴贤育才"之所,但明令书院由大臣控制。清时民间私塾教育仍然存在,从识字开始,教读"四书""五经"、《史记》等,相当于小学性质。光绪三十一年(1905年),废除科举制度,建立新式学校,标志着存在中国四五千年的旧式学校教育结束。

(四)古代学校的主要名称

中国在4000多年前就有了学校,名字叫庠。高一级的大学叫上庠,低一级的小学叫下庠。夏朝的学校叫作东序、西序、校。《孟子·滕文公上》称"序者,射也"。序是习射类型的学校,射在当时是主要的教育内容。此外,还有与射有关系的御,即驾驭战车的训练。《礼记·王制》曰:"夏后氏养国老于东序,养庶老于西

序。"说明夏序除教射外，还兼有养老敬老作用。校是夏代学校的另一名称。校设于乡里，以教化为大务，所教内容以伦常为主。

商朝学校的名字为学、左学、右学、大学、序等。后来的朝代还有在王府里设立的学校，叫辟雍、成均等。

汉代最高一级的学校称作"太学"。汉代的学校分为官学与私学两种，其中私学的书馆，亦称蒙学，系私塾性质，相当于小学程度。

晋武帝咸宁二年（276年）设国子学，与太学并立。北齐改名国子寺。隋文帝时以国子寺总辖国子、太学、四门等学。炀帝时改国子寺为国子监。唐宋亦以国子监总辖国子、太学、四门等学。元代设国子学、蒙古国子学、回族国子学，亦分别称国子监。明清仅设国子监，为教育管理机关，兼具国子学性质。光绪三十一年（1905年）设学部，国子监遂废。国子学（国子寺、国子监）与太学，名称虽异，历代制度亦有变化，但俱为最高学府。明清时期的国子监已经不是学校，成为国家管理教育的机构，这时一般的学校称为书院、书堂、私塾等。

四、古代实科学校教育

（一）古代实科教育的形式

中国古代教育，除建立学习儒家经典的学校外还设立实科学校，培养各种实用型人才。实科教育有官学、私学和家学三种形式。官学是指由国家开办的科技教育。东汉时建立了中国古代第一所实科学校——鸿都门学。明、清曾设立过律学、医学、武学、阴阳学、算学、书学、画学、玄学、音乐学校、工艺学校等各种实科学校。这些学校培养出不少专业人才，对发展中国的自然科学、法学、文艺等方面起过极大作用。南北朝时，宋元嘉二十年（443年），以医学校的建立为标志，实科教育已形成体系。官方实科教育有了自己固定的教材、教学模式和专门的教师、教辅人员。另外，在实科教育中占有重要地位的是私学教育，其中学徒制的作用不可磨灭。它源于技术生存，形成于社会职业分工，成熟于技术专有化，孕育了工匠精神，是经久不衰，极其有效的实科教育方式。这种学校、社会、家庭三结合的科技教育方式，对培养出众多的科技人才起到了极大作用。

（二）古代实科教育的历史沿革

奴隶制社会已有萌芽状态的科技教育。汉代虽确立了儒学的统治地位，但科技教育因其不可或缺的实用性，仍在官方和民间的教育活动中占有一席之地，经学教育与算学教育同时进行。实科教育在隋唐时期渐趋完备，被列为国学之一。国子监开办了算学专业，太史局设置天文、历法专业，太医署开办医药专业，构成了隋唐实科教育的主干。宋元时期，社会经济长足发展，实科教育在体制上更加完善，既有中央一级的，又有地方一级的，既有归国子监管辖的，又有归政府相关机构管辖的。李约瑟在《中国科学技术发展史·总论》中谈道："对于科技史家来说，唐代却不如宋代那么有意义，这两个朝代的气氛是不同的。唐代是人文主义的，而宋代较着重科学技术方面。"宋元在科技方面的杰出成就成为科技教育的沃土。商业的发展，城市经济的繁荣，对外贸易市场的拓展，人们对生活质量越来越高的要求，极大地促进了专业人才教育的发展。

明、清两朝，统治阶级重视经史治国，实科教育被推向实用科学的范畴，管理科技的专业人员被列入"吏"的队伍。科技教育的教学机构被弱化，科技专科教育发展缓慢。

（三）古代实科教育的主要内容

实科教育的内容源于时代的需求，几乎涵盖了所有门类，但是在不同朝代有不同侧重。

1. 律学

律学是中国古代学习法律的高等实科学校。南齐的廷尉孔稚于齐武帝永明九年（491年）上书要求置律助教，最早提出了创设律学。依"五经"例，国子生经过策试，可擢用为执法官职。他的建议虽被赞同，但并未实行。当时太学尚没有律学一科，但已在廷尉的府中设有律博士。

南朝梁武帝天监四年（505年）仿宋设学馆，置五经及律学博士各1人。这是律学被设为专门学校的开始。律学从梁武帝创立到宋末，延续了700多年之久，其间虽几经兴废，仍可算是中国历史上存在时间最长的实科大学。

2. 医学

医学是中国古代培养医药人才的高等实科学校。南北朝时，南宋元嘉二十年（443年）始设医学，北魏时设太医博士教授弟子，隋沿魏制，唐、宋两代成为中国医学发展的鼎盛时期。唐代除中央一级的医学外，还有地方的府、州医学，形成了完整的医学教育系统。

医学是中国历史上唯一形成系统的实科学校，在普及医药卫生知识、促进医药事业发展上起了重大作用。中国许多医药学名著和传统医药成果都是经医学教育系统传承保留至今，对人民的健康事业发挥了巨大作用。

3. 武学

武学是中国古代培养军事人才的高等实科学校，最早创于北宋，不久即废。神宗时王安石针对教育重文轻武状况，把武学列为教育的重要组成部分，要求严其选、高其选。熙宁五年（1072年），枢密院上言请复武学。神宗同意王安石的主张，下诏建武学于武成王庙，由兵部尚书韩缜掌管学务，选文武官知兵者为教授，学生限额100人，学校供给食宿。学习诸家兵法、弓矢骑射等术，历代用兵成败的经验教训，前世忠义之节足以为训者等。有愿意学习操练阵队的，量给兵伍，任其演习。学习期限三年，期满考试及格者授予官职，不及格者留学一年再试。

4. 阴阳学

阴阳学是唐、元、明三代的高等天文实科学校。唐代天文学附设于司天台，分科教学。元代阴阳学皆为地方学校，中央设司天台，掌管天文事宜。元世祖至元二十八年（1291年），诏诸路设置阴阳学，直隶司天台，设教授员管辖学习阴阳学之人。精通者赴都城会验，成绩相符者由司天台录用。明代袭元制，于洪武十七年（1384年）设置中央和地方两级阴阳学，地方阴阳学分别由府正术、州典术、县训术任学官。

5. 算学

算学是中国古代培养数学人才的实科学校，始建于隋文帝时期（589—604年）。算学是中国最早学习研究自然科学的学校。唐贞观年间大兴学校，贞观二年（628年）重建算学，两年后又废置，将其博士隶太史局。龙朔二年（662年）再置算学，并改隶秘书局。唐代学子算学结业后可参加科举考试，科举设算学科，考试内容针对算学课程而定。

北宋元丰七年（1084年），刊"算经十书"于秘书省，供学生学习。宋徽宗崇宁三年（1104年）设算学，隶太史局。入学人员分命官、庶人两种，教学内容与唐无多大变化，教学规模大于唐代。毕业考试及待遇均与太学同。

6. 书学

书学是中国古代学习研究书法艺术的高等实科学校，创建于隋文帝初年，隶属国子寺，唐代有较大发展。隋末唐初，书学曾一度废置，唐贞观二年（628年）重建书学。显庆三年（658年）再废，将其博士隶秘书省。龙朔二年（662年）复置，翌年改隶兰台。唐代科举设有书学一科，口试通过后再墨试。书学学生可通过科举步入仕途。

宋代书学达到鼎盛时期。徽宗崇宁三年（1104年）重建书学，隶翰林院书艺局。学校明确规定篆以古文大小篆为法；隶以王羲之、王献之、欧阳询、虞世南、颜真卿、柳公权为法；草以章草、张芝九体为法。考试分三等：字体方圆肥瘦适中，藏锋尽劲，气清韵古，老而不俗为上；方而有圆笔，圆而有方意，瘦而不枯，肥而不浊，各得一体者为中；方而不能圆，肥而不能瘦，模仿古人笔画不得其意，而均其可观为下。学生毕业后，可以参加科举考试。宋末社会大乱，书学亦废。唐宋的书学，对中国书法艺术的发展和流传起了重要的作用。

7. 画学

古代画学即美术教育。古代画学未形成独立完整的教育体系，画家居于类似工匠的地位，"道子虽画圣，犹作画工论"。宋元以后"文人画"勃兴，也只是把绘画当作"聊以自娱"的工具。五代后蜀孟昶建立中国历史上第一个画院——翰林图画院。宋徽宗也曾大力倡导画学。但是在历代官学和私学中，几乎没有美术教育的地位。画学在教学时，一般以画本为教材。优秀的画本是后代习画者的重要范本和重要参考资料。古代画师传授绘画技法，除画本外，还有精辟凝练的"口诀"，这些口诀大多是作画经验的总结，世代相传。

宋代绘画实科学校创建于徽宗崇宁三年（1104年），隶翰林图画局。课程分六目：佛道、人物、山水、鸟兽、花竹、屋木，并学《说文》《尔雅》《方言》《释名》诸书。《说文》教写篆字、解音训，其他三书则设问答法，教授学生解其义以通画音。学生入学分为士流、杂流两种，士流兼习一大经或一小经，杂流则诵小经或读律。学生按三舍法依次升补，但杂流学生，不能授三等以上官职。宋代绘画艺术在中外享有盛名。历代画学教育的兴办延续，对于后代绘画艺术的繁荣发展起了直接的促进作用。

8. 玄学

玄学的"玄"字，起源于《老子》中的一句话："玄之又玄，众妙之门。"《老子》《庄子》《周易》被称作"三玄"。玄学又称新道家，是魏晋时期到宋朝中叶之间出现的崇尚老庄的哲学思潮。道家玄学也是除了儒学唯一被定为官学的学问。唐代尊崇道教，设立了玄学学校。唐开元二十九年（741）正月，李隆基诏两京及诸州令置玄学。两京各置玄学博士1员，助教1员，学生100人，令习《道德经》《庄子》《文子》《列子》，学生资荫同国子学，业成可随举人例，送省参加明经考试，准及第之选。玄学的设立，扩大了道教的影响与传播。

9. 音乐学

音乐学是古代的音乐机构。汉朝时的乐府从秦朝延续而来，主要职能是收集民歌并加工、研究和表演。著名的音乐家李延年就曾在乐府工作。唐朝的太常寺，是兼管雅乐和俗乐的政府管理机构，下设大乐署和鼓吹署，还有教坊和梨园。直到现在人们还把戏曲界的学员称为"梨园弟子"，可见这个由唐玄宗亲自设立的音乐机构对艺术界的影响之深远。唐代的音乐实科学校附设于太乐署，由乐师对乐人分批、分程度进行教练，学习各类乐曲，都定有日程和要求，每年进行考课，评定优劣，然后累计成绩，决定升退。

10. 工艺学

古代工艺学历史悠久，西周时期就已经有了完整的工艺学习规范。官府为加强工艺技术的传承，设立了艺徒制。唐代的工艺实科学校附设于专管手工业制造的少府监，由技艺最高的巧手教授学徒。制造的器物刻上工匠姓名，作为鉴定考核的根据。很多古代工匠精湛丰富的技艺被整理成教材留给后人。《周髀算经》《九章算经》《天工开物》《算法统宗》都曾作为中国古代专科学校教材，由此可见古代工艺学学习的繁荣。

（四）古代著名的实科学校

鸿都门学是汉代学习、研究文学艺术的高等实科学校。创立于东汉灵帝光和元年（178年）二月，因校址设在洛阳鸿都门而得名，是中国最早的实科学校。鸿都门学是统治阶级内部斗争的产物，即宦官派为了培养拥护自己的知识分子而与士族势力占据地盘的太学相抗衡的产物，又借汉灵帝酷爱辞、赋、书、画的缘由，办了这所新型学校。

鸿都门学所招收的学生和教学内容都与太学相反。学生由州、郡长官和三公择优选送，多数是士族看不起的社会地位不高的平民子弟，开设辞赋、小说、尺牍、字画等课程，打破了专习儒家经典的惯例。宦官派为了壮大自己的势力，对鸿都门学的学生特别优待。学生毕业后，多给予高官厚禄，有些出为刺史、太守，入为尚书、侍中，还有的封侯赐爵。鸿都门学一时非常兴盛，学生多达千人，但延续时间不长，因士族猛烈的攻击和受黄巾起义影响，随着汉王朝的衰亡而结束。

鸿都门学不仅是中国最早的实科学校，而且也是世界上创立最早的文艺实科学校。在"独尊儒术"的汉代，改变以儒家经学为唯一教育内容的旧习，提倡对文学艺术的研究，是对教育的一大贡献。它招收平民子弟入学，突破贵族、地主阶级对学校的垄断，使平民得到施展才能的机会，也是有进步意义的。鸿都门学的出现，为后来特别是唐代的科举和设立各种专科学校开辟了道路。

中国古代实科教育办学形式多样，既有政府设立的实科学校，又有私学、家传和艺徒制的教学。办学规模庞大，存在官办、半官办、中央办、地方办的实科学校。教学方法灵活，存在"设官教民"（国家在某个行业内采用"艺徒制"的形式开展实科教学）和民间"家业父传"（技艺代代相传）等多种方式。实科教育的另一个特点是学科广泛，教材丰富，包含了社会生活的方方面面，学习内容极具实用性。古代实科教育经逐步发展，成为教育的独立领域，是中国理工教育、职业教育的源头，是中国古代科技不断发展的重要推动力。认真总结我国古代实科教育的经验，在倡导"科教兴国"的今天，对我们提高职业教育质量，培养科技人才，推动科技发展将是十分有益的。

五、古代教育与科举制度

（一）科举制度的起源

中国的科举制度是世界上最早的考试制度，是封建统治者选拔官员的一项基本制度。科举是通过考试选拔官吏。由于采用分科取士的办法，所以叫作科举。科举制度具有自由报考、分科考试、以成绩定取舍和取士权归中央的显著特点。它源于汉朝，创始于隋朝，确立于唐朝，完备于宋朝，兴盛于明、清两朝，废除于清朝末年。根据史书记载，科举制度从开创到光绪三十一年（1905年）正式废除，整整绵延存在了1300余年。在中国历史上，奴隶主阶级和封建地主阶级为了巩固统治曾建立过各种官吏制度。夏、商、周采用的是分封制和世卿世禄制，均为血缘世袭关系。汉朝的察举和征辟制替代了世袭制。魏晋南北朝实行的是九品中正制，但出身底层的人很难被选。科举制度采用"自由报名，统一考试，平等竞争，择优录取，公开张榜"的方式，打破了血缘世袭和世族垄断选拔人才的方式。科举制度是中国官制史上的巨大进步，对中国封建社会的影响至为深远，对世界文明也产生过一定影响。

（二）科举制度的特征

科举制度对隋唐以后中国的社会结构、政治制度、教育、人文思想都产生了深远的影响。科举从民间提拔人才，相对于世袭、举荐等无疑是公平、公开及公正的。从宋代开始，不论出身、贫富皆可参加科举，让中下阶层的知识分子，有机会向社会上层流动，对维持社会稳定起了相当重要的作用。科举为中国历朝培养了大批人才，1300年间科举产生的进士近10万人，举人、秀才数以百万。科举制度推动了文化知识的普及和读书风气的形成，对维持文化传承及思想统一起到了无可代替的作用。

科举制度也存在很多缺陷，主要是考核内容与考试形式僵化。读书人为应对科考，思想被狭隘的四书五经、迂腐的八股文束缚，眼界、创造能力、独立思考能力都受到限制。另外，科举亦局限了人才的出路。在明清时期，文学创作及各式技艺方面有杰出成就的名家大多失意于科场，民间的很多杰出人物被埋没。

（三）科举制度的历史沿革

汉代官员的选拔主要是察举制与征辟制，地方推举孝廉、秀才供中央使用。魏晋实行九品中正制，官员大多是从权贵子弟中选拔。隋统一全国后，为适应封建经济和政治关系的变化，加强中央集权，废除了九品中正制，把选拔官吏的权力收归中央。

唐朝承袭了隋朝传下的人才选拔制度,并加以完善。唐朝的考试分常科和制科;每年举行的称常科,皇帝下诏临时举行的称制科。

宋代仍维持唐代的常科、制科和武举制度,但在形式和内容上都进行了重大改革。常科的科目比唐代大为减少,其中进士科最受重视,进士一等多数可官至宰相。其他科目总称诸科。

元朝科举时办时废,制度中落。元仁宗延祐二年(1315年)科举开考。元代的科举制度基本沿袭宋代,先后举办了16次,取士一千余人。科举分为地方的乡试、京师的会试及殿试。元代科举只考一科,但分成左、右榜。左榜供汉人、南人应考,乡试时考三场,要求相对较严格;右榜供蒙古人、色目人应考,乡试时只考两场,要求相对较简单。乡试、会试考获名单均按种族分配。

明朝时科举制进入了鼎盛时期,要求之严也超过历代。明实行四级考试制,即院试、乡试、会试和殿试。考生县试和府试及格者称童生。省、府地方书院考试及格,称生员,俗称秀才或相公。乡试三年一次,这一年称为"大比之年"。乡试考中的称举人,第一名称作解元。乡试第二年在京城举行会试。考中的称贡生,第一名称作会元。贡士要参加皇帝亲自主持的殿试。殿试分三甲出榜,考中的都称进士。一甲三名,赐"进士及第",第一名称状元,第二名称榜眼,第三名称探花,合称"三鼎甲"。二甲若干人,赐"进士出身",三甲若干人,赐"同进士出身"。乡试第一名叫解元,会试第一名叫会元,加上殿试一甲第一名的状元,合称"三元"。连中三元,是科举场中的佳话。

清朝的科举制度充满民族歧视政策。满族人做官不必经过科举途径。清代科举在雍正前分满、汉两榜取士。旗人在乡试、会试中享有特殊的优待,只考翻译一篇,称翻译科。鸦片战争后,中国面临"数千年来未有之变局",朝廷对科举进行了改革,开始设置新科目。光绪十三年(1887年)把算学列为考试科目。光绪二十五年(1898年)设经济专科。光绪二十八年(1902年)清政府宣布科举考试停止使用八股。1905年9月2日,晚清重臣张之洞、袁世凯、端方等六人会衔上奏,要求废除科举制度。清廷同月即谕令从1906年开始废除科举制度,停止所有乡、会试,科举制度终于灭亡。

(四)科举考试的八股文

八股文,明清科举考试的一种文体,由破题、承题、起讲、入题、起股、中股、后股、束股八部分组成,也称制义、制艺、时文、八比文。当时规定,科考题目一律出自四书五经中的原文。写八股文要从起股到束股四副对子平仄对仗,要用孔子、孟子的口气说话,不能用风花雪月的典故亵渎圣人,绝对不允许自由发挥。句子的长短、字的繁简、声调高低等也都要符合规定,字数也有限制。明代朱元璋洪武三年诏定科举法,应试文仿宋"经义"。成化年间,经多名大臣提倡,逐渐形成比较严格固定的八股文格式。顾炎武在《日知录》中说道:"经义之文,流俗谓之八股,盖始于明宪宗成化年间(1465—1487年)。"

八股文产生有其历史因素。自宋而后直至清末,读书人的学习内容主要就是四书五经。这些古文具备中国语言和文字特征,句子工整,自然成对,而且不单声音、词组,更存在思维逻辑对仗的特点。《文心雕龙·丽辞》篇说:"事对为末,意对为先。反对为优,正对为劣。"八股文对文体的要求有着中华文化的烙印。

八股文因考试需要而生。当时只考写作,成千上万程度相近的人考同一题目,没有机械的标准很难取舍。八股文由破题到完篇有复杂的写作步骤,在字数、结构、句法、句数、中间四组严格对仗及其他种种限制之下,还要模拟古人语气并有新意,增加了科考的难度。八股文对科举考试的标准化起到了积极作用,但其写作的程式化、固化,严重束缚了人的思想,为后人所诟病。

八股文起源于宋元的经义。北宋王安石变法,合并多科为进士一科。元代科举基本沿袭宋代。明成化二十三年(1487年),由"经义"改考八股文。八股文逐渐形成文体严格,讲究格律、步骤的程式。光绪二十八年(1902年),清政府宣布停止使用八股科考。1904年,清政府举行了最后一次科考,翌年起科举制度被废除。

(五)科举的考试类别

1. 童生试

童生试,也叫童试,是明、清各省的地方科举考试,包括县试、府试和院试三个阶段。应试者不分年龄大小都称童生,成绩合格后取得生员(秀才、相公)资格,方能进入府、州、县学学习,所以又叫入学考试。

2. 乡试

乡试是明、清每三年一次在各省城(包括京城)举行的考试,因在秋八月举行,故又称秋闱(闱,考场)。考取的叫举人,获得参加中央一级的会试资格,第一名叫解元,二至十名叫亚元。

3. 会试

会试是明、清每三年一次在京城举行的考试(会试在乡试的第二年举行),各省的举人及国子监监生皆可应考。录取三百名为贡士(又称进士),第一名叫会元。

4. 殿试

殿试,是科举制度最高级别的考试,又称御试、廷试、亲试。殿试试题由内阁预拟,皇帝选定,有时由读卷官预拟或由皇帝直接拟题。殿试题一开始是策问,后

改为诗赋，明清时仍主要是策问。

（六）科举名衔

1. 贡士

经乡贡考试合格的叫贡士。

2. 举人

原指被推荐之人，为历代对各地乡贡入京应试者的通称。明、清为乡试考中者的专称，中了举人叫"发解""发达"，简称"发"，俗称老爷。举人会试中第一名为会元。

3. 解元

唐代进士皆由地方解送入试，故相沿称乡试第一名为解元。宋以前称解头。

4. 孝廉

孝廉是汉代选拔官吏的科目之一。明、清俗称举人为孝廉。

5. 举主与门生

汉代士人通过察举和征辟做官，主持州郡察举的官员被称为举主，被举的贤士被称为门生。后科举考试及第者对主考官亦自称门生。宋太祖之后，进士由御前殿试取录，进士从此成为"天子门生"。同时明文规定，以后举人不得自称考官门生。

6. 贡生

明、清时府、州、县学的生员，凡已考选升入国子监肄业的称为贡生，意思是以人才贡献给皇帝。

7. 秀才

秀才别称茂才，本优秀人才通称，汉代以后成为荐举人才的科目之一。南北朝时最重此科。唐代初期，设秀才科，后废去，仅作为一般儒生的泛称。明、清两代，专门用来称府、州、县学员，习惯上也称为相公。

8. 进士

唐代科目中以进士科最被重视。明、清始以进士为考中者的名称。举人经会试考中为贡士，贡士经殿试录取为进士。

9. 状元

科举考试以名列第一者为元。唐代举人赴京应礼部考试都须投状,因此称"进士及第"的第一名为状元,也叫状头。宋代称殿试首名为状元。明、清殿试分三甲取士,一甲第一名为状元。

10. 榜眼

科举殿试一甲第二名称榜眼。北宋初期,殿试录取的一甲第二、三名都称榜眼,意思是指榜中双眼。明、清时专指第二名。榜眼授翰林院编修。

11. 探花

科举殿试一甲第三名称探花。唐代对进士设曲江杏园宴,称"探花宴",以中榜进士俊秀者二三人为探花使,游名园,探名花,探花之名始于此。宋代又称探花郎。南宋后专指殿试一甲第三名。元、明、清三代沿袭称号。探花授翰林院编修。

古代的选官制度由先秦时期按照血缘关系世袭官位,到秦汉至南北朝推行察举制(九品中正制),发展为隋唐至明清时期的科举制。由世袭,到地方评议推荐,再到自下而上的以学识、才能考试为选拔标准的形式,是社会的一大进步。采用科举制选拔官员,破除了世家大族垄断官场的局面,有益于社会重学风气的形成,体现了社会公平与公正。更加重要的是把人事权回收中央,使政权的社会基础更为扩大。同时,以儒家学说为科举内容,把政权的世俗性与中国封建社会大一统的观念自然地融为一体,增强了国家统一的向心力和凝聚力,提高了封建官员队伍的整体素质,为封建国家行政机器注入了新的活力,提高了管理效能。科举制度在维护封建统治,维持封建社会正常运转上起到了极大的作用;在文化方面对中国社会也产生了深远的影响,促使维持社会制度延续、维护社会秩序稳定的儒家思想成为主流思想。同时,历朝政府主导大批学者世世代代收集整理和撰写的典籍,成为中华民族的宝贵文化积淀和精神财富。

思考与练习

1. 古代学校教育的主要特点有哪些?
2. 试述中国古代教育的主要形式。
3. 分析科举制度与现代高考制度的异同。
4. 请介绍古代实科教育的主要内容。

第二节　中华传统宗法制度文化

 **学习提示**

"祖宗虽远祭祀不可不诚，子孙虽愚经书不可不读。""听妇言乖骨肉岂是丈夫，重资财薄父母不成人子。"这是流传最广泛、影响最深远的家训之一"朱伯庐治家格言"中的两句话。中华民族区别于西方国家的一个重要特征是非常讲究孝道，孝老敬亲，慎终追远，很多姓氏有历史悠久的完整家谱和家训，世代接续传承。现代社会仍保持着在清明和春节等节日去家乡寻根、祭祖的传统习俗。

你知道这一传统美德和文化特征的历史渊源吗？本节将要学习的中华传统宗法制度，正是我们了解中华民族精神和文化传统的历史由来的一把钥匙。中国古代社会是一种宗法社会，宗法制度与观念同样渗透在全部社会结构中，是社会结构的主导精神。我们一直感到难以说清的许多重大思想认识问题，往往都能从这里找到答案。学习本节内容可以首先从宗法制度的形成过程入手，理解把握宗法制度的特征，进而学会辨析宗法制度对中华传统文化产生的正反两方面影响，以便取其精华，去其糟粕。在弄明白这些传统文化知识之后进一步拓展探究，深入思考理解一下家族意识在当今社会的现实意义。

 学习目标

1. 了解宗法制度的形成、演变和特点；
2. 分析评价宗法制度对中华传统文化有哪些影响；
3. 培养孝老敬亲传统美德，传承符合社会主义核心价值观的家风家训。

一、宗法制度的形成

 （一）宗法制度的含义

宗法制度是指古代贵族以血缘关系为基础，标榜尊崇共同祖先，维系亲情，而在宗族内部区分尊卑长幼，对族人进行统辖管理，并规定继承秩序以及不同地位的宗族成员各自不同的权利和义务的法则制度，是统治者维护社会和政治秩序的一种重要手段。

在中国历史上，古代居民世世代代处于半封闭的广袤复杂的农耕地理环境中，在一个相对狭小的范围内过着与世隔绝的自给自足的生活，无法冲破人类原始社会所固有的血缘关系。这就促成了以血缘关系为纽带、以部族首领为领袖、以宗教的神或图腾为信仰的宗法制社会形态。中国的宗法制度产生于氏族社会末期，成熟于西周。在氏族社会末期的一些部落里出现的对部落首领的崇拜，便是宗法制度的原始雏形。后于西周时期，正式确立了完备而系统的宗法制度。

宗法制度的目的在于保持奴隶主贵族的政治特权、爵位和财产权不致分散或受到削弱，同时也有利于维系统治阶级内部的秩序，加强对奴隶和平民的统治。

（二）宗法制度的形成过程

中国的宗法制度是由父系氏族社会的家长制演变而来的。在父系氏族社会后期，私有财产已经产生，父系家长支配着家庭成员。父系家长去世后，其权力和财产需有人继承，这就要求有一个继承程序。于是，宗法制度应运而生。禹死后，其子启继位，从此把禅让的官天下变成了传子的家天下，建立起了中国古代第一个奴隶制王朝。

中国的宗法制度形成于商朝后期，到西周发展成为最基本的社会政治制度。西周是一个特殊的宗法统治体制，"国"和"家"合而为一，国家的统治关系就是层层相属的宗法关系。进入春秋战国时代，这种宗法统治体制逐步瓦解，宗法制度作为一种统治制度也趋于消亡，但它作为一种社会制度却随着社会的基本细胞"宗法家族"（家庭）的存留而继续发挥作用。同时，在春秋战国时代，宗法制度的内容和宗法观念又被提升和加工改造。汉以后建立起来的封建大帝国继续利用宗法制度和宗法意识进行统治，并且在此基础上形成了一套伦理政治学说，把"国"家族化，又将国家统治关系渗入"家"中，国君是"严父"，而家长在家中则"君"临一切，宗法家族成为国与民的中介，达到"国"与"家"同构；同时宗法制度作为社会制度的作用被发挥得淋漓尽致。此后，王位世袭成为制度，长达数千年之久，宗法家族制度也因此更加根深蒂固。

（三）宗法制度的主要内容

宗法制度的核心是嫡长子继承制，在商朝后期已经存在，到周朝变得更为典型和系统。

现存正面叙述周朝宗法制度内容的材料，主要见于《礼记·大传》和《礼记·丧服小记》。据其所载，严格意义上的宗法制度主要在各国诸侯下面的贵族集团中实行。诸侯国君的嫡长子立为太子，继承君位，成为该家族（以后膨胀为宗族）嫡长继承系统的始祖，其嫡长后裔则称作这个家族宗族的"大宗"，其他诸子（也称"别子"）都分出去自立家族。始祖的嫡长子以外各子，嫡长孙以外各孙，嫡长曾孙以外各曾孙，等等，相对于嫡长系统大宗来说都只是小宗。从理论上讲，无论经过多少代，大宗始终是本家族宗族的核心，通过它将始祖的后裔联结成一个具有实体性的血缘团体，叫作"百世不迁之宗"。而众多的其他宗族成员除尊奉大宗外，还要尊奉一个五代以内、与大宗血缘关系最近的直系祖先及其嫡长后裔为小宗。因为有五代的限制，所以旁系宗族成员所尊奉的小宗随世代推移而变化，叫作"五世则迁之宗"。通过对小宗的尊奉关系，以大宗为首的宗族又因而划分为许多较小而更具凝聚力的近亲集团。

大宗相对于小宗、大小宗相对于族中其他成员的优越地位，最集中地体现在宗庙祭祀上。大宗是全宗族共同宗庙的宗庙主，小宗也是各自范围内近亲共同宗庙的宗庙主。古人非常重视祖先祭祀，但祭祀并不能随意举行，只能在宗庙中由当时的大宗或小宗（亦称"宗子"）主持进行。能祭始祖者只有大宗宗子，能祭小宗者只有小宗宗子，一宗庙无二祭主，宗子也因而作为祖先的唯一代表接受族众尊奉。"尊祖故敬宗。敬宗，尊祖之义也。"（《礼记·大传》）宗法关系的基本内容，实质上就是大宗或小宗依据自己的特殊身份，对不同范围内，包括直系与旁系亲属族人的统辖管理。

从广义的角度看，周天子、诸侯与其子弟亲属的关系也带有很强的宗法关系色彩。天子的嫡长子继承王位，余子分封为诸侯，诸侯的嫡长子继承君位，余子分封为卿大夫，其关系颇与宗法制度下的大、小宗相似。只不过天子、诸侯具有特定的政治地位，他们对子弟亲属的统辖体现出国家权力也就是政权的特征，不同于大、小宗统辖族众的单纯族权特征。另外，天子和诸侯的地位固然不能仅仅以宗子概括，但宗子又的确是他们的一种实际身份，是他们的地位在一个侧面的表现。从某种程度上说，天子是天下之大宗，诸侯是一国之大宗。同姓诸侯相当于天子之小宗，异姓诸侯则通过婚姻，与天子维持甥舅之亲，全国近似于一个大家庭。《左传·桓公二年》云："故天子建国，诸侯立家，卿置侧室，大夫有贰宗，士有隶子弟，庶人工商各有分亲，皆有等衰。是以民服事其上，而下无觊觎。"自天下大宗天子以下，逐次分出小宗，宗法制与分封制相结合，亲缘关系与政治关系相结合，有效地起到了维系社会政治秩序的作用。这也是周朝政治有别于后世的一个重要特点。

周朝的姓氏制度也与宗法制度有密切联系。上古时期，贵族有姓又有氏。姓起源于早期部落名称或部落首领名字，历史比较悠久，如夏王姓姒，商王姓子，周王姓姬。随着时代推移，姓当中分出越来越多的氏，通常以国名、邑名、官名、职业名、祖父名字等立氏，成为姓的分支。在周朝，一个氏的建立即表明一个小宗从大宗中分裂出来另立门户。贵族的姓得自远祖，百代不变，氏则得自血缘关系较近的先人，数代后即可能发生变化。从周朝贵族的名字中一般最多只能看到氏，很少带出姓。相反，贵族妇女却都称姓，以表示与夫家之姓有别，同姓不婚。与宗法制度用于贵族社会相对应，拥有姓氏也是贵族及其后裔的特权，广大被统治的普通民众仅有名而无姓氏。春秋以前，史料中提到"百姓"，通常都是指贵族成员。

从宏观上看，宗法制度可以看作氏族制度在进入国家阶段以后的残余。由于中国古代国家的早熟，氏族、血缘关系对社会的影响在国家中不但没有消失，相反经过加工、改造，成为维系国家统治的重要支柱。到春秋时期，随着经济发展和社会的复杂化，严格意义上的宗法制度逐渐难以继续维持，到战国时期最终瓦解。与此同时，姓、氏的区别也逐渐泯灭，大量的氏转化为百代不变的姓，普通民众也开始有自己的姓，"百姓"成为民众的通称。尽管宗法制度已经崩溃，但宗法观念对后世的思想影响是非常深远的。

（四）宗法制度影响下的社会结构特征

1. 家天下的延续

以嫡长子继承为核心的宗法制度直接导致了家天下的延续。嫡长子继承制的产生，是阶级统治在社会中的一种完善。大宗率小宗，小宗率群弟，天子、诸侯、大夫（卿）、士形成一个严密的家族式的统治体系。一部中国史，就是一部家族统治史，一个家族接着一个家族的长达二三百年（清）、短则几年或十几年的统治（秦），构成了中国的政治史。

2. 封国制度不断

宗法直接导致了分封制也就是封建制。嫡长子分封诸弟，在政治上是"授土授民"，在宗法上是"别子为祖"，对于巩固嫡长子的最高统治和天下宗主地位，是大有裨益的。后人追述以为：普天之下，莫非王土，天子御极六合，四方如星拱卫。因此需要选道德贤明之人，藩护王室，成为天下中枢的屏障。春秋战国的兼并战争使宗法秩序呈瓦解之势；秦汉以来，分封制被郡县制取代。除帝王继统仍由皇族血缘确定外，行政官员的选拔、任用，实行荐举、考试制（隋唐以后定型为科举制）。但是，宗法制度的影响仍然延及后世。

3. 家族制度长盛不衰

整个中国古代五千年，战争、动乱时有发生，战争和动乱的结果都是一样的，那就是一个旧家族的灭亡和随之而来的新家族的诞生。各朝各代，都有一些豪门贵族和大的家族在产生，在发展，在扩大。另外，家族制度在经济领域有一定的积极意义，中国的"老字号"企业几乎是家族企业。

4. 家国同构

家国同构是指家庭、家族和国家在组织机构方面的共同性。《诗经·小雅·北山》中说："普天之下，莫非王土，率土之滨，莫非王臣。"意思是天下每一寸土地都是国王的，每一个臣子都是国王的臣民。孝敬父母就是忠顺皇帝，忠顺皇帝就是孝忠国家，忠孝同义。这种宗法制度下的产物使得中华民族历史上许多爱国英雄以忠于皇帝为初衷，以忠孝国家为结果。族权与政权结合，族权在宣扬纲常、执行礼法、维护宗法专制秩序方面，与国家政权目标一致；国家政权也以家族精神统驭臣民，正所谓"家国同构""君父一体"。

二、宗法制度的影响

宗法制度对中华传统文化各个方面都产生了极其深远的影响，其中有正面的一面，也有负面的一面，正所谓有利也有弊。

（一）宗法制度对中华传统文化的正面影响

1. 形成了重视人伦、亲情、家庭的传统

中华民族重视人伦、重视亲情、重视家庭生活的传统下的孝道伦理，孕育了中华传统文化的伦理特征。在中国的传统伦理观念中，"孝"作为中国人的传统美德，是中华传统文化中最突出的特色。孝是维护家庭和睦、安定最基本的道德规范。"讲孝道，重权威"，确立了"孝"在中华传统文化中的重要地位。

2. 封国制对中华传统文化的影响

受周朝分封制的影响，春秋战国时期，在思想文化领域出现了"百花齐放，百家争鸣"的文化繁荣景象，其精华已构成中华优秀传统文化的一部分，至今都有积极作用。汉初分封同姓王也对当时文化的传播起了推动作用。同时，分封制也加速了各民族融合的进程。受分封的偏远诸侯国逐步接受了中原文化，一些大诸侯不断向周围的夷、戎、狄等少数民族用兵，进而兼并其土地，进行文化渗透。这无疑有利于各地区的交流融合。

3. 家庭本位制发展为社会利益至上的伦理精神

在中国传统农业社会中，个体小农经济本身具有脆弱性，使农民必须以家庭或宗族为单位，协同劳动，抵御自然灾害的侵扰。以家族生活为本质的社区生活，使家族具有强大的凝聚力和同化力，增强了家族成员的认同心理。从文化价值方面来看，中华传统文化形成了以社会群体作为价值主体的价值系统，社会群体被看作是

产生一切价值的最终依据,是产生文化价值的最终实体。中华传统文化这种重群体的价值观,培养了中华民族的爱国精神,增强了国家的凝聚力,对于中国社会几千年的稳定和发展起到至关重要的作用。

(二)宗法制度对中华传统文化的负面影响

1."三纲五常"

"三纲五常"的伦理说教,使得人的个性解放受到极大的束缚,使得个人自我意识丧失,压抑和限制了个体的自由和意志,使中国人存有严重的顺从心理,以及对权威和权力的迷信,甚至于盲目的崇拜,造成"官本位"现象严重。

2."非我族类,其心必异"

"非我族类,其心必异"的盲目排外心理,以及狭隘、自私自利的小农意识使得中国人缺乏进取意识,容易自我满足;重人伦,轻自然,使得中国长期以来不太注重对客观自然规律的探索与研究,自然科学始终处于落后发展状态,成为中华文化健康发展的障碍。

3. 向后看的积习和守成的倾向

宗法制度以血缘亲疏来辨别同宗子孙的尊卑等级关系,以维护宗族的团结,所以十分强调"尊祖敬宗",从而造成了中国人向后看的积习和守成的倾向。"言必称尧舜""言必称三代"是中国古人立论的习惯。孔子就自称"述而不作""信而好古"。近代康梁变法时,顽固派还大嚷"祖宗之法不可变",而维新派也不得不利用古代圣贤来为变法打掩护,如康有为就写了《孔子改制考》来迎合大众的守旧心理。

总之,宗法制度对中华传统文化的影响极其深远,虽然宗法制度的核心精神如"世袭制"已消失,但作为一种观念仍然顽固地保留在人们的头脑中。只有打破旧的思维体系,努力增强中华文化的国际竞争力,才能使中国立于世界民族文化之林,构建和谐有活力的文化社会。

思考与练习

1. 在宗法制度影响下中国传统社会结构的特征是什么?
2. 宗法制度对中华传统文化有哪些影响?
3. 你自己家族姓氏的家训是什么?你的家族值得世代传承的美好家风是什么?

 文化践行活动

1. 进行社会调研，绘制自己的姓氏家族谱系图表。

2. 有学者提出家族意识在当下仍有现实价值，例如东南亚国家家族企业是经济活动很活跃的成分，对此你有何看法？与大家讨论。

3. 课程实践：

主题：中国古代教育制度产生与变化的社会背景思考。

形式：班级讨论。

提示：中国古代的教育制度是随着中国古代社会政治经济发展需要而不断发展变化的，教育活动的根本目的是为统治阶级培养人才。教育制度在每一个历史阶段都有其深深的阶级烙印，古代教育制度在政治经济制度的左右下是如何不断变化的？请大家思考后，写出讨论提纲，参加班级讨论。

1. 启蒙读物

蒙学是我国传统对幼儿启蒙教育的一个统称，与小学、大学并列，是我国传统教育中的一个重要阶段。蒙学有广义和狭义之分：广义上，泛指古代启蒙教育，包括其教育体制、教学方法、教材等内容；狭义上，专指启蒙教材，即童蒙读本。

在古代，儿童"开蒙"接受教育的年龄一般在四岁左右，恰好是儿童学习汉字的最佳年龄段。蒙学教育的基本目标是培养儿童认字和书写的能力，养成良好的日常生活习惯，能够具备基本的道德伦理规范，并且掌握一些中国基本文化的常识及日常生活的常识。

中国古代儿童启蒙读物，最著名的就是"三百千"了，就是《三字经》《百家姓》《千字文》。一般私塾"开蒙"必先学这三种。另外再学就是《弟子规》《幼学琼林》《朱子家训》《千家诗》《古文观止》《唐诗三百首》《声律启蒙》《文字蒙求》《增广贤文》等初级读物，这些都算是儿童启蒙读物。每个私塾所教授的各不相同，但"三百千"却几乎是所有私塾的开蒙必读书。

2. "四书五经"

"四书五经"，是"四书"与"五经"的合称。四书包括：《大学》《中庸》《论语》《孟子》四部作品。五经包括：《诗经》《尚书》《礼记》《周易》《春秋》五部作品。其中《礼记》通常包括三礼，即《仪礼》《周礼》《礼记》；

《春秋》由于文字过于简略，通常与解释《春秋》的《左传》《公羊传》《谷梁传》分别合刊。四书之名始于宋朝，五经之名始于汉武帝。

谈到中华传统文化，必然得提到"四书五经"。"四书五经"是中华传统文化的重要组成部分，是历代儒家学子研学的核心书经，是儒家思想的核心载体，更是中国历史文化古籍中的宝典。"四书五经"包含内容极其广泛、深刻，它翔实地记载了中华民族思想文化发展史上最活跃时期的政治、军事、外交、文化等各方面的史实资料及影响中华文化几千年的孔孟重要哲学思想。历代科举选仕，试卷命题必出自"四书五经"，足见其对为官从政之道、为人处世之道的重要程度。

"四书五经"在社会规范、人际交流、社会文化等方面产生了不可估量的影响。在中华传统文化的诸多文学作品当中，"四书五经"占据着相当重要的位置。它在世界文化史、思想史上也具有极高的地位。时至今日，"四书五经"所载内容及哲学思想对我们现代社会仍然具有积极的意义和极强的参考价值。

3. 古代四大书院

"四大书院"为应天书院（今河南商丘睢阳区南湖畔）、岳麓书院（今湖南长沙岳麓山）、白鹿洞书院（今江西九江庐山）、嵩阳书院（今河南郑州登封嵩山）。几大书院除应天书院处于闹市，其他三个都是依山而建，楼阁庭园尽在参天古木的掩映之中。

第五章　风俗文化

导言

　　风俗是特定文化区域内历代人们共同遵守的行为模式或规范。每个国家或民族的人们在特定的生活环境中逐渐形成了一些独有的风俗习惯，这些习惯涵盖了民族风俗、节日习俗以及传统礼仪等内容。风俗文化是一个民族重要的非物质文化遗产，其传承与发展体现了一个国家或民族物质生活和精神生活的风貌。

　　中国自古就有"礼仪之邦"的美称，声教播于海外。相传3000多年前的商周之际，周公制礼作乐，提出了礼治的纲领，其后经孔子和其弟子，以及孟子、荀子等人的提倡和完善，礼乐文明成为儒家文化的核心。《仪礼》《周礼》《礼记》先后被列入官学，这"三礼"成为历代王朝制礼的基础，对中国历史和文化发展影响深远。传统礼仪产生于封建社会，带有当时社会的烙印，有其不合理的一面，历史上对儒家所提倡的礼仪道德的批判一直未停止过，但任何一个民族的文化不可能是万世一贯的，而只能取其精华，弃其糟粕，与时俱进。

　　中国传统节日形式多样、内容丰富，其从时序安排上宛如一张自然节气变化图表，从内容上宛如一幅历史文化长卷，是中国人民家国情怀、审美情趣、生活智慧的结晶，是天地人和谐统一的生动写照。中华民族优秀传统文化中的核心价值观、行为规范、审美情趣等充分体现在中国传统节日的诸多表现形式中，并通过各种庆典、仪式活动传承下来，千百年来连绵不绝。当今社会，猎奇心理让很多年轻人喜欢上了外国的"洋节"，愚人节、万圣节、圣诞节等各种庆祝活动花样繁多，不一而足……但是同时我们也看到越来越多的外国人开始喜欢上中国的传统节日。春节联欢晚会上我们看到了外国人乐此不疲的身影，中秋晚会上我们看到外国人尝着月饼赞不绝口，电视上常有外国友人或深情吟诵《九月九日忆山东兄弟》或绘声绘色地讲解《嫦娥奔月》的场景。为什么他们会如此着迷于我们的传统节日呢？除了新鲜好奇心理外，传统节日的仪式感和习俗文化也是吸引外国友人的重要因素。

　　中国是一个统一的多民族国家，历史上除了汉族，还有许多少数民族也生活在这块土地上，各民族的分布特点是大杂居、小聚居。一方面，各民族都有自己悠久的历史和优秀的文化，在天文、历法、科技、文学等方面形成自己的民族特色，在饮食、服饰、礼仪、节庆等方面也有自己的风俗习惯；另一方面，由于历史上民族的迁徙、同化，各民族风俗又呈现出相互交融、相互影响的特点。另外，中国幅员辽阔，不同的地理环境和特定的历史条件，促使各地的风俗呈现出地域性的差异，即使同一民族，如果分布在不同地区，人们的生活习惯也不一样，因此就有了"十里不同风，百里不同俗"的说法。

视野拓展

书籍

1. 鸿宇．节俗［M］．北京：宗教文化出版社，2004．
2. 彭林．中华传统礼仪读本［M］．杭州：浙江文艺出版社，2008．
3. 严敬群．中国节日传统文化读本［M］．北京：东方出版社，2009．
4. 杨超．中国民俗［M］．长春：时代文艺出版社，2009．

在线课程

1. 周悦娜，《礼仪文化修养》，浙江传媒学院，中国大学MOOC，https://www.icourse163.org/course/ZJICM-1454642162.

2. 彭林，《中国古代礼仪文明》，清华大学，网易公开课，http://v.163.com/movie/2013/2/0/0/M93PLQCMQ_M93PUS800.html.

3. 王金禾、方正，《中国传统节日与民俗文化》，黄冈师范学院，中国大学MOOC，https://www.icourse163.org/course/HGSFXY-1206152803.

纪录片

1.《佳节》，制片人万若若，五洲传播中心和企鹅影视联合出品，2019．
2.《文明密码》，制片人池建新，中央新影集团制作，2013．

第一节　中华传统礼仪文化

学习提示

中国是礼仪之邦，"礼"在社会生活中无处不在，衣食住行、坐卧行走、婚丧嫁娶无不用礼。中华传统礼仪缘起可追溯到原始社会，关于其起源有多种说法，如祭祀说、饮食男女说、人性说、人与环境矛盾说等。中华传统礼仪历经滥觞期、成形期、发展期、衰变期、新生期等几个发展阶段，其内容也随着时代的变迁而有所变化。《周礼》《仪礼》和《礼记》是古代礼仪的典范之作，对历代礼制的建立都起到重要作用。中国古代有五礼之说，祭祀之事为吉礼，冠婚之事为嘉礼，宾客之事为宾礼，军旅之事为军礼，丧葬之事为凶礼，而民俗文化中的礼仪则包括人生、冠、婚、丧等四种人生礼仪。源远流长的中华传统礼仪是传统文化的重要组成部分，很多仪礼精神沿用至今，但其中有些不合时宜的封建礼俗则成为阻碍社会发展的重要因素。

因此，同学们在学习此章节的内容时，除了通过阅读文献，了解中华传统礼仪的源起及其发展历程，熟悉《周礼》《仪礼》和《礼记》的概况，明确古代"五礼"和生活礼仪的内容，还要坚持用辩证的眼光看待传统礼仪，古今对照，找出精华，区分糟粕，科学扬弃，思考如何在传统礼仪基础上，构建现代礼仪文明，使之为新时期社会主义精神文明建设发挥积极作用。

学习目标

1. 简要了解传统礼仪的源起与流变；
2. 基本掌握传统礼仪的核心内容；
3. 能够正确认识、辩证分析传统礼仪的作用，树立正确的价值观。

一、传统礼仪的源起与发展

中国是礼仪之邦，古代文化在很大程度上是礼乐文化。"礼"在社会无处不有、无时不在，出行有礼，坐卧有礼，宴饮有礼，婚丧有礼，寿诞有礼，祭祀有礼，征战有礼，等等。著名史学大师钱穆先生在谈到中西文化的特点和区别时说："要了解中国文化，必须站在更高来看到中国之心。中国的核心思想就是'礼'。"因此，要了解中华传统文化，就必须了解中华传统礼仪文化。

（一）传统礼仪的起源

古人有言："中国有礼仪之大，故称夏（《尔雅》："夏，大也"）；有华章之美，故称华。"在中国古代，"礼"的概念主要包含三个意思：一是治理国家的典章制度；二是社会生活中形成的行为规范和交往礼节；三是具有社会约束力的道德规范。传统礼仪不是凭空产生的，其源起可以追溯到原始社会。但原始社会距今太过遥远，再加上无可靠的典籍可查，后人讨论，难免会出现分歧。如今考古学、文化人类学、民俗学的发展为我们提供了许多有利的条件，考古发掘出的实物、史料帮助我们再现原始社会的形态，探究传统礼仪的来源。

关于礼仪的起源，研究者们观点不一，大致可归纳为以下几种。

1. 祭祀起源说

《说文解字》中对"礼"的解释是这样的："礼，履也。所以事神致福也。从示从豊，豊亦声。"也就是说礼原本是一种巫术活动，可能源于原始部落的神鬼祭祀与崇拜行为，后来事鬼、事神扩展到事天、事人等方面。所以王国维说："又推而奉神人之事，通谓之礼。"由此可见，他们都认为礼起初只是人们祭祀鬼神的行为，后来才扩大为人与人之间的交往行为。考古学成果也提供了这方面的实证。在仰韶、曲家岭等文化遗址出土的陶器上发现了表现太阳的纹饰，在新时期时代的岩画上也发现了太阳神的形象。对照殷墟卜辞，可以肯定我国原始社会确实盛行过对太阳神的崇拜以及与此相关的祭祀活动。《礼记》云："凡祭人之道，莫急于礼。礼有五经，莫重于祭。"可见在传统礼仪中祭礼分量最重。《左传》云："国之大事，在祀与戎。"《国语》云："夫祀，国之大节也。"春秋战国时期，祭祀是国家头等大事，甚至摆在了国防前面。历代帝王都十分重视祭祀，即使在民间风俗中，一个人从出生、成年到死亡，都有祭祀相伴，岁时节日或遇到重大事件也都要举行祭祀典礼，这就使很多人认为礼仪是起源于祭祀的，但祭祀作为礼仪的唯一起源还值得商榷。

2. 饮食男女起源说

民以食为天，饮食是人类最基本的生活方式。《礼记·礼运》云："夫礼之初，始诸饮食。"但传统礼仪中与饮食相关的内容并不多，所以将饮食作为礼仪主要起源的立论，有点不太稳妥。"男女"即所谓"男女有别"，也就是婚姻制度。儒家所倡导的礼从家庭开始，而后扩大到社会。由婚姻而家庭，由家庭而宗法。《礼记·昏义》云:"夫礼始于冠,本于昏。"文化人类学家研究原始社会,也往往以婚姻制度作为突破口,可见婚姻制度对社会发展具有重要意义。我们考察传统礼仪内容,可以发现婚礼在其中占有重要地位。因此,将婚姻制度的建立和变革作为礼仪产生的渊源不无道理。

3. 人性和环境矛盾起源说

人类天生是社会性的动物,每个人活在世界上就需要与外部世界打交道,一是要与自然界打交道,二是与周围人打交道,这样才能生存下去。而人类在繁衍发展的过程中,其不断增长的欲望与客观环境之间往往会出现矛盾,不可能每个人都随心所欲。因此,为了协调人际关系,解决好人的欲求与客观环境的矛盾,每个群体都会在实践中形成各自的行为规范。这些行为规范起初并不清晰,只存在于风俗习惯中,后来不断予以规范化、制度化和程序化,从而形成了礼仪。孔子是我国历史上第一位礼仪学专家,他把"礼"作为治国安邦的基础,主张"为国以礼""克己复礼",并积极倡导人们"约之以礼",做"文质彬彬"的君子。孟子把"仁义礼智"作为道德规范,他还认为"辞让之心"和"恭敬之心"是礼的发端和核心。

除了以上三种说法,还有不少观点试图从不同的角度去解释礼仪的起源。如:①礼源于人性说。这是儒家的创见。儒家学派把礼与人性结合起来,认为礼起源于人的天性。儒家将人性作为治道的基础,提出"仁"的学说,以仁释礼:"仁者,人也""仁者,爱人"。②礼源于天经地义说。先秦儒家往往把礼说成是天、地、人统一的规律和秩序,说礼是"天之经也,地之义也"。但礼仪是人类制定出来的行为规范而并非客观规律,也自然不是天经地义。③天神生礼说。《左传》云:"礼以顺天,天之道也。"这种观点认为天神主宰一切,创造一切,自然礼仪也是天神创造的。④礼生于理说。《管子·心术上》云:"礼者,谓之有理。""理"即事物必然性的道理。人们根据客观条件制定出合乎人类生存发展规律和道理的行为规范就是"礼"。⑤礼从民俗说。人们在长期交往活动中渐渐形成了一些约定俗成的习惯,这些习惯慢慢演变为人们的交际规范,从而形成了"礼"。《荀子》云:"顺人心者,皆礼也。"说礼仪从民俗中来,顺应民意而生有一定的道理,但我们需要看到,底层民众的风俗习惯是自然而然产生的,而礼仪则包含有人为的因素。人类社会发展到一定阶段,统治者为建立社会秩序,将一部分风俗加以规范化,并要求人们遵行的才能称为礼仪。礼和俗是有区别的。

古往今来,许多人都在努力探寻礼仪的起源,提出自己的见解。但是事实上,礼仪和其他许多文化事象一样,真的要追寻起它的起源,绝非三言两语可以说清楚的。

(二)传统礼仪的发展轨迹

中国传统礼仪历史悠远,内涵丰富,其发展大致经历了以下几个过程。

1. 滥觞期

这一时期大致可定为公元前 21 世纪夏王朝建立之前的原始社会，有人称这一时期的礼仪为"原始礼"。这一时期由于尚未出现国家，氏族生活主要是按照传统习俗在行事。民间生活中礼与俗混淆在一起，界限难以分清楚。但大量考古资料显示，在黄河、长江中下游和辽西、燕山地区，许多公元前 3500 年到公元前 2000 年的文化遗址上都发现了"礼制""礼仪""礼器"的遗迹。如一些特殊的玉器、漆木器和陶器造型精美，纹饰独特，应该是当时的"礼器"。浙江余姚的河姆渡文化遗址中，发现了迄今所知世界上最古老的骨笛——骨哨，这应该是原始礼乐的雏形。一些先民留下的祭坛以及后来夏、商、周三代祭礼的出现，也说明当时已经出现了祭祀仪式。

2. 成形期

成形期指从夏王朝建立到两汉为止的一个历史时期。这一时期经过夏、商、周三代古礼的日臻成熟，到春秋战国时期的"礼崩乐坏"，再到汉代对礼乐制度的复兴，传统礼仪在螺旋式发展中基本成形。夏礼出现最早，也较为简朴，但当时忠孝之道已基本形成并有了学校；殷商时期巫祭礼十分发达，礼器复杂多样，礼乐的乐器也十分发达；到了周代，礼仪更加成熟、完备，后来出现了专门记载周礼的礼书《周礼》《仪礼》《礼记》，世称"三礼"。春秋时期，诸侯纷争，出现了"礼崩乐坏"的局面，以孔子为代表的儒家学派提出了"克己复礼"的口号，竭力推崇周礼。孟子继承孔子思想，提出了"五伦"的人际关系准则。至秦汉时期，由于秦王朝尊尚法家，又盛行阴阳神仙之术，礼仪在社会生活中的地位并不太突出。汉武帝罢黜百家，独尊儒术，采取了一系列措施"尊民以礼""劝学兴礼"，儒家提倡的礼仪才成为礼仪的主流，并影响了后世 2000 多年。

3. 发展期

这个时期是指从魏晋南北朝历经隋唐五代直到两宋为止。这一时期虽然历代王朝都有制定礼制，民间礼俗也有所变化，但相较于成形期并没有太多新的内容，只是传统礼仪顺应时势变化，日趋成熟而已。魏晋南北朝时期知识分子中流行的玄学以及佛教、道教的兴起都对传统礼仪发出了挑战，但并未对传统礼仪造成重创，反而引导统治者顺应时势，注意变革。如曹操父子对薄葬风气的倡导，对魏晋两朝的丧葬仪式产生过积极的影响。还有不少人致力于子孙后代的教育，留下了家训类文字。三国刘备告诫刘禅的遗诏"勿以善小而不为，勿以恶小而为之"，诸葛亮《诫子书》中的"非淡泊无以明志，非宁静无以致远"开家训类文字的先河。北齐颜之推的《颜氏家训》更是堪称家训的典范。隋唐时期，国力强盛，文化发达，为传统礼仪的发展注入了强大的活力。唐太宗时，房玄龄、魏徵组织人员对隋礼进行增补，定吉礼61篇、宾礼4篇、军礼20篇、嘉礼42篇、凶礼11篇，称为《五礼》；唐高宗时，长孙无忌、李义府等人做进一步增补，称《新礼》；唐玄宗又在此基础上进行大规模修整，修成《大唐开元礼》，成为封建礼制的最高典范。唐末杜佑撰写《通典》，其中《礼典》100卷，更是礼制研究的里程碑。随着宋代理学的兴起，理学家对礼治思想的阐述，进一步强化了礼治秩序。

4. 衰变期

这个时期是指元、明、清三代。随着封建社会的日暮西山，封建礼仪也逐渐走向衰亡。宋代，契丹、羌等北方游牧民族建立的政权与宋政权形成对峙的局面，游牧文化与农耕文化一直碰撞交融。元朝时期蒙古族入主中原，带来了大量游牧民族的风俗习惯，对中原传统礼仪造成巨大冲击。朱元璋建立明朝，为了有别于异族统治，他推行的礼制基本上沿袭了周、汉的传统。但是从明嘉靖年起至明亡，出现了一股逾越礼制的浪潮，引起全社会对封建礼制的反对，这是人们对封建礼教发起的一次猛烈冲击。至清朝，满族入主中原，将传统礼俗奉为金科玉律，进一步强化了封建专制统治，大兴文字狱，封建宗族制度和朝廷礼仪被推向了极致，封建礼教的负面效应也充分暴露出来。中西文化的碰撞以及民众的觉醒，使封建礼教一统天下的日子一去不复返，封建礼教逐渐走向衰亡。

5. 新生期

辛亥革命不仅标志着中国封建社会的终结，也标志着中国的礼仪文化进入了一个新的发展时期，许多当代新礼仪的实施也是从这一时期开始的。由孙中山任大总统的南京临时政府颁布了一系列法令文告，如"废除贱民身份，许其一体享有公民权利""晓示人民一律剪辫"等，都表明与封建礼教彻底决裂。1919年爆发的五四运动更是旗帜鲜明地提出"打倒孔家店"的口号，对封建礼教开刀，对传统礼仪进行全面批判。自此，中国礼仪进入自由发展、新旧交替的时代。中华人民共和国成立后，中国礼仪进入了一个崭新的阶段，移风易俗提到了人们的议事日程上来。新型的人际关系呼唤新的社会秩序，这为现代礼仪的诞生创造了良好的条件。

二、传统礼仪的内容

（一）"三礼"文化

说到传统礼仪文化，就不能不提到《周礼》《仪礼》和《礼记》，即通常所说的"三礼"。"三礼"是中国传统礼仪制度的蓝本和百科全书，对传统礼仪制度的形态、礼仪、礼法等作了最权威的记载和解释，对后世的礼制影响深远。其中，《周礼》偏重政治制度，《仪礼》重在行为规范，《礼记》则偏重于对具体礼仪的解释、论述。

1. "三礼"之首——《周礼》

《周礼》是一部通过官制来表达治国方案的著作，内容极为丰富，涉及社会生活的方方面面。有关《周礼》一书发现的记载最早见于《汉书·景十三王传》之《河间献王传》。汉成帝时期，刘向、刘歆父子校理秘府藏书时发现此书，并加以著录。关于《周礼》的作者和年代，历代学者进行了长期争论，形成了西周说、春秋说、战国说、秦汉之际说、汉初说、王莽伪作说等六种说法。《周礼》展示了一个完善的国家典制，记载了完备的礼的系统，既有祭祀、朝觐、封国、丧葬等国家大典，也有用鼎、车骑、服饰等具体的规范，还有各种礼器的等级、组合、形制、度数的记载。

《周礼》全书共分为六篇，即《天官》《地官》《春官》《夏官》《秋官》和《冬官》。因第六篇《冬官》亡佚，后补入《考工记》以代之。《周礼》作者在书中构置了一个庞大的管制体系，六官是整个体系的中枢。

《周礼》的许多礼制对后世都有所影响。如从隋代开始实行的"三省六部"制中的"六部"就是按照《周礼》的"六官"设置的。历代修订典制，也都以《周礼》为刊本，斟酌损益而成。元世祖在北京建立元大都时，以《周礼》为范本，建立面朝后市、左祖右社的格局。明、清两朝不仅未废止，还仿照《周礼》建立了天坛、地坛、日坛、月坛、先农坛等。

2. 人生礼仪——《仪礼》

《仪礼》本名《礼》，汉代称之为《士礼》《礼记》或《礼经》，晋代改名为《仪礼》并流传下来。《仪礼》是中国现存最早的关于礼仪的典籍，关于该书的作者及其年代，自古就存在分歧。当代礼学大家沈文倬提出《仪礼》是孔子的弟子及其后学陆续撰作而成，其成书应在春秋战国之间，此说被当代许多学者所接受。

今《十三经注疏》本《礼仪》共17篇，其内容涉及上古贵族生活的各个方面。《仪礼》作为上古经典，具有很高的学术价值。此书内容丰富，涉及面广，从冠、婚、飨、射，到朝、聘、丧、葬，无所不备，犹如古代社会生活长卷，是研究古代社会生活的重要史料之一。

3. 礼仪妙语集萃——《礼记》

《礼记》在"三礼"中最晚取得经的地位，却后来居上，成为礼学大宗。其中多格言妙语，文字生动，富有哲理，广受欢迎。

《礼记》中的"礼"指的是《仪礼》，"记"指对经文所作的解释、说明或补充。实际上《礼记》是一部先秦至两汉时期儒家关于各种礼仪的论著及礼学文献汇编。

《礼记》的记有两种：一种附在《仪礼》各篇正文之后，旨在对仪节中记述不详的内容作补充；另一种是单形的记，独立成篇。

今本《礼记》也称《小戴记》或《小戴礼记》，由西汉礼学家戴圣编定，共49篇，记录了夏、商、周三代尤其是周王朝的典章制度和礼仪，也夹杂了汉代初期的礼仪制度。

从《礼记》这本书中，我们可以看到儒家对人生的一系列见解和态度。如《礼运》篇阐述了儒家的政治理想及以礼治世的政治主张，提出人类社会的"大同"与"小康"。《中庸》《大学》篇提出了恪守中道的人生哲学与修身治国的政治抱负。《乐记》篇是中国最早的音乐理论著作，提出了以乐教化的文艺思想。《学记》是中国最早记述教育制度、教育理论的著作，阐明了中国古代传统的教育学说，提出了尊师重道的教育理论，教学相长、因时施教的教育原则。《月令》篇完整地记述一年十二月的天文、气象、物候，并按照阴阳消长和五行相生的理论，安排四时政令、农事。另外，礼的灵魂，是西周以来的人本主义思想。《礼记》对此作了相当充分的论述，通过历史事件的叙述，凸显以人为本的立场，处处投射出礼家人文关怀的光辉。如《檀弓》篇中提到"孔子过泰山侧"一节：孔子及其弟子遇到一位身世凄惨的妇女，妇女的公公、丈夫及儿子都被老虎咬死，却依然不肯离开荒野。孔子问其原因，答曰惟有此处没有苛政。由此，孔子发出感慨："苛政猛于虎。"此语成为后世反对暴政和苛捐杂税的思想武器。

《礼记》被认为是打通《周礼》《仪礼》的桥梁，其内容上可探索阴阳、穷析物理、推本性命，下而及于修身齐家、民生日用，既能严礼乐之辨，又可究度数之详。所以，两汉以来，《礼记》为学者津津乐道，成为研究儒家思想的重要史料。

（二）传统礼仪的分类

中国古代，礼深入社会的每个层面，名目繁多，《中庸》有"礼仪三百，威仪三千"之说。关于礼仪的分类，历来说法不一。《周礼·春官·大宗伯》有"五礼"之说，即"吉、凶、宾、军、嘉"五礼。《大戴礼记·本命》说是"冠、婚、朝、聘、丧、祭、宾主、乡饮酒、军旅"九礼。《仪礼》则把礼分为17种。由于《周礼》在汉代已取得权威地位，其五礼分类法为社会普遍接受，后世修订礼典大都以五礼为纲，因此我们就以"五礼"作为纲目，将传统礼仪作一简单介绍。

1. 吉礼

吉礼就是祭祀之礼。古人向神鬼祈求，希望他们保佑人们吉祥安康、诸事顺利，故称为吉礼。《周礼·春官·大宗伯》云："以吉礼事邦国之鬼神祇：以禋祀祀昊天上帝，以实柴祀日月星辰，以槱燎祀司中、司命、风师、雨师……"天神、地祇、人鬼等都是祭祀的对象。祭祀的对象不同、季节不同，所用的祭法也有所不同。

祭天神，包括日月星辰、风神雷电在内，受祭的天神不仅多，而且尊卑有别。一等为昊天大帝，或称天皇大帝、百神之君等；二等为日月星辰，日月为天之明，星辰指"五纬"（金、木、水、火、土五大行星）、十二辰和二十八宿，是与民生关系最为密切的天体；三等是除二等之外，凡职有所司、有功于民的列星，如司中、司命、风师、雨师等。古代只有天子可以祭天，诸侯有国，但不能祭天。祭天是古时国家最重大的典礼，其仪式都经过精心设计，一名一物都含有深意。每年冬至，天子在国都南郊祭昊天大帝。天为阳，南方为阳位，所以地点选在南郊，冬至为阴尽阳生之日，所以祭天必须在冬至。三类天神的祭祀方式，同中有异。相同的是，禋祀、实柴、槱燎之祀都是燔柴燃烧，人们以为烟气上升，可以被天神享用。但陈放在柴薪上的祭品依神的尊卑而有所区别：禋祀用玉、帛、全牲；实柴只有帛而没有玉，牲体是经过节解的；槱燎之祀则只用节解的牲体。

祭地祇也有不同的祭祀方法。一是血祭。血祭是将牲血或人血滴入地里，使其气下达，及于地神。血祭常用于祭拜社稷、五祀、五岳等。其中社是土神，稷是百谷之王；五祀是五行之神，五岳即东岳泰山、南岳衡山、西岳华山、北岳恒山和中岳嵩山。二是貍沈之祭。貍沈之祭用来祭拜山林、川泽。其中，祭山林用貍（同"埋"），将牲体或玉帛埋在地下，表示对土地、山神的祭拜；祭川泽用沈（同"沉"），将牲体或玉帛沉入河中，表示对川泽之神的祭奠。三是疈（pì）辜之祭，是将牲畜肢体磔杀来祭祀四方百物。四方百物是指掌管四方百物的各路小神。

祭人鬼，主要是对祖先的祭祀。人鬼，指祖先神，当时指宗庙中祀奉的祖先。因此，祭必于庙，周制天子七庙，诸侯五庙，大夫三庙，士一庙。祭祖先的方法很多。如肆礼，是进献刀解煮熟的牲肉；献礼，是进献已杀未煮的牲肉；祼礼，是灌酒于地；馈食则是用黍稷煮饭以食尸。春、夏、秋、冬四时祭名不同，春天为祠祭，夏天为礿祭，秋天用尝祭，冬天用烝祭。后世的人鬼之祭，并不限于先祖，还包括历代帝王、先圣先师、先农、先医、先卜等。

古代的祭祀仪式大体分为两类：一类由皇帝主持的祭祀，称为国家祀典；另一类是民间世代相传的祭祀仪式，属于礼俗的范畴。国家祀典主要有封禅、郊祀、祭社、腊祭、宗庙祭、傩祭等。民间的祭祀仪式除了以上提到的一些祭祀，还有多种样式。如历来的祈龙求雨仪式，对孔子、关帝的祭祀仪式，各行各业对各行业祖师爷的祭祀仪式，以及民间对财神、喜神及各种地方保护神的祭祀仪式，都是民众生活的重要组成部分。

2. 凶礼

凶礼是跟凶丧有关的礼节，是哀悯吊唁、救患分灾的礼仪。《周礼·春官·大宗伯》云："以凶礼哀邦国之忧，以丧礼哀死亡，以荒礼哀凶札，以吊礼哀祸灾，以禬礼哀围败，以恤礼哀寇乱。"凶礼具体可分为丧礼、荒礼、吊礼、禬礼和恤礼五大类。

　　丧礼是古代礼仪中最为重要的礼仪之一。丧礼的核心是通过对死者遗体的处理，表达对死者的敬爱之情。中国古代对于丧葬仪式非常看重，认为这是子孙尽孝的重要表现，国君和贵族在这方面要求更为严格，形成了许多繁文缛节。

　　荒礼是指国内发生自然灾害，诸如灾荒、瘟疫等变故，国家采取的救灾礼仪。荒，指年谷不熟，也就是通常所说的荒年，《周礼》所说的荒，还包括疫病流行在内。荒年民众面临生存危机，国家要采取相应的措施，当时的主要做法包括救济、薄征、缓刑、减力役、停止娱乐活动、除盗贼、移民、救病等。实际上荒礼是一种政府的救灾行动，与礼仪关系不大，但当时仍称为礼。《礼记·曲礼》记载："岁凶，年谷不登，君膳不祭肺，马不食谷，驰道不除，祭事不县，大夫不食粱，士饮酒不乐。"

　　吊礼指邻国遭受水旱、地震等自然灾害，应该派使者前往哀悼和慰问。鲁庄公十一年，宋国发生大水，鲁君派人前往慰问，说："天作淫雨，害于粢盛，如何不吊？"《谷梁传》曰："三日哭，哀也，其哀礼也。"吊礼中往往还会加入祈禳的内容，以求祛祟除祸。

　　禬（guì）礼是指别国遭受侵略或动乱造成损失时，兄弟国要派出使臣，筹集财物去救助。禬，即会合财货的意思。《春秋·襄公》中记载，三十年冬，"禬于澶渊，宋灾故。"

　　恤礼也是指对遭受不幸的国家表示慰问、抚恤的礼仪。恤，是忧的意思，邻国发生外患内乱，应派使者前往慰问。

3. 宾礼

　　《周礼·春官·大宗伯》云："以宾礼亲邦国，春见曰朝，夏见曰宗，秋见曰觐，冬见曰遇，时见曰会，殷见曰同，时聘曰问，殷頫曰视。"据此可知，宾礼是各路诸侯朝见天子以及诸侯间会见或使臣往来的礼节。在宗法社会，天子和诸侯之间大都有亲戚关系，为了联络感情，相互依附，需要定期会见。由于时间不同、形式不同、礼节也有所不同。春、夏、秋、冬四季的朝见分别称为"朝""宗""觐"和"遇"；天子平时随时召见诸侯，称为"会"；天子大会诸侯称为"同"，天子派使者询问诸侯，称为"问"；诸侯使者一起拜见天子，称为"视"。礼仪名目不同，规格、程序和礼物也有所不同。后代将皇帝遣使藩邦，外来使者朝贡、觐见及相见之礼等都归入宾礼。

4. 军礼

　　军礼，指军队里操练、征伐的行为规范。将军礼列入礼的范畴，一是因为王者以礼治国使天下归于大同，必然受到内部和外部的干扰，礼乐和征伐缺一不可；二是因为军队的组建、管理等都离不开礼的原则。《周礼·春官·大宗伯》云:"以军礼同邦国:大师之礼,任众也;大封之礼,合众也。"意思是以军礼的威严统一邦国制度,使下面的人不敢逾越。《周礼》所说的军礼分为五种,分别为大师之礼、大均之礼、大田之礼、大役之礼、大封之礼。

大师之礼,是天子出征讨伐时军队调度、进退有序的礼仪规范。天子御驾亲征是一件重大的事件,声势浩大,出征前要举行一系列的祭礼,军队的车马、旌旗、校阅、日常训练等都有严格的规范。大均之礼,是指王者为校正户口、调节赋税,根据军队建制,"以起军旅",同时"以令贡赋",意在使民众负担均衡。大田之礼是天子、诸侯定期田猎和军事演习时的军礼。古时诸侯要亲自参加四时田猎,田猎的主要目的是检阅战车和士兵的数量、作战能力,训练作战中的协同配合。大役之礼是指国家大兴土木工程,如开河、筑城等而役使民众。大役之礼要求根据民力的强弱分派任务。大封之礼,是以武力勘定疆界之礼,诸侯国之间、士大夫之间的封地纠纷,需要军队参与勘定。古代疆界勘定都要封土植树,故称大封之礼。

先秦时期的军礼范围宽泛,不仅用于战场,还用在内部治安。秦汉以后,军礼范围缩小,主要指帝王御驾亲征的出师礼、帝王任命大将出征的礼仪、大军凯旋的献俘礼、大阅礼等。另外,军旗也是军礼的重要内容,在古代战争中起着发布号令的作用。除军旗外,鼓、金也作为军礼的组成部分,指挥行军作战。

5. 嘉礼

嘉礼是有关人际关系的一种礼仪,起着沟通、联络感情的作用。嘉是善、好的意思,嘉礼是按照人心之所善者制定的礼仪。《周礼·春官·大宗伯》云:"以嘉礼亲万民:以饮食之礼亲宗族兄弟,以昏冠之礼亲成男女,以宾射之礼亲故旧朋友,以飨燕之礼亲四方宾客,以脤膰(shèn fán)礼亲兄弟之国,以贺庆之礼亲异性之国。"嘉礼名目繁多,是传统礼仪制度中内容最为庞杂的一种礼仪,涉及日常生活、王位承袭、宴请宾客等多方面内容。《周礼》中所列嘉礼为六项,分别为饮食礼、昏冠礼、宾射礼、飨燕礼、脤膰礼和贺庆礼。

饮食礼,是天子宗族内部的宴饮礼仪,用来融洽宗族兄弟的感情,一般总是逢祭、逢节设宴。还有一种乡饮礼,是地方官敬老尊贤的宴饮礼仪,该礼仪在《仪礼》中记述甚详。

昏冠礼,指婚礼和冠礼两种,这是人生礼仪中重要的一项内容。古代男子二十而冠,女子许嫁,十五而笄。冠笄之礼,表示已成年。成年男女用婚礼使之恩爱相亲,因此"以昏冠之礼亲成男女"。《周礼》所述主要是天子的昏冠礼。

宾射礼是射礼的一种。其中宾射是诸侯朝见天子时,射箭比赛,为宴饮助兴。后来又有了一种"投壶礼",以箭投壶,以投中多少决胜负,极为流行。

飨燕礼,可分为飨礼和燕礼两种。天子大宴为飨,要在太庙举行,十分隆重。

天子举行的小型宴会为燕，只招待少数人，多在寝宫举行，主要用来融洽君臣关系。

脤膰礼是指分享祭肉的礼仪。脤，是祭社稷的肉；膰，是祭宗庙的肉。古人以为祭祀仪式上供奉过的肉不同寻常，能够吃到就是一种福气，所以要把祭肉分开，赠给周围人吃。近现代，江南民间做社，仍然要举行会餐，大家吃的也主要是祭祀用的供品。

贺庆礼是指对于有姻亲甥舅关系的异性之国，在他们有值得庆祝、庆贺的事情时，亲自派人表示祝贺，并馈赠一定的礼物。

除了以上诸礼，嘉礼还包括正旦朝贺礼、冬至朝贺礼、皇后受贺礼、学校礼、养老礼、职官礼等。以五礼为主要内容的礼仪制度，自西周正式形成后，历朝历代在沿用的同时，不断进行改革和完善，从而使五礼的范围不断扩大，内容日渐增多，分类也不尽相同，因此出现了"六礼""九礼"之说。其实这些不过是分类方法不同而已，我们通常所说的传统礼仪，大致上也就是这些类别。

（三）古代重要的生活礼仪

民俗界认为礼仪包括生、冠、婚、丧四种。从运用范围上，大致可分为政治和生活两大类。政治类包括祭天、祭地、宗庙之祭、祭先师先圣等，生活类礼仪的内容则更加广泛。这里我们对与人们生活息息相关的重要礼仪作一简要介绍。

1. 传统家庭礼仪

儒家历来提倡先修身齐家，然后才能治国平天下，只有家庭和睦才能建立稳定的社会秩序。中国传统社会十分重视家族的亲属关系，大家族之间来往密切，重要事务要共同处理。这样一来，家庭、家族就需要建立一些规矩、规范，这些规范就是通常所说的家礼。

中国传统家礼的精神实质是所谓的名教纲常，要求在家庭中每个成员必须首先记住自己的名分、在家庭中的位置，然后按照"三纲五常"的伦理原则来决定尊卑和行为规范。传统家礼大致可分为父子之礼、夫妻之礼、兄弟之礼、闺媛之礼四个部分。父子之礼，可分为两层，子女对父母的"孝"和父母对子女的"慈""严""教"。这两层内容中古人重点强调"孝"，历代帝王总是不遗余力地提倡孝道，"孝"文化在中国历史上发挥着重要作用。传统的夫妻之礼内容很多，礼节琐细，总体可以用"夫为妻纲"来概括。也就是说，在家庭地位中，丈夫尊贵，妻子卑贱，丈夫为主，妻子为从。传统的兄弟之礼提倡"兄友弟恭"。在长幼有序、亲疏有别的前提下，做哥哥的要对弟弟友爱、关怀、照顾，做弟弟的要对哥哥恭敬、顺从。闺媛之礼是传统礼仪对女子的特殊要求，这与妇女在传统社会中处于被压迫的地位分不开。所谓闺媛之礼，是从男性利益出发对家庭中的女性作出的一系列行为规范，其核心是"男女有别"，倡导"女子无才便是德"。

传统家礼有尊老爱幼、和睦相处、互谅互让、相濡以沫等优良传统，同时也存在诸多弊端，成为社会进步的沉重负担，我们应辩证地看待。

2. 传统人生礼仪

人生礼仪是指人在一生中几个重要阶段所经历的不同仪式和礼节，主要包括诞生礼、成年礼、婚礼、丧葬祭礼四个阶段。在此期间还穿插诸如童蒙礼、生日礼、寿礼等过渡性礼仪。

（1）诞生礼

人的诞生，俗称生日，是人一生的开端。婴儿诞生，意味着新生命开始，对于家庭或家族来说，标志着血缘得以延续，需要有相应的礼仪来庆祝。然而人的诞生过程很短暂，似乎给安排礼仪带来了困难，于是人们把这个过程向前、向后延伸，使整个过程相对延长，并在这个过程中安排一定的礼仪，习惯上都称为诞生礼。

在诞生之前有求子、妊娠、催生等礼仪。古人非常重视传宗接代，所谓"不孝有三，无后为大"，求子成为已婚女子关注的重大问题，求子的风俗也逐渐形成。原始社会出现了性器官崇拜和生育神的崇拜，《礼记·月令》记载的先秦求子仪式中，所祭高媒神就是生育神。进入文明社会，宗教的生育神灵崇拜开始出现，并占主要地位，如送子观音、碧霞元君等。妇女妊娠期间有许多的禁忌，如禁食狗肉、兔肉、驴肉，禁视丑陋污秽的人、事等。孕妇分娩前一个月，娘家要送礼物促其顺利分娩，俗称"催生礼"。

婴儿诞生后又有报喜、三朝、满月、百日、周岁等礼仪。婴儿一出生就要向有关亲朋好友报告喜讯，于是就有了"报喜礼"。《礼记·内则》云："子生，男子设弧于门左，女子设帨于门右。"生了男孩要在门左侧挂弓，生了女孩要在门右侧挂手帕。三朝礼是婴儿降生三天后举行的礼仪，主要包括为婴儿沐浴并念祝词，设宴招待亲友，领受各方面的贺礼等。满月礼指在婴儿满一个月时宴请宾客并给婴儿剃胎发。婴儿的胎发是从母胎中带来的，不能全部剃光，要在额顶留一绺"聪明发"，脑后留一绺"撑根发"。百日礼是婴儿百天时要举行的礼仪，又称百岁。百日礼最有特色的是要穿百家衣，戴百家锁。周岁是孩子的第一个生日，一般也认为是诞生礼的结束。周岁礼最受关注的是要让孩子进行"抓周"。在孩子面前放上笔墨纸砚、算盘、珠宝、弓、箭等，让其随意抓取，据此预测孩子的志趣和未来前途。

（2）命名礼与童蒙礼

在诞生礼与成年礼之间还有两个比较重要的礼仪，分别为命名礼和童蒙礼。孩子出生后就要为他取个名字，命名在传统社会也是一个非常复杂的礼仪规范。在一般情况下，当时的人大都有小名、大名、字三种名字，上大夫阶层又往往有号。小名一般请长者或有威望的人来取，也有请算命先生看生辰八字的。大名一般是孩子入学读书时老师给起的。字是在青年男女成年礼上获得的。至于号则由自己取，以代表本人的志向和兴趣。儿童到了一定年龄要接受启蒙教育，入学第一天要行童蒙礼。在家时先向祖先祀拜，再向父母跪拜，然后由长辈领到塾堂，到了塾堂先跪拜孔子圣位，然后拜见老师。

（3）成年礼

成年礼，又名成丁礼、入社礼，是古时青年跨入成年阶段时举行的一种礼仪，表示青年到了一定的年龄，身体发育成熟，可以独立面对社会，参加各项社会活动。成人礼是为承认年轻人具有进入社会的能力和资格所举行的一种仪式。人们通过施行成年礼，宣告孩童时代的结束，成年时代的开始。一般来说，成年礼常分性别举行，男子成年施行冠礼，女子成年施行笄礼。

冠礼是给跨入成年人行列的男子加冠的礼仪。《礼记·曲礼上》云："男子二十，冠而字。"是说男子到了二十岁时要举行冠礼，并为他取个字。古人交往时，常用"字"表示尊称，男子加冠赐字，表示他开始受人尊重，社会地位发生了变化。古人认为冠礼是"礼之始"，是"嘉事之重也"，因而受到极高的重视，并制定了一套周密和严整的仪式。

古代冠礼的具体仪式十分烦琐。按照礼书记载，冠礼必须要在家庙举行。首先要由加冠者的父亲用占筮（古时的一种占卜方法）来决定加冠的日期，俗称"筮日"。日期确定后，父亲要提前三天通知同僚、朋友前来观礼，这一仪节称为"戒宾"。接着，父亲要再次通过占筮从所通知的亲友中选一位德高望重的人担任加冠的正宾，这一仪节称为"筮宾"。冠礼前一天晚上，冠礼主持人在门外宣布冠礼时间并将日期通知宾家，俗称"告期"。冠礼的主体部分是由正宾依次将缁布冠、皮弁和爵弁三种冠加于将冠者之首。首先，加冠者身穿童子服，跪坐堂上，由旁边的有司替他挽髻并用帛包起来。接着，正宾上堂到将冠者的席前坐下，将其头上的帛扶正，然后从有司手中接过缁布冠，大声诵读祝辞，并为其戴上缁布冠。最后，冠者进房，脱去采衣，换上与缁布冠配套的玄端服出房，向来宾致意。这是初加或称一加。初加之后，还有二加和三加，加冠仪式与一加类似，但所戴冠不同，二加戴皮弁冠，三加戴爵弁冠，戴不同的冠就要换不同的服装。加冠之后，主人要设宴款待宾客并赠送礼品。

以上只是古代士人的冠礼，如果是诸侯，要在三加的基础上再加一次玄冕。如果是天子，还要再加一次衮冕，称为五加。除了加冠还要为冠者取字。正宾为冠者取字也有严格的仪式。正宾从西阶下堂，站在正对西序方向，面朝东。冠者站在西阶下的东侧，面朝南。正宾为冠者取表字并致祝辞。

古代男子有冠礼，女子则有笄礼。《礼记·杂记》云："女子十有五年许嫁，笄而字。"笄即簪，意思是为年轻女子的头上插上簪，以示成年。笄礼与男子冠礼的仪式相似，只是笄礼的主人由加笄者的母亲担任，加笄的正宾也是女宾。笄礼也有三次加笄的服饰，分别代表不同的含义，象征女孩成长的过程。采衣色泽纯丽，象征女孩的天真烂漫；襦裙色浅素雅，象征豆蔻少女的天真无邪；深衣端庄，象征少女的明理；最后的大袖衣则代表古代汉族女子的审美取向——雍容大气，典雅端丽。笄礼之后女子便可出嫁。但如若女子到了二十岁，还未许嫁，也要举行笄礼，表示今后要以成人相待。

（4）昏礼

昏（婚）礼是传统礼仪的重要内容。婚礼涉及两姓联姻的质量和稳定性，涉及宗族是否昌盛，所以《昏义》说："昏礼者，将以合二姓之好，上以事宗庙，而下以继后世也，故君子重之。"儒家对婚礼的仪式加以整理记入《仪礼·士昏礼》《礼记·昏义》等经典，又经历代统治者的提倡，下沉到民间，成为整个封建时代婚姻礼仪的准则。这就是通常所说的"六礼"：纳彩、问名、纳吉、纳征、请期、亲迎。

纳彩，后世称为提亲，《仪礼·士昏礼》云："昏礼：下达，纳彩，用雁。"男家请媒人到女家提亲，然后行纳彩礼，用雁做提亲的礼物。问名，俗称"请庚""讨八字"。男方请媒人到女方家询问名字、出生日期、籍贯等信息，女方将信息写在帖上交给媒人，这帖子称庚帖。男子接到庚帖后要请人推算占卜，"合生辰八字"。纳吉，是男方将问名卜婚后的吉兆通知女方并送礼订婚。《仪礼·士昏礼》："纳吉用雁，如纳采礼。"纳吉以雁为礼物，礼节与纳彩礼相同。到了这一步，婚事已经大致确定下来。这个阶段男女双方还要换一次帖子，称龙凤帖。纳征，又称纳币，指男家向女方送聘礼。纳征时所送的聘礼是玄色和纁色的帛五匹，鹿皮两张，礼节与纳吉礼相同。请期，是男方送过聘礼后，请人占卜求得一个吉祥的迎娶日子，派人告知女方以征得女方同意。请期以雁为礼物，礼节与纳征礼相同。亲迎，今称迎亲，是婚礼的核心。亲迎是新郎亲自前往女家迎娶新娘的礼仪，而且时间是在"昏"时。据梁启超、郭沫若等学者考证，昏时成婚是上古时代抢婚习俗的孑遗，因为抢婚需要借助夜色的掩护。亲迎礼十分繁复，程序很多。据宋吴自牧《梦粱录》卷二十"嫁娶"所载，南宋时杭城人家的亲迎礼就有挂帐、催妆、拦门求利市钱红、撒谷豆、坐虚帐、走宋、牵巾、挑盖头、参拜、交拜、饮交杯酒、合髻等程序。历来认为，只有举行了亲迎，才算正式结婚，否则不算数。

（5）丧葬祭礼

丧葬祭礼在儒家提倡的传统礼仪中占有重要的位置。古人存在"灵魂不死"的观念，以为死亡只不过是人的灵魂与肉体的分离，灵魂会进入另一个世界继续生活，因此为了安排好亡灵的生活，处理好亡灵与活人的关系，就需要安排好丧葬祭礼。同时，传统礼仪认为安葬老人隆重与否是子女是否尽"孝"的标志，因此不管贫富、出身，小辈都会竭尽全力操办丧葬祭礼。传统的丧葬祭礼分为三个部分：丧礼、葬礼和祭礼。

丧礼：《周礼·春官·大宗伯》云，"以丧礼哀死亡"。古人把处理亲人的后事看得非常重要，从而形成了一套严格的丧礼制度。关于死的说法，就有等级上的区分。《礼记·曲礼下》云："天子死曰崩，诸侯曰薨，大夫曰卒，士曰不禄，庶人曰死。"死者地位越高，丧礼仪程越繁缛。

丧礼仪程由于时代、民族、地域的不同有所差异，我们以汉族中原地区的丧礼为主来看：古人讲究寿终正寝，死者弥留之际要居于正室，临终用新絮放在其口鼻上，通过新絮是否飘动来判断死者是否断气，称为属纩；确已断气，家人要为其招魂，称为复；再验确认已死，则开始哭丧，为死者穿衣，用殓巾覆盖身体并在尸体东侧设酒食供死者鬼魂享用。

长辈亡故，子孙要戴重孝，奔赴亲友家报丧，告知凶讯和丧葬事宜。亲友上门哀悼死者并慰问丧家，称为吊唁或吊丧。前来吊唁者要送礼金或挽联、挽幛等礼品，而宾客吊唁时，孝子和家属要跪于灵案西侧答礼和哭灵。以上这些礼仪须在一日之内完成。

接着就是入殓，即装殓尸体，有小殓、大殓之分。小殓是给死者穿寿衣，小殓时所有参加者要不停号哭，以示悲痛。大殓指死者入棺仪式，一般在小殓次日举行。大殓仪式非常隆重，各地做法有所不同。大殓后一般都要停棺待葬达数月之久，这段时间称为殡。在这期间，家人要请人占卜，选定墓地和落葬日期。

与丧礼相关的是古代的丧服制度。古代的丧服根据与死者的亲疏远近，大致分为五等：斩衰、齐衰、大功、小功、缌麻。不同的亲属关系要着不同的丧服。斩衰是"五服"中最重的丧服。服斩衰者仅限于子女为父母、妻子为丈夫、父亲为嫡长子等少数情况。齐衰是次于斩衰的丧服，齐衰分四等，分别为：齐衰三年、一年杖期、一年不杖期、三个月。大功次于齐衰，此服主要为殇者而服，大功殇九月、七月。小功又次于大功，是五个月的丧服。缌麻是"五服"中最轻的，丧期仅三个月。

葬礼：中国历史上曾经实行过许多落葬的方式，比如天葬、火葬、土葬、墓葬、食葬、崖葬、悬棺葬、衣冠葬等，其中有些已被淘汰，有些还在沿袭。不同的葬法，葬礼仪节自然也不同。我们以中原地区汉族的墓葬为主，考究其出殡下葬的主要仪节。启殡一般在天微明时举行，殡宫外点燃两只蜡烛照明。丧主向前来参加葬礼的宾客行拜礼，接着司仪连喊三声"出殡"，告知死者神灵即将出发，男女们开始号哭。然后柩车出动，家属着孝服列队护送至墓地。其中，拉柩车的绳称为绋，绋绳多少由死者地位高低而定。执绋人要唱哀歌，称为挽歌。灵柩出发前要进行祭祖仪式。沿袭到后世，各地做法也有所不同。在近代，有些地区送葬队伍出发前要由孝子摔碗或瓦盆。送葬队伍要有开路神、引路幡开路。开路神是比人还要高大的纸人，执幡的要用童男童女，一路抛撒"纸钱"，意在为死者付买路钱，还有吹鼓手和僧道人一路敲打念经。到了坟地，先祭土地神，再把灵柩放入墓坑。灵柩放稳后，孝子、家人每人抓一把土扔在柩上，称为"添土"。送葬归来，孝子、家人要谢客聚餐。

葬后礼仪主要有居丧和祭祖。居丧，又称丁忧、守孝。生者与死者亲疏关系不同，居丧期限也不同。居丧期间遵守的行为规范在《礼记》中的《杂记》《曲记》《问丧》《丧服四制》等篇中均有详细记载。居丧期间，粗茶淡饭，哭不绝声，不理发，不沐浴更衣，不举乐，做官的要辞官回家，等等，但历史上真正按照要求完全做到的，为数不多。祭祖是中华民族传统文化的一大特色。历史上的祭祖，可以追溯到原始社会。民间祭祖礼俗，形式丰富。按照祭祀地点来分，有墓祭、祠祭和家祭。墓祭又称扫墓、上坟，是清明节的重要习俗；祠祭在祠堂内举行，是宗族内的集体活动，每年春秋大祭，十分隆重；家祭则是以家庭为单位，逢年过节在家中祭祀。如按祭祀时间来分，又有忌日祭、春节祭、上元节祭、清明祭、中元节祭、十月朔日祭、下元节祭等。总之，人们始终与已故的先祖保持着密切联系，遇到高兴的事情希望告知先祖，让先祖高兴，遇到困难时，总想要先祖来"保佑"。

三、传统礼仪文化的传承与发展

（一）传统礼仪文化的价值

中华传统礼仪文化蕴含着丰富的思想内涵和价值观念。其中，和谐的价值观念是传统礼仪所表达的一项重要内容。儒家强调："礼之用，和为贵。""和"是儒家倡导的伦理、政治和社会准则。《礼记·中庸》云："喜怒哀乐之未发谓之中，发而皆中节谓之和。"儒家认为礼的推行要以和谐为贵，但凡事都讲和谐而不受礼法约束也是行不通的。因此，孔子提倡不能为和而和，要以礼节制之。以礼来处理各种事情，人与人的关系就能够和顺，恰到好处。传统礼仪是以建立和谐关系为目标的行为规范，礼让包含对自我的克制，对他人的理解，体现以礼待人的尊重；乐群贵和的美德，有利于促进个体自身的和谐和整个社会的和谐。

首先，传统礼仪十分注重修身养性和个人健全人格的培养。儒家礼仪文化中一直尊崇君子风度，将做一个谦谦君子作为人生的重要目标。所谓君子，就是有德有才、有礼有节的理想人格。在我国古代有"忠""信""礼""义""仁"的礼仪教育思想，有些帝王还将修身、治国、平天下作为自己治国的重要依据。

其次，传统礼仪文化对人与人的关系高度重视，提出了一系列处理人际关系的原则。如礼尚往来原则，"往而不来，非礼也；来而不往，亦非礼也"，强调人们之间应该平等相待，互助互济；自卑尊人原则，如《礼记》中说"夫礼者，自卑而尊人，虽负贩者，必有尊也，而况富贵乎"，要求人们在处理人际关系时学会尊敬他人；坚持宽仁博爱原则，对人要宽厚仁爱，善于体谅别人，推己及人，如孔子提出"己所不欲，勿施于人""己欲立而立人，己欲达而达人"。这些人际交往的原则是调节人与人的关系，建立和谐社会的重要手段。

再者，传统礼仪文化提倡人与自然和谐相处。古人将敬神祭天作为最崇高的礼仪，将"天人合一"作为人与自然关系的最高目标，以敬畏敬仰的态度对待大自然，

渴望人与自然和谐相处，遵守自然规律，应天而动，保护生态，追求天地万物和谐共生的思想。

最后，传统礼仪文化对调节人与社会的关系，构建和谐社会也起到重要作用。社会主义和谐社会需要构建一种平等、互利、和谐、融洽的社会关系，而这种关系需要人与人之间能够相互理解、关心和帮助。传统礼仪文化一方面通过强制手段规范人的言行，使人养成良好的礼仪修养和道德品行，另一方面通过道德教化手段，使人人守礼，坚守"和而不同"的处世原则，从而形成和谐有序的社会氛围。同时，传统礼仪文化中主张的"和万邦，与邻为善""仁者无敌""兼爱非攻"的思想，对中国与其他国家建立互信关系、求同存异、和谐相处也具有很好的借鉴意义。

（二）批判中发展的传统礼仪文化

从古至今，大到"治国平天下"，小到"修身齐家"，中国人的生活中都充满了礼仪制度，衣食住行、婚丧嫁娶无不以礼行之。这些礼仪制度规范着人们的行为，维护着民族的和谐，推动着社会发展和文明进步。从传说中的三皇五帝到历代统治者都非常重视礼仪典范的作用，但是中国传统礼仪文化根植于传统社会，不可避免地带有封建思想的痕迹。许多传统礼仪禁锢了人们的思想，具有反科学、反人性的特点，在很长时间内，成为少数统治阶级对百姓实施思想统治的工具，变成了摧残人性、扭曲人格的罪魁祸首。五四新文化运动对封建礼教这种限制个人发展、阻碍社会进步的危害进行了全面的批判。鲁迅先生在他的《狂人日记》中揭露了封建礼教"吃人"的社会本性。但是，新文化运动在批判传统礼教的同时并未建立起新的礼仪规范。当今的中国处于现代化建设的特殊时期，经济的快速增长、改革开放的持续深入、其他国家礼仪文化的冲击正在不断影响我们，人们对传统礼仪规范的评价不一而足。我们应该看到，传统礼仪存在诸多弊端，毫无批判地将其继承下来显然是不合适的；但是，传统礼仪又存在着许多合理的成分，尤其是它的精神实质，诸如团结友爱、敬老慈幼等传统美德，在今天仍然应该大力提倡和弘扬。因此，我们要遵循"取其精华，去其糟粕"的原则，挖掘传统礼仪文化的合理内核，正确认识传统礼仪文化的当代价值，构建符合现代文明的礼仪文化。

 思考与练习

1. 中华传统礼仪中的"五礼"指的是什么？
2. 谈谈中国传统成人礼与西方成人礼的不同。
3. 结合实际生活，谈谈现代礼仪与传统礼仪相比发生了哪些变化。

第二节 中华传统节日文化

学习提示

传统节日是一个国家历史集体记忆和文化积淀的生动体现。由于中国疆域辽阔，民族众多，传统节日种类繁多，呈现出鲜明的民族性和文化性。春节、元宵节、清明节、端午节、中秋节、重阳节等重要传统节日承载了中华民族几千年的记忆，赏花灯、猜灯谜、赛龙舟、吃月饼、登高等节俗活动成为中国人甚至外国友人竞相参与的体验项目，春节的饺子、元宵节的汤圆、端午的粽子、中秋的月饼表达着人们对美好生活的祝愿，"年"的传说、屈原的爱国事迹、"嫦娥奔月"的故事、"腊八"的前世今生等传说故事千古传颂。在当今社会形态下，面对中国人传统节日文化意识逐渐淡薄、文化氛围日渐淡化的现状，传统节日的命运越来越受到关注。

同学们在学习本章节内容时，可以通过查阅文献，观看相关节日影像资料等方式，深入了解中华民族几个重要传统节日的来由、历史故事、节日习俗、庆祝活动等内容。同时可通过小组讨论的形式，思考传统节日的节俗发生了什么样的变化、变化的原因何在，以及如何将传统节日文化与现代生活结合起来，使其保持更加持久的生命力。

学习目标

1. 熟悉传统节日的由来、习俗、庆祝活动及文化内涵；
2. 深入体会传统节日所体现的中华民族的核心价值观，树立国家意识，重视传统节日的传承与创新。

一、传统节日

中国传统节日形式多样，内容丰富，是中华民族悠久历史文化的一个重要组成部分。传统节日的形成过程是一个民族或国家历史文化长期积淀的过程，而民族文化也在传统节日这一特定时空设置中得到传承与弘扬。由诸多节日组成的中华传统节日体系,以自然为本源,以对自然节气的把握为依托,体现了中华民族对自然规律的认识和把握,体现了中国传统"天人合一"的哲学思想。每一个节日都有它的历史渊源、美好传说和特定的风俗习惯,这些习俗习惯反映了中华民族特有的价值观、生活习俗、思维模式、道德风尚和宗教观念,寄托着整个民族对美好生活的向往和憧憬,具有很强的内聚力和广泛的包容性。

(一)春节

春节俗称过年,古时称元日或元旦等。"年"是个时间概念,是古人对农作物生长周期和季节变化的总结,其产生与农业、历法相关,所以古籍云:"年,谷熟也。"

1. 春节的起源与发展

春节是农历正月初一,新年伊始。据史载,春节风俗源于原始社会的腊祭。腊祭据说原是神农氏时代"索鬼神而祭祀""合聚万物而索享之"的"岁终出祭",主要为感谢百神上一年的赐予,祈求来年风调雨顺、五谷丰登,同时伴随驱疫攘灾的活动。当时有把"腊祭"之日当作新年来过的。在中国民间,关于春节一直流传着"年兽"的传说。"年"原是上古时代的一种怪兽,每到除夕之时便会四处噬人。人们在一老人指点下发现"年"最怕红色、火光和炸响,于是,每到除夕,家家贴春联,放爆竹,户户烛火通明,守更待岁,"年"便再也不敢前来。

先秦时期,春节习俗萌芽,《诗经·七月》中记载了当时人们在新旧岁交替时节庆的风俗:"八月剥枣,十月获稻,为此春酒,以介眉寿。"人们收获以后,酿美酒、庆丰收、孝敬老人。新年习俗定型于汉代。西汉实行"休养生息"政策,社会生产得到恢复与发展,社会秩序稳定,一系列节日习俗逐渐形成。《太初历》推行后,正月初一作为新年的日期得以确立,各地的酬神、祭祀、庆祝活动也都在这一天举行。从汉朝到南北朝,春节习俗越演越烈,燃爆竹、换桃符、饮屠苏酒等活动已出现,庆祝时间也越拉越长,逐渐成为第一大节日。到了唐代,新年习俗发生了裂变,由于唐代中外文化交流频繁,新年习俗渐渐从祈报、迷信的神秘气氛中解放出来,转变为娱乐型、礼仪型节日,庆祝的重点由祭神变为娱人。明清时期,春节习俗中礼仪性、应酬性逐渐加强,人们在新年相互拜谒,馈赠礼品,互相拜年,舞龙、舞狮、高跷、旱船等娱乐活动精彩纷呈。民国初年,改农历为公历,将正月初一定为春节。1949年9月27日,中国人民政治协商会议上正式将正月初一至十五的新年定为春节。

2. 春节的习俗

春节的风俗习惯有很多,大致可分为两大类:一是"洁祀祖迹",包括祭天地、拜祖宗、拜年等活动，表达感恩天地、敬怀祖先、祝贺邻里的思想；二是"进酒降神"，如放爆竹、贴春联、祭灶神等。年底赶回家与亲人团聚、拜年已成为中国人的共同习惯。

除夕守岁是春节的一项重要活动。年三十是旧年的最后一天，也是新年的前夕，是除旧迎新的重要时刻。大年夜灯火通明，全家人围炉夜话，通宵不眠，为守岁。据文献记载，晋代已经有守岁之俗，周处《风土记》说蜀人"至除夕达旦不眠，谓之守岁"。唐以后，守岁之风一直盛行。旧时，除夕守岁不能缺少火，屋内有炉火，屋外有篝火，火烧得越旺越好，以示五谷丰登、人丁兴旺。除此之外，旧时守岁还有喝屠苏酒或花椒酒的习惯。到了现代，中国人的守岁多从吃年夜饭开始，一家人团聚在一起，谈笑畅叙，玩扑克，打麻将，观看春节联欢晚会，迎接新年到来。

"爆竹声中一岁除"，燃放烟花爆竹也是春节的习俗之一。除夕之夜，噼里啪啦的爆竹声此起彼伏，将节日的氛围烘托得热闹非凡。爆竹也称炮仗、鞭炮，最早是用来驱除邪魔鬼怪的。南朝《荆楚岁时记》中提道："正月一日，鸡鸣而起，先于庭前爆竹，以避山魈恶鬼。"放爆竹的习俗始于汉代，南北朝时期已成为岁时风俗。最开始，人们只是燃烧竹子，故称为爆竹。火药发明以后，开始将火药放入竹筒中燃烧，产生了鞭炮。随着时代发展，烟花爆竹的制作有了巨大进步，中国还出现了四大爆竹之乡，这些烟花爆竹不仅制作精美，还富含文化韵味。近年来，为了避免环境污染，全国各地都出台了禁止燃放烟花爆竹的条例，特别是在城市，除夕之夜鲜少再听到噼里啪啦的鞭炮声了。

贴春联是春节习俗中的一项重要内容。春联也叫对联、对子、桃符等，是我国特有的一种文字形式。它常用对仗工整的文字描绘时代背景，表达人们的美好愿望。据说春联从桃符发展而来，原来人们用桃木板画神荼、郁垒的画像挂在两扇门上，后改为在桃木板上写字表达心愿。《宋史·蜀世家》载，蜀后主孟昶命学士为题桃符，以其非工，自命笔题云："新年纳余庆，佳节号长春。"据说这是中国最早的一副春联。贴春联的习俗起于宋代，明代开始盛行。每年大年三十，家家户户都会用购买的或自己书写的春联将宅子里里外外的门户装饰一新。在贴春联的同时，一些人也会在屋门上或墙壁上倒贴"福"字，代表福到人家。

除了贴春联，民间还常有贴门神、贴窗花、挂年画的习惯。门神，传说是能捉鬼的神荼、郁垒，他们检阅百鬼，如有恶鬼危害人间，便将其绑了喂老虎。后来，人们便用两块桃木板画上神荼、郁垒的画像，挂在门两边驱鬼辟邪。唐末五代，门神变为钟馗，宋代以后，以秦琼、尉迟恭为门神。挂贴年画在中国城乡也很普遍，我国还出现了年画的三个重要产地：苏州桃花坞、天津杨柳青和山东潍坊，形成了中国年画的三大流派。

春节期间最重要的活动就是拜年。正月初一，人们早早起床，穿戴整齐后出门走亲访友，相互拜年，恭祝来年大吉大利。古时拜年，晚辈要向长者叩头施礼、说

祝辞、问候生活安好,遇同辈亲友,也要道贺。随着时代发展,拜年的习俗也增添了新的内容和形式,兴起了贺年卡、电话拜年、短信拜年、网络拜年等。除了晚辈向长辈拜年,长辈也会在新年时给晚辈压岁钱。压岁钱也称压祟钱、压胜钱,古时迷信小孩魂魄不全,易受鬼魅侵害,故要用压岁钱镇守。

春节饮食丰富多彩,南北风格各异。北方多吃饺子,南方则以元宵、年糕为主。饺子是北方春节的传统美食,饺子原名娇耳,相传为东汉张仲景首创。人们一般会在除夕晚上包好饺子,子时煮食,取"更岁交子"之意。包饺子讲究皮薄、馅足、捏得紧,忌说"烂"了、"破"了。人们有时还会在饺子中放"制钱",谁吃到谁就会财运亨通。年糕因其谐音"年高"且花样繁多,而成为南方人春节必备饮食,祈盼来年步步高升。

(二)元宵节

元宵节又称灯节、上元节,是城乡都重视的民俗大节。"元"即开始,指新年伊始的正月,"宵"即夜;元宵,指一年中第一个月圆之夜。

1. 元宵节的起源

元宵节有着悠久的历史,早在2000多年前的西汉就有了。元宵赏灯始于东汉明帝时期。关于元宵节的起源,有诸多说法。相传,西汉初期,吕后专政,诸吕作乱,汉文帝在大臣的帮助下平叛乱即位,这一天恰好是正月十五。于是,以后每逢正月十五,汉文帝就出宫游玩,与民同乐,并定此日为元宵节。这种把历史事件作为节日来源的说法虽为人们喜闻乐见,却缺少了节日本身的历史文化内涵。另一说是元宵节与中国道教有关。道教文化有所谓"三元神"之说,认为上元天官、中元地官、下元水官分别以正月十五、七月十五、十月十五为诞辰,这三个日子被称为"三元",人们会在"三元"之日举行隆重的祭祀活动,其中上元节就是元宵节的别称。按照这个说法,元宵节起源于上元祭祀活动。另外,元宵节的节俗也与道教文化相关。据史料载,汉文帝时,已下令将正月十五定为元宵节。汉武帝时,太一神的祭祀活动也定在正月十五。太一是主宰宇宙一切的神,《史记·乐书》载:"汉家常以正月上辛祠太一甘泉,以昏时夜祠,到明而终。"这种祭祀活动无疑对元宵节的形成起到了推动作用。佛教传入中国以后,汉明帝为了弘扬佛法,曾下令正月十五夜在宫廷寺院燃灯礼佛,于是正月十五燃灯的习俗随着佛教文化影响的扩大逐渐在中国扩展开来。

元宵作为节名大约出现在唐代。韩偓有诗"元宵清景亚元正,丝雨霏霏向晚倾"为证。唐代规定元宵灯会为正月十四、十五、十六三天。唐代诗人苏味道的名作《正月十五夜》描写了当时元宵节万人狂欢的场景:"火树银花合,星桥铁锁开。暗尘随马去,明月逐人来。游伎皆秾李,行歌尽落梅。金吾不禁夜,玉漏莫相催。"宋代元宵灯会更为兴盛，张灯的时间也由三天增加到五天。辛弃疾的《青玉案·元夕》描写了当时元夕观灯的场景："东风夜放花千树，更吹落，星如雨。宝马雕车香满路。凤箫声动，玉壶光转，一夜鱼龙舞。蛾儿雪柳黄金缕，笑语盈盈暗香去。众里寻他千百度，蓦然回首，那人却在灯火阑珊处。"宋元易代之后，元宵节依然传承，但庆祝活动受到一定限制。明代恢复旧制，规定初八上灯，十七收灯，上灯的时间延至十天。《金瓶梅词话》第十五回"佳人笑赏玩月楼"中描写了明代灯市花灯锦簇、人烟凑集的场景："山石穿双龙戏水，云霞映独鹤朝天。金莲灯、玉楼灯，见一片珠玑；荷花灯、芙蓉灯，散千围锦绣……"其中还记录各式各样的花灯，如绣球灯、雪花灯、秀才灯、骆驼灯、青狮灯、七手八脚螃蟹灯等，令人目不暇接。到了清代，元宵节依然热闹，只是张灯的时间有所减少，初为五夜，后改为三夜，十五日为正灯。据《燕京岁时记》载，北京元宵烟火以东四牌楼及地安门最盛，其次是工部、兵部、东安门、新街口"亦稍有可观"。当时的灯以纱绢、玻璃制作，上绘古今故事，以供赏玩。冰灯是清代特殊的灯品，由满族人自关外带来。

2. 元宵节的习俗

吃元宵、赏花灯、舞龙舞狮等活动是元宵节的几项重要习俗。元宵也称汤圆，作为节俗食品在中国由来已久。宋代民间已流行吃汤圆，当时人称浮元子、汤团、汤丸，生意人还美其名曰"元宝"。元初时，汤圆已成为元宵节的应节食品，之所以称之为元宵，是因为人们习惯在上元夜吃它，取上元节宵食之义。元宵以白糖、玫瑰、芝麻、豆沙、黄桂、核桃仁、果仁、枣泥等为馅，用糯米粉包成圆形，可荤可素，风味各异，有团圆美满之意。

元宵节有张灯赏灯的习俗，故又称为灯节。东汉时期，佛教传入中国，灯一直是佛前的一种供具。汉明帝为宣扬佛教，下令正月十五夜在宫中和寺院"燃灯敬佛"。此后，元宵放灯的习俗就由原来只在宫廷中举行而流传到民间，相沿成俗。唐代元宵放灯盛况空前。唐玄宗（685—762年）时的开元盛世，长安的灯市规模很大，燃灯5万盏，花灯花样繁多，皇帝命人做巨型的灯楼，广达20间，高150尺，金光璀璨，极为壮观。元宵观赏的灯多为花灯或彩灯，样式上有带穗的挂灯、美丽的壁灯、精彩的提灯、玲珑的走马灯等，造型上有山水人物灯、鸟鱼花虫灯，花样繁多，精彩纷呈。到了现代，我们依然保留元宵赏灯的习俗。

猜灯谜也是人们元宵观灯赏灯过程中的一项重要娱乐活动，据说最早源于宋代。南宋《武林旧事·灯品》记载："以绢灯剪写诗词，时寓讥笑，及画人物，藏头隐语，及旧京诨语，戏弄行人。"宋时，京师、苏州、扬州等繁华城市，每到元宵要建上元灯篷，文人雅士前往聚观猜谜，称为"灯虎"。瓦舍的兴起也为灯谜的发展创造了条件。人们聚集瓦舍，将猜灯谜发展为一种技艺，出现了众多猜谜高手。每逢元宵佳节或重要集会，民间还会以狮舞助兴。这一习俗起源于三国时期，南北朝开始

流行，至今已有千余年的历史。关于狮舞的技艺有说西凉的"假面戏"，也有认为是产生于军队中，两种说法各有道理。随着时代的发展，元宵节的活动越来越多，不少地方还增加了耍龙舟、踩高跷、划旱船、扭秧歌等庆祝活动。

除了庆祝活动，元宵节还有一些信仰性的活动——走百病。走百病，又称游百病、散百病，是明清以来北方的传统民俗。参与者多为妇女，她们身着盛装，结伴而行，走桥渡危，登城，摸钉求子，直到子夜，目的是祛病除灾。另外，在封建社会，由于宵禁制度和封建社会对妇女的约束，年轻女孩只有元宵节才可以出来游玩，元宵节就为未婚男女提供了相识的机会。未婚男女可以借着赏花灯为自己物色对象，所以元宵节古时也被称为中国的情人节。

（三）清明节

清明节在中国岁时体系中有着特殊的地位，是中华民族的重大纪念日，国内大多数民族都有清明祭祖的习惯。我国传承至今的传统节日中，唯有清明是节气与节日合一的民俗大节，兼具自然和人文两大内涵。作为二十四节气之一，清明最早为时令标志，时间一般在农历三月上旬，公历四月五日左右。《淮南子·天文训》说："春分后十五日，北斗星柄指向乙位，则清明风至。"清明风温暖和煦，天地明净，万物显出勃勃生机。清明节气由此得来，含义为天清气明。

1. 清明节的由来

中国传统清明节大约始于周代，距今已有2000多年的历史。清明时节，气温升高，是春耕春种的大好时节，所以民谚有"清明前后，种瓜种豆"的说法。汉魏以前，清明主要指节气，与农事活动密切相连，后来由于清明与寒食的日子接近，而寒食是民间禁火冷食、巫祭扫墓的日子，渐渐地寒食与清明合二为一，寒食节也成为清明节的别称。

关于寒食节的来历，民间一直有这样的说法：相传春秋战国时期，晋国公子重耳为躲避祸乱流亡他国，大臣介子推不离不弃，甚至"割股啖君"。重耳励精图治，终成五霸之一晋文公。晋文公执政后对与他同甘共苦的大臣大加封赏，却唯独忘了介子推。后经人提醒，晋文公忆起往事，要请介子推上朝封官受赏。介子推不求功名，与母归隐山林。晋文公为迫其出山而下令放火烧山，最终介子推与母亲怀抱一棵柳树烧死在绵山。晋文公感念介子推忠臣之志，将其葬于绵山，并下令将绵山改为介山，同时在山上修祠立庙，将放火烧山之日定为寒食节，晓谕全国，每年这天禁火寒食，以示纪念。

清明真正成为民俗节日是在唐宋以后。唐宋时期，民间逐渐将寒食节的节俗内容与清明合二为一。唐代清明节上墓祭扫已成为风气。白居易的《寒食野望吟》中描写了唐代祭墓的情景："乌啼鹊噪昏乔木，清明寒食谁家哭？风吹旷野纸钱飞，古墓累累春草绿。唐李花映白杨树,尽是死生离别处。冥冥重泉哭不闻,萧萧暮雨人归去。"宋代孟元老的《东京梦华录》记载,北宋时期人们在清明这一天都要祭拜扫墓。南宋吴自牧的《梦粱录》中还提到了人们到郊外上坟扫墓的目的是尽自己对祖先的思念之情和敬仰之心。另外,清明时节草长莺飞,风和日丽,人们也趁机到户外踏青春游。宋代天才画家张择端的《清明上河图》,以神来之笔描绘出清明时节人们上坟踏青归来后逍遥自在的场景。进入清代,清明节仍是流传于民间的一个重要节日。清代《帝京岁时纪胜》记载,清代的北京,清明节一到,"倾城男女"纷纷扶老携幼,去四郊扫墓祭祖。

2. 清明节的习俗

祭祖扫墓是清明的重要节俗。一到清明,人们就会忙着上坟祭扫。湖北民谚有:"三月清明雨纷纷,家家户户上祖坟。"古代无论帝王官员还是普通百姓都会在清明节前后上坟祭扫。上坟的内容包括两方面:一是挂纸烧钱,确保先祖在另一个世界不缺钱财,衣食无忧;二是修正坟墓,培添新土,古人常从坟上有无新土来判断墓主有无后人存在。如唐王建诗云:"但看垄上无新土,此中白骨应无主。"清代以后,祭祖扫墓除了山头祭,还出现了祠堂祭,或称庙祭。庙祭是宗族的聚会,人们在清明祭祖后,族长主持共商族内大事,并会聚饮食。到了现代,人们祭祖的内容则根据个人情况而定,或在坟前简单地献上一束鲜花寄托哀思,抑或不上坟而采用网祭、不烧纸而植树的方式。

踏青,又叫春游、探春。清明时节,春回大地,自然界到处呈现一派生机盎然的景象,正是郊游的大好时光。中国民间长期保持着清明踏青的习惯。提到踏青,人们自然就会联想到唐代诗人崔护游城南庄之事。崔护曾在清明当天独游长安城南,到一户人家求饮,一少女得知来意便端出一碗水给他。第二年清明,崔护再次来到城南人家寻访,那女子却因思念崔护至死。于是,崔护便写出了《题都城南庄》"去年今日此门中,人面桃花相映红。人面不知何处去,桃花依旧笑春风"的经典诗句。

清明是杨柳发芽抽绿的时间,民间有折柳、戴柳、插柳的习俗。人们或将柳条插于房檐、轿乘,或编成帽子戴于头上。相传此俗是为了纪念"教民稼穑"的神农氏,也有说是避免疫病、祈寿之意。古谚有"插根柳,活百九"的说法。

清明节还有荡秋千、放风筝的活动。据古书记载,秋千原是春秋时期中国北方的一个古老部族山戎族的发明,后齐桓公北伐山戎后传入中原,演变为娱乐活动,唐宋时期极为盛行。据《开元天宝遗事》记载,唐玄宗天宝年间,每到清明节,皇宫中都要竖起许多秋千架,让嫔妃宫女们尽情玩乐。宫女门身穿彩衣,随秋千凌空上下,宛若仙女从天而降。唐玄宗看得入迷,称之为"半仙之戏"。风筝也是中国古代的一项发明。最早的风筝由木头制成,叫木鸢。大约在西汉初年,木鸢改用竹子和丝绸制作,后又改为纸张。于是,木鸢也就改名为纸鸢。南北朝时期的古籍中,已屡屡出现"风筝"一词。明清之际是风筝鼎盛时期。风筝不仅白天放,夜间也放。夜里在风筝拉线上挂上一串串彩色的小灯笼,像闪烁的星星,被称为"神灯"。旧时,人们把风筝放上蓝天后,便剪断牵线,据说这样能除病消灾,给自己带来好运。

清明节前一日为寒食节,古人有吃"寒具"的习俗。寒具,历代叫法不一,从文献记载来看,应该为馓子、麻花之类的食品。这类食品油香酥脆,可存放时间长,还可以冷食,因此成了南北都很流行的清明食品。另外,在南方水乡,清明大多有吃螺蛳的习惯;巴蜀一代清明节吃"欢喜团";江南一带则每到清明,几乎家家都做青团子,一为开胃尝鲜,二为祭祖上供。

(四)端午节

农历五月初五是中国传统的端午节。端午本是仲夏月的第一个午日,即夏历的午月午日,后人们用数字纪时取代干支纪时,以重五取代重午,但仍保留端午之名。端午作为节名,始于魏晋时期。晋人周处《风土记》中有"仲夏端午,烹鹜角黍"的记载。唐代以前"端午""端五"混称,唐玄宗生于八月初五,为避讳正式改为端午。

1. 端午节的由来

关于端午节的起源说法不一。现代学者闻一多认为端午节起源于吴越地区的龙图腾崇拜。东汉蔡邕《琴操》和晋代陆翙《邺中记》称端午是为纪念介子推。晋代虞预《会稽典录》称端午是为纪念上虞少女曹娥。当然,流传最广的还是纪念屈原说。该说最早出自南朝梁代吴均的《续齐谐记》:"屈原五月五日投汨罗江而死,楚人哀之。每至此日,竹筒注米,投水祭之……"另外还有说法称在先秦时代,人们普遍认为五月是个毒月,五日是恶日,所以五月初五是不吉之日,人们要在此日插菖蒲、艾叶、喝雄黄酒以除恶辟邪。

端午纪念屈原的传说在中国民间流传已久。据说,屈原是楚国大臣,很有才华,受楚怀王重用,但也因此遭同僚妒忌,他们在楚怀王面前诽谤屈原,怀王轻信小人之言将屈原放逐。屈原在流放途中惊闻楚怀王客死秦国和都城被占的消息,满腔悲愤,写下绝笔《怀沙》后投汨罗江而死,这一天刚好是五月初五。楚国百姓惊闻屈原之死,纷纷前往江边凭吊。人们争相划船抢救,这在后世演变为龙舟竞渡;人们为保护屈原的尸体不受损害,用箬叶包了米喂鱼,这就是后来的节日食品粽子;还有人向江中倒雄黄酒想要迷晕蛟龙,以防蛟龙迫害屈原。但学术界普遍认为纪念屈原说应该是后世的杜撰附会之辞。

端午节在秦汉间已经形成,但其习俗主要还是辟恶,孩子们在这一天手腕脚踝上系上五彩(黄、青、赤、白、黑)丝线,以保安康。隋唐时期,端午节已少辟恶之俗而多为娱乐活动,龙舟竞技盛行一时。宋代以后,端午节的风俗有了新的变化,受道教的影响,开始制作天师泥像挂于门上。明清时代,龙舟竞渡之风盛况空前,成为各地普及的风俗。

2. 端午节的习俗

端午节风俗形成可以说是南北风俗融合的产物。龙舟竞渡起源于南方,把五月五日视为"恶日"则起于北方,注入夏季时令风尚,附会于屈原逝世而最终成形。赛龙舟是端午节的主要习俗。赛龙舟是中国历史悠久的一项水上运动,有些地方也称为划龙舟或龙舟竞渡。关于龙舟竞渡的起源,一说是纪念屈原,一说是纪念伍子胥,但其实龙舟竞渡早在屈原之前就已经存在。《事物原始》引《越地传》云:"竞渡之事起于越王勾践,今龙舟是也。"隋唐时期,龙舟竞渡已演变为一种竞技比赛。唐代著名诗人刘禹锡在《竞渡曲》中记叙了在沅江州刺史主持下的一次赛龙舟活动,胜者欢欣,败者沮丧。赛后女子水中嬉戏,与岸边彩旗相映成辉,增添了许多节日乐趣。如今,赛龙舟作为一项重要的体育活动,几乎遍及大江南北。湖南岳阳每年都举办国际龙舟节,参加者众多。此外,随着中外文化交流,龙舟竞渡也先后传入日本、越南及东南亚诸国,赛龙舟盛传于世。

中国南北各地均有端午挂艾草或菖蒲的习俗。艾草代表招百福,是一种可以治病的药草;菖蒲则具有提神通窍、杀虫灭菌的功效。人们将两者挂于门上以期辟邪、护健康。由于五月五日已入夏,后代节俗中又增加了许多卫生保健的内容。如明代盛行用雄黄画额、涂耳鼻,打扫屋子,洒雄黄水,因为雄黄可以杀虫消毒。佩戴香囊、拴五色丝线也是端午习俗之一。五彩丝线系在臂上,并佩戴装满药草的香囊,精致可观,香气扑鼻,有避邪驱瘟之意。

端午节的主要食俗是吃粽子。粽子最早是祭拜祖先神灵用的,起源年代无考。到了晋代,正式定为端午节庆食品。粽子由稻米、箬叶和馅料制成,花样繁多,由于南北口味不同而形成了甜粽、咸粽两大类。

随着时代的变迁,赛龙舟、吃粽子以及屈原传说成了端午节必然的话题,端午防疫避灾的本真渐渐被淹没,挂艾草、戴五彩长命缕、贴五毒符画等风俗也渐渐淡出人们的生活。2005年11月,韩国"江陵端午祭"被联合国教科文组织宣布为"人类口头和非物质遗产代表作"。消息一出,国内舆论一片哗然,网上各路大军反思中国非遗保护不及时,让韩国抢了先。但事实上,彼端午祭非我之端午节。2009年9月,联合国教科文组织正式审议并批准中国的端午节列入世界非物质文化遗产名录,成为国内首个入选世界非物质文化遗产的节日。

(五)乞巧节

乞巧节即农历七月七日,古称七夕节,是中国古代的情人节。牛郎、织女七夕鹊桥相会，至今仍传为佳话。现代我们常用"牵线搭桥"来指撮合男女，这里所搭的桥就是鹊桥。

1. 乞巧节的由来

七夕最早来源于人们对自然天象的崇拜。牛郎和织女本是银河两侧极亮的两颗星星，在上古时期就引起了人们的注意。从历史文献记载来看，至少三四千年前，随着人们对天文的认识和纺织技术的产生，有关牛郎星和织女星崇拜的记载就有了。随着社会生活的发展，人们的想象力日益丰富，于是将人间的生活投射到苍穹天幕，滋生出了牛郎织女的传说。另外，七夕还来源于古人对时间和数字崇拜。七数在民间表现在时间阶段性上，在计算时间时往往以"七七"为终结。而且"七"与"吉"谐音，"七七"是个非常吉利的日子。

关于七夕，民间一直盛传牛郎织女的凄美爱情故事。牛郎织女情投意合、心心相印，却因触犯天条被王母用九天银河分隔两地。两人泪眼盈盈，隔河相望，王母被其真情打动，准许他们每年七月初七鹊桥相会。事实上，牛郎织女的故事经历了一个很长的发展阶段。早在《诗经·小雅·大东》中就有："跂彼织女，终日七襄""睆彼牵牛，不以服箱"的说法，但这里的牵牛和织女只是两个星名，尚无爱情纠葛。东汉《古诗十九首》："迢迢牵牛星，皎皎河汉女……盈盈一水间，脉脉不得语。"借天上的悲剧书写人间的离情，这里的牵牛和织女已成为相爱而不能相见的情侣。牛郎织女的悲剧传说演变为鹊桥相会的喜剧故事大约与汉武帝有关。《太平御览》上记载，七月七日汉武帝与西王母多次聚会，说明七月七日是人神交流的良辰吉日。西王母每次降临前都有青鸟探看，这为汉代将喜鹊融入牛郎织女传说中又增添了依据。梁代殷芸的《小说》完整叙述了牛郎织女的故事："天河之东有织女，天帝之女也，年年机杼劳役，织成云锦天衣。天帝怜其独处，许嫁河西牵牛郎，嫁后遂废织衽。天帝怒，责令归河东，许一年一度相会。"牛郎织女故事的扩充与发展，反映了人们对真情的渴望和对美好人生的向往。唐代以后，因唐玄宗与杨贵妃的爱情与七夕节有关，这一天又成了男女幽会盟誓的日子。白居易《长恨歌》中写道："七月七日长生殿，夜半无人私语时。在天愿做比翼鸟，在地愿为连理枝。"

2. 乞巧节的习俗

乞巧是七夕节的重要活动。乞巧就是七月七日晚上妇女向织女星乞求智巧。晋人葛洪的《西京杂记》中云："汉彩女常以七月七日穿七孔针于开襟楼，人俱习之。"这应该是我国古代文献中最早关于乞巧的记载。乞巧的活动种类很多，最常见的是穿针乞巧。女子比赛穿针，她们结彩线，穿七孔针，谁穿得越快就意味着谁乞到的巧越多。各个地区的乞巧方式不尽相同，但各有趣味。七月七的七娘会，广东称拜七姐，闽台称拜七娘妈。姑娘们梳妆打扮，准备好乞巧玩品、各种花果器物举行盛大的祭拜、祈福仪式。

除了拜七姐，民间还有拜魁星的习俗。俗传魁星七月七日生日，魁星主文事，想求取功名的读书人特别崇拜魁星，所以要在七夕之日祭拜，乞求他保佑自己考运亨通。"七月七，晒棉衣"的风俗始于汉代。据说汉朝建章宫旁有个太液池，池西是汉武帝的晒衣阁，七月七日宫女们会在这里晒衣服。此风俗到魏晋时期演变为了晒书。人们选择七夕晒衣晒书，据说是因为七月七日，阳光强烈，曝晒衣物防蛀虫，起到杀菌的效果。七夕节的节俗食品以巧果最为出名，酥糖、巧巧饭等也是不同地方的应节食品。

（六）中秋节

中秋节是中国的传统佳节，在农历八月十五。中秋节有许多别称：因其节期在八月，又称八月节；又因节日的主要活动与月亮有关，俗称月节、月夕；中秋月亮圆满，象征团圆，所以又称团圆节。

1. 中秋节的由来

据史料记载，"中秋"一词最早出现在《周礼》一书中。魏晋时，有"谕尚书镇牛渚，中秋夕与左右微服泛江"的记载。唐代时，中秋节成为官方认定的固定节日。北宋时期，中秋节已成为普遍的民俗节日，并正式定阴历八月十五为中秋节。明清以后，中秋节已成为中国民间最重要的节日之一。

关于中秋节的来历，一种说法是源于古代的祭月典礼。古时，春种前要进行春祈活动，求土地神赐予五谷，到了秋收的季节要进行秋祀，人们在月亮最圆、最亮的时候对月祭天，祈求来年五谷丰登，表达"花好月圆""人寿丰年"的美好愿望。据《礼记》记载："天子春朝日，秋夕月；朝日以朝，夕月以夕。"意思是天子春天祭日，秋天祭月，早晨祭日，晚上祭月。可见，早在先秦时就有秋天祭月的礼制。还有说中秋节的起源与农业生产有关。秋天是收获的季节，八月中秋，农作物成熟，农民为庆祝丰收，以"中秋"为节日。

中秋节民间有"嫦娥奔月"的传说。传说天上原有十个太阳，烤得百姓无法生活。英雄后羿拉开弓箭，一气射下九个太阳，受到百姓爱戴。后羿到昆仑山访友求道，向王母求得一包不死药，后被逢蒙惦记威逼，后羿的妻子嫦娥不得不吞下不死药飞升到月宫。后羿思念妻子，便派人到嫦娥常去的花园，摆上香案，放上嫦娥爱吃的蜜食鲜果，遥祭嫦娥。百姓们闻知此事，也都在月下摆上几案，向善良的嫦娥乞求吉祥平安。中秋的习俗也就由此传开。

2. 中秋节的习俗

中秋自古就有祭月、赏月、吃月饼、玩花灯等习俗，流传至今，经久不息。八月十五这一天是一年中赏月最好的时节。古人云："十二度圆皆好看，其中圆极是中秋。"中秋赏月的风俗在唐代极盛，唐诗中赏月诗篇众多，大诗人白居易的传世佳作中，以中秋为题的达七首之多。宋代以后拜月、赏月活动更具规模。中国各地至今仍遗存拜月坛、拜月亭、望月楼等古迹。嫦娥奔月、吴刚伐桂、玉兔捣药、杨贵妃变月神、唐明皇游月宫等神话故事都给赏月平添不少浪漫的色彩，表达了人们对"花好月圆，人长寿"的美好向往。

吃月饼是中秋节最重要的风俗。月饼最早是用来祭拜月神的供品，后来人们逐渐把它作为节日食品赠送亲友。《中国风俗辞典》记载：唐代已有吃月饼的风俗，明清以来特别兴盛。清代北京中秋节除赏月、吃月饼外，最有特色的就是到处卖兔儿爷。兔儿爷用泥做成，兔首人身，亦庄亦谐，原是用来祭月，后来变成了儿童中秋节的玩具。除了以上节俗，中国南北各地也有各自不同的地域习俗。如潮汕地区的中秋拜月，江苏无锡的拜斗香，四川人的点橘灯，山东的祭土谷神，香港的舞火龙，等等。由于受中华文化的影响，现在不仅中国人过中秋节，韩国、日本、新加坡、缅甸等亚洲国家也把中秋节作为一个重要的节日。

（七）重阳节

农历九月九日是中国传统节日重阳节，又称老人节。古人认为九是阳数的代表，两九相重即为"重九"；日月并阳，两阳相重，故九月九日为重阳。

1. 重阳节的由来

重阳节是中国民间流传的一个古老的节日，其由来十分久远。据现存史料考证，重阳节的源头可追溯到上古时代在秋季举行的丰收祭天、祭祖活动。古人在九月秋收之季举行祭天、祭祖活动，感念天帝、先祖恩德。一般认为，该节日始于先秦时期，屈原诗作《远游》中就有"集重阳入帝宫兮，造旬始而观清都"的记载。晋代葛洪的《西京杂记》中记录了汉朝宫内"九月九日，佩茱萸，食蓬饵，饮菊花酒，云令人长寿"的场景。唐代正式官方确定重阳节为"三令节"之一，并在民间迅速流行开来。明代以后，重阳活动代代相传，盛久不衰。发展到近代，重阳节承载了更加丰富的文化内涵，因"九"是数字中的最大数，且"九"与"久"谐音，有长久、长寿的含义，寄托人们对老人健康长寿的祝福。

2. 重阳节的习俗

登高是重阳节俗的中心内容，其原始意义是躲避灾祸。古时人们认为重阳节处在冷暖变化、天气初寒的时刻，容易感染疾病，且在原始阴阳概念中，九是阳数的极数，九九重阳意味着阳数的极盛，盛极必衰，因此人们要出外登高野游，避免可能发生的灾祸。南朝梁代吴均《续齐谐记》有个说法：东汉汝南人桓景跟随费长房学道。有一天，费长房告诉他，九月九日你家将有大难，速速回去，令家人做香囊装茱萸系于臂上，登高喝菊花酒，方可免灾。桓景一家照他说的做了。等晚上一回家，家中的鸡、狗、牛、羊通通暴死。费长房告诉他，它们都是替你的家人而死。由此可以推断，重阳登高的活动至迟产生于东汉，究其根源，有避凶驱恶的意图。唐人登高之风盛行，关于登高的诗作也有很多，如杜甫的七律诗《登高》。

重阳节还有插茱萸、赏菊、饮菊花酒的习俗。茱萸是一种可做中药的果实，可以治寒驱毒。古人认为佩戴茱萸可以避邪祛灾。菊花在九月盛开，又是传统草药，所以也成为重阳节避邪之物。重阳赏菊之风在春秋时期已露出端倪，《礼记·月令》说："季秋之月，鞠有黄华。"唐代更是无菊不重阳。诗人王维《奉和重阳节上寿应制》中说："无穷菊花节，长奉柏梁篇。"直接称重阳节为菊花节，可见菊花在节日中的重要地位。流传到现代，每年重阳节不少地方也都会举行菊花展，让人赏心悦目。饮菊花酒则是重阳节更流行的习俗。菊花酒以鲜菊酿酒，头年酿制，次年重阳节饮用，古人笃信饮菊花酒可以延年益寿。

重阳节的食俗是吃重阳糕，此俗唐宋以后开始流行。糕在汉语中谐音"高"，是向上、高升的象征，也是步步登高的意思。讲究的重阳糕要做成九层，像座宝塔，上加两只小羊，以符合重阳之义。现代还有很多地方有重阳节接出嫁女儿回家吃重阳糕的习惯，只是各地在重阳节吃的松软糕点都可以称为重阳糕。

当代社会，随着经济发展和人们生活方式的改变，重阳节被赋予新的文化内涵和价值。原来重阳节的主要习俗是登高，其主要价值是避邪求福、延年益寿，而敬老则成为当代重阳节更加重视和强调的内容，各地都会围绕此主题开展活动。1989年，农历九月九日被定为"敬老节"，倡导全社会树立尊老、敬老、爱老、助老的风气。2006年重阳节被列入第一批国家级非物质文化遗产名录，2012年全国人大常委会审议确定为老人节。

（八）腊八节

腊八节是流行于我国北方的一个传统节日，时间在农历十二月初八。每年腊八这天，北方很多地区忙着泡腊八蒜、喝腊八粥、吃腊八蒜，南方却很少提起腊八。"腊"是古代的一种祭礼，即人们每年年底举行的一种对自然界风调雨顺的答谢祭。《周礼》中记载一年有春祈、夏雩、秋报、冬祭四次祭祀活动，其中冬祭规模最大，后来就称之为腊祭。秦始皇统一历法，将冬末春初的十二月定为腊月，举行冬祭的日子称为腊日。后来受佛教影响，腊日被确定在十二月初八。相传十二月初八是佛祖释迦牟尼成道的日子，佛家称为成道节。释迦牟尼成道前曾苦行六年，每日仅食一麻一米，饿得骨瘦如柴。后来他遇到一位牧羊女，送他一些乳糜吃，吃后体力逐渐恢复，终于在十二月初八这天在菩提下成佛。此后各大佛寺都会在腊八时做粥馈赠善男信女。这一风俗传至民间，平民百姓纷纷效仿。腊八节喝腊八粥演变为了民

间风俗，宗教的色彩已基本消失。

喝腊八粥是腊八节的主要食俗。最早的腊八粥用赤豆煮，后来几经演变，加之地方特色，逐渐丰富起来。不同地区的腊八粥用料各有不同，但基本上包括大米、小米等谷类，红豆、绿豆等豆类，红枣、花生、桂圆等干果类食材，味道鲜美，营养丰富。

二、传统节日的文化内涵

传统节日根植于中国悠久的历史和优秀的传统文化中，并在中华民族几千年延续不断的文化传承中滋养成形。这些传统节日凝聚着历代劳动人民的智慧和情感，文化内涵丰富，可谓中国最具影响力、最具民族特色的文化代表之一。

（一）传统节日的特征

对于中国传统节日的特点，杨景震先生曾在《中国传统节日风俗的形成及其特征》中做了很好的总结。

1. 礼仪性

"来而不往非礼也。"中国是礼仪之邦，讲究礼尚往来。从春节开始，每隔一段时间都会有个重要的节日，大家趁着节日相互看望、送礼，开展礼尚往来的循环活动。节日往来成了密切人伦关系、交流生活信息的重要手段。

2. 理想性

中国每一个传统节日都有一个共同的理想和目的。比如，清明节的目的是"慎终追远"，悼念先祖；中秋节的共同理想是祈盼家人团结，所以要在十五月圆之夜"拜月"，象征团团圆圆。

3. 时代性

节日风俗的形成有它的时代性和时代局限性。如元宵节观灯形成于汉代，兴于唐代，元宋后更盛，这是封建社会中期物质丰富、文化发达的产物。

4. 民族性

每个民族都有自身的民族节日和与之相适应的风俗习惯。

5. 传承性

节日风俗经过世代流传变成了一种固定形式，在一个地区或民族中，具有强大的约束力。它只能在继承发展的过程中加以改造补充。

6. 变异性

节日习俗的形成是一个不断斗争和发展的过程。随着时代的进步、生产方式的变更以及自然环境的变化,节日风俗不可避免地会发生改变。优秀的风俗,后人继承下来并不断改进;不健康的风俗,会被改进甚至被舍弃。

7. 群众性

节日风俗是人民群众集体智慧的结晶,具有集体化、大众化的特点。

8. 地方性

中国幅员辽阔,民族众多,因居住环境的不同,一个普遍流行的节日风俗中,也有不同的地方特色。

(二) 传统节日的文化内涵

传统节日是中华民族共同创造、发展和传承下来的优秀传统文化,凝结着中华民族的民族精神和民族情感,承载着中华民族的文化血脉和思想精华,是维系国家统一、民族团结和社会和谐的重要精神纽带,是建设社会主义先进文化的宝贵资源。传统节日文化内涵丰富,主要体现在以下几个方面:

1. 传统节日根植于古代农耕文化

中国是世界上最早步入农业文明的古国之一。先秦时期,人们就意识到"国之大事在农",认识到人类生存、发展必须顺应天地运行规律和气候变化规律。为准确反映四季变化,指导人们生产生活,古人确立了"二十四节气"。岁时节令确定后,一些在农耕周期中起到重要作用的特殊日期节点就凸显了出来,人们会在这些特殊节点到来时,举行重大的祭祀和庆典活动,随之慢慢演变为传统节日。纵观传统节日的时间特点,可以看出它们都分布在一年的特定季节上,从春节、元宵到重阳、腊八,可以联结成一年春、夏、秋、冬四季。春耕、夏耘、秋收、冬藏,人们依据岁时季节和农业活动的周期变化,辛苦劳作,娱乐享受,张弛有度。

传统节日习俗的形成也与四时变化和农业生产活动休戚相关。如春节,我们也称为"过年","年"本义是年成,五谷成熟。《说文解字》:"年,谷熟也。"谷子一年一熟,春节一年一次,过年含庆祝丰收之意。清明本是二十四节气之一,清明时节全国大部分地区气候温暖,草木茂盛,正是春耕春种的时节。人们踏青赏春,祭奠先祖,以饱满的热情投入农耕播种。从节日的时间分布上看,一年之中冬春两季,节日较多,节庆活动内容丰富,而夏秋季节,节日相对较少,这与农耕社会农忙农闲有关。另外,四季节日的娱乐活动和饮食,也是因时而设,应季而生。春节、元

宵节期间燃放鞭炮、扭秧歌、逛庙会，能给寒冬中的人们增添激情和乐趣；到了清明节，春回大地，万物复苏，正是踏青、放风筝的好季节；端午节恰是气温已高且江南水乡汛期未至的时候，赛龙舟自然成了受欢迎的活动；中秋佳节空气清新，圆月高悬，是"花好月圆人团圆"的大好时期，适合全家团聚，共同赏月、拜月、吃月饼。中秋、重阳之时，各种瓜果成熟，石榴、葡萄等各色水果就常出现在人们的节日餐桌上；端午时节，粽叶飘香，粽子成了应节美食。由此可见，中国传统节日反映了农业社会的规律，具有鲜明的农业文化色彩。

2. 传统节日体现浓厚的伦理观念

传统节日活动中的祭祖仪式和合家团圆之乐，表明节俗中保留着祖先崇拜的痕迹，体现了中国节日中的伦理特色。中国是一个重人伦、亲情的国度，传统节日中的诸多礼俗都体现了这一特点。岁时祭祖，几乎是所有节日不可或缺的内容。春节、元宵、清明、端午、中秋、重阳等节日，或庙祭、或墓祭、或洒扫焚香，第一刀新穗、第一杯佳酿都是用来祭奠先祖的。人们通过这种活动，表达后辈的孝思与追念；反过来这种周而复始、连绵不断的岁时节俗，又不断强化人们的血缘亲情。辞旧迎新、合家团圆是春节的主题，无论身处何地，回家过年是所有人的心愿，除夕年夜饭是合家团圆的盛典；清明节人们祭祖扫墓，缅怀先祖，体现了敬祖爱祖，热爱亲情和友情的情怀；中秋节，合家团聚，共赏明月，共食月饼，体现了中国人祈盼家庭团圆、幸福安康的美好心愿；七夕表达了人们对忠贞不渝的爱情的希冀；重阳节则体现敬老、爱老的文化内涵。每逢节日来临，一家人团团圆圆、和和气气地坐在一起吃饭、聊天，共享天伦之乐；亲戚邻里之间，互赠节日礼品，增进感情。传统节日成了维系人际关系、人情往来的重要精神纽带。

3. 传统节日蕴含的丰富哲学思想

传统节日的由来和风俗习惯作为中华传统文化的重要组成部分，蕴含了中华传统文化中"天人合一"的哲学思想和崇尚自然的哲学情怀。"天人合一"是中国重要的哲学思想，其最基本的含义是追求自然与精神的和谐统一。古时人们生产与生活都要顺应天道，人们追逐着日月星辰的轨迹和四季更替，感悟天、地、人"三才"的贯通一气，设置的黄历与自然规律完全协调一致。四时节俗都是以黄历为时间界定，从时序安排上，宛如一条由自然节气生成而贯穿春夏秋冬的"文化链"。中国传统节日时间选择上体现了人们顺应四时变化的理念，四时节庆的和谐有序、错落有致，充分体现了人与自然的和谐统一。春节迎新、清明踏青、端午赛船、中秋赏月、七夕观星、重阳登高等节俗活动，更是人们顺应自然规律，追求天人合一的重要体现。人们在节日中注重人与自然的亲近。春天到了，万物复苏，踏青赏春，娱乐健身；炎炎夏日，佩艾采药，驱邪避毒，以期安度酷暑；秋季秋高气爽，适合赏月玩菊，登高辞青；严冬降临，洒扫除疫，送灶祭祖，团圆守岁，品味"天增岁月人增寿"的喜悦。

4. 传统节日是民族精神的写照

中国传统节日在流传与发展过程中吸收了中华民族优秀文化的精髓，集中体现了历代中国人民的共同理想和精神追求，凝聚中国民族精神和思想精华。正是由于这些民族精神的存在，中国传统节日及其风俗几千年来得以传承、保护和发展、光大。

（1）热爱生命的人本情怀

中国传统节日，以人为中心，追求人与万物的和谐。各项节庆活动以满足人的需要，和谐天人关系，促进人际交往为目的。节日来临，人们走亲访友、合家团聚、欢庆交流，在普天同庆、其乐融融的氛围中追求人与自然、人与人的和谐。中国传统节俗中有很多群众性的娱乐活动，如春节的舞龙舞狮，清明的踏青赏春，端午的龙舟竞技，重阳的登高啸咏、骑射竞射，这些节俗无不传递着人们珍爱生命、热爱生活、追求美好生活的愿望。另外，中国许多节日有辟邪驱瘟的习俗，表达了人们热爱生命、追求健康的心愿，如端午节悬挂艾蒲、饮雄黄酒，重阳节佩戴茱萸、饮菊花酒等。

（2）尊老爱幼的传统美德

中国人民崇尚孝道，不忘根本、慎终追远。这种民族精神通过节日祭祖仪式代代相传。春节、清明节、中秋节都有祭祖的仪式和内容，人们在祭拜追思中表达对先祖的感恩与怀念。节俗活动中也有体现对长者尊敬和对幼儿宠爱的内容。春节时，晚辈给长辈拜年，为长辈送上可心的礼物，祈福长辈安康长寿，而长辈则要给晚辈准备好"压岁钱"，辟邪驱鬼，保佑平安。重阳节是中国的"老人节"，尊老爱老、祈福求寿是该节日的重要主题，节日期间，人们开展各项敬老活动，表达对老人的美好祝愿。幼儿也是传统节日的宠儿，春节拿"压岁钱"，端午节佩戴香囊，中秋节把玩"兔儿爷"，等等。

（3）精忠爱国的博大情怀

中国传统节日中，有不少与忧国忧民的民族气节和精忠爱国的博大情怀相联系，其中清明节和端午节体现得最为明显。清明的习俗来源于寒食节，介子推"割股奉君"，却在晋文公封赏他时，居功不取，隐居绵山，晋文公求人心切，听小人之言，下令三面烧山，意图逼其出山，结果误将介子推与其母亲一起烧死山中。介子推用生命为代价，劝谏君王自修自省，勤政清明。人们为纪念他忠义正直的气节，在寒食节之日普遍禁忌烟火，只食冷食。而端午节的龙舟竞技、吃粽子、挂艾草等习俗，则与纪念伟大的爱国诗人屈原联系起来。屈原是爱国和忧民的化身，他屡遭陷害，含冤而死，人们为了凭吊他而进行的各种活动，逐渐演变成了端午节习俗。屈原忧国忧民的爱国精神也在人们年复一年"过端午"的习俗中世代相传,不断发扬光大。

(4) 贵和尚美的心理追求

中国传统节日风俗中,蕴含着人们的生活经验、价值观念、审美理想与追求,这些都是民族精神的精髓。"贵和尚美"是中华传统文化的基本精神之一。"和"即和谐,"美"即美好、团圆。人们追求万物和谐共生、家庭团圆、生活美满的心理诉求常常体现在中国节日习俗中。除夕之夜,全家团聚,一家人欢欢喜喜吃团圆饭,守岁迎春。如今很多家庭成员因为工作繁忙平时很少见面,除夕吃团圆饭成了全家团聚的大好机会。元宵节吃汤圆,象征人们希望生活团圆、美满。清明的祭祖、踏青表现了与祖先、与自然的和谐团圆。端午的赛龙舟是一种集体和谐合作的活动。中秋节,月圆人团圆,赏月吃月饼,表达人们对幸福美好生活的憧憬。重阳登高吃重阳糕,寄托人们希望健康长寿、步步高升的美好愿望。

5. 传统节日是民族情感的凝结

中华传统文化是中华儿女的精神寄托,是凝聚中华民族的精神纽带。传统节日作为中华传统文化的载体,是民族情感的鲜活展示和充分表达。传统节日经过几千年的传承、发展、融合,形成了独特的民族特性。千百年来,无论海内海外,传统节日总是能吸引中华儿女广泛参与和共享。春节回家、清明扫墓、端午纪念屈原、吃粽子等风俗早已内化为中国人的道德意识和行为习惯,而这些习惯最容易唤起人们对家国、亲人的情感,唤起人们对民族的记忆和民族文化的认同。每逢春节,中国人无论身在何处,都要回家团聚,共度新春。海外的华人华侨,也会以不同的形式庆贺佳节。他们举办各种庆祝活动以加深后代对中华文化的理解,增强中华民族的凝聚力,表达思乡、盼团圆的心情。有华人的地方就有中国年。清明之际,大批的海外华侨归国祭祀先祖,他们在追忆先祖的仪式中,接受民族文化的熏陶,保持血脉相连、心心相印。同时,传统节日作为一个文化符号,标志着民族认同感,是维系中华民族融合统一的重要纽带。中国是一个多民族国家,各少数民族也将汉族的春节、端午、中秋、重阳等列为自己民族的节日。各民族在共同欢度节日中,促进了民族文化交流,巩固了民族团结,增强了中华民族的凝聚力和向心力。

(三) 传统节日的传承与创新

随着经济全球化发展和中国改革开放的不断深化,以农耕文明为基础的传统节日文化的载体、形式受到经济形态、新传播手段和新文化需求的强力冲击。人们对传统节日的文化意识日渐淡薄,传统节日的文化氛围和文化功能也日渐淡化,甚至被曲解、异化。人们可能只知道春节吃饺子、元宵节吃汤圆、中秋吃月饼、端午吃粽子,这些背后的文化渊源和文化意义则鲜少被提及,节日的礼仪和活动也逐渐消失。过度商业化破坏了传统节日应有的价值观念,物化的传统节日成为商家赚钱的商品。同时，近些年，圣诞节、情人节、愚人节等西方节日蔚然成风，平安夜送平安果、情人节送玫瑰和巧克力、万圣节举办化装舞会等这些"洋习俗"越来越受到年轻人的追捧。人们对传统节日的漠视和对西方洋节的追捧形成了鲜明的对比。因此，我们要加强传统节日的保护，振兴优秀的传统节日文化。我们要健全传统节日保护和传承的机制；加强传统节日的立法保护，加大政府、媒体、学校对传统节日文化的宣传和教育，做好普及、宣传和引导工作；注重传统节日文化的创新发展，将现代生活理念和精神元素植入传统节日文化中，让传统节日文化在当今社会重新焕发生机和活力。

思考与练习

1. 以某个节日为例，谈谈你所知道的节日内容、形成与变迁的表现及原因。
2. 如何理解"生活中不可无节日，节日里不可无活动"这句话？
3. 查阅相关资料，讲讲你所知道的传统节日故事。

第六章　中华民族传统文化融合与中外传统文化交流

导言

人类文化是一个动态开放的系统，文化间的融合与交流是人类历史前进的活水、源头，它为文化的进步与发展提供了动力和机遇。一个国家只有拥有健全的文化输出与接收机制，才能使它自身的文化得到空间和时间上的拓展和延伸。中华传统文化在其漫长的发展历程中，以迁徙、聚合、贸易、战争为中介，各民族之间以及与域外文化间的交流、碰撞和融合从来没有间断过。本章我们将从中华各民族文化融合以及中外传统文化交流两方面探究中华文化何以如此气象万千、生机勃勃。

中国是一个多民族的大家庭，中华大地上的民族基本可以分为三种不同的文化类型，即中原定居农业文化、北方草原游牧文化和南方山地游耕文化。在中华民族形成和发展的漫长历史过程中，分别在春秋战国时期、魏晋南北朝时期、辽夏金元时期出现了三次民族融合的高潮。汉民族文化和少数民族文化相互影响，少数民族文化极大地丰富了汉民族人民的物质和精神生活，汉民族文化也从生产方式到思想文化再到生活习俗等各个方面都深刻影响了少数民族，二者共同构成了光辉灿烂的中华文化。

中华文化自诞生之日起，便绝非自我禁锢的系统。中国古人开辟了陆上和海上"丝绸之路"，并不断精进各种交通方式，创造开放的环境。在不同时期的对外交流之中，中华文化都善于学习各种域外文化系统的长处，并加以消化和吸收，使自己不断丰富和发展，如古代印度佛教的传入和本土化，吸收西方先进的思想和科学技术等，都是鲜明的例证。中华文化在向其他文化学习的同时，也非常注重将自身优秀的部分源源不断地向外辐射和传播，对世界文化的发展作出巨大贡献，如中国的丝织品、瓷器和四大发明等文明成果就传到了世界各地。

各民族、各国分属不同的文化圈层，而且无论是民族文化的交融还是中外文化的交流，都是以尊重彼此的文化为前提的。交融和交流的目的不是征服和统一，而

第六章
中华民族传统文化融合与中外传统文化交流

是相互借鉴，取长补短，增信释疑，加强合作。希望包括中华文化在内的每一种文化都保有自己的独特之美，并在交融和交流中变得更加灿烂！更希望作为大学生的同学们，能因中华文化的灿烂美好而骄傲自豪！

视野拓展

书籍

1. 史建群、董海立．血凝中华：华夏文明与民族融合的历史进程［M］．郑州：河南人民出版社，1998．
2. 陈国灿、何德章．民族融合 缔造中华：中华民族的形成与发展［M］．武汉：武汉大学出版社，1995．
3. 魏秀春．中外文化交流史佚闻趣事［M］．济南：山东画报出版社，2008．
4. 赵丰．丝绸之路：起源、传播与交流［M］．杭州：浙江大学出版社，2015．

在线课程

马健等，《古代游牧文化》，西北大学，中国大学MOOC，http://www.icourse163.org/course/NWU-1207249802．

纪录片

1. 《丝绸之路》，导演铃木肇，日本放送局、中国中央电视台联合制作，1980．
2. 《海上丝绸之路》，导演张伟，上海广博电视台、广东广播电视台、泉州广播电视台联合录制，2016．
3. 《一带一路》，导演李亚玮，中央电视台，2016．

中华优秀传统文化

第一节　中华各民族传统文化的融合

学习提示

　　数千年来，广袤的中华大地上分布着很多民族，除汉族外，还有其他一些民族，中华文化是各民族共同造就的。出于生存和交往的需要，不同的民族间不断碰撞、交流和融合。同学们在学习这一节的内容时，要注意思考以下问题。

　　为什么北方游牧民族屡次发动南下掠夺战争？这与游牧文化的特征有关吗？为什么农耕民族要花费巨大的人力、物力修建长城？这种重视防御的战略选择与农业文化的特征有关吗？在中华民族大融合的过程中，有些少数民族的领袖主动推行"汉化"改革，积极学习汉族文化，其背后的深层次动机是什么？为什么这些军事上的征服者，一旦进入中原地区，就成了文化上的被征服者？每一次民族大融合之后，就会出现一个相对统一的强盛时期，比如第一次民族大融合之后的秦汉，又是为什么呢？

　　同学们，带着这些问题去学习，你们会收到事半功倍的学习效果。

学习目标

1. 掌握三种文化类型的典型特征；
2. 掌握民族文化融合的具体内容和表现形式。

　　中华民族是一个多民族的大家族，几千年来中国大地上繁衍生息着数十个民族，在漫长的历史进程中，各民族之间不断地碰撞、交流，冲突不断却又水乳交融，共同造就了生机勃勃、气度恢宏的中华文化。

一、中华民族的三种文化类型

　　中国是一个地大物博、气候多样的国家，由于地理环境的多样性，经过漫长的演化，逐渐形成了三种不同的文化类型，即中原定居农业文化、北方草原游牧文化和南方山地游耕文化。历史上的各民族基本可以划分为这三种文化类型中的一种，如汉代的匈奴、唐代的突厥属于典型的游牧文化，世代居住在黄河流域的汉族属于农业文化，而海南的黎族、广西的瑶族则属于游耕文化。

(一) 中原定居农业文化

中原一般指黄河中下游的平原地区，这个地区很早就产生了农业文化。在黄河中下游新石器时期的遗址中，已经发现这里当时曾种植过粟（去壳后称小米，是中国北方的主要粮食作物）。中国是一个农业大国，农业文化是中华文化的核心部分，具有与游牧文化和游耕文化截然不同的鲜明特征。

1. 精耕细作的生产方式

根据文献记载，中原地区的先民们也采用过"刀耕火种"的畲田制。后来，在较短的时期内，先民们抛弃了这种粗放的生产方式，改为"休耕轮作"，即利用优越的地理环境，让一部分田地休耕，以恢复耕地的生产能力。随着农业技术的不断进步，铁农具被普遍使用，牛耕也得到推广应用，再加上肥料的使用，"休耕轮作"制也被逐渐废弃。中原地区的农耕民族世世代代耕种在祖先生活的土地上，对脚下的土地充满感情。

2. 安土重迁的生活方式

农耕民族的生活与土地紧密相联，土地是农业生产中最重要的生产资料，因此农耕民族与游牧民族不同，农耕民族无法离开土地。特别是夏代以后，历朝历代都把农业作为立国之本，大力兴修水利工程，这更加强了农耕民族对土地的黏着性。除非遇到无法抗拒的天灾人祸，否则农耕民族很少背井离乡。

3. "自给自足"的经济形态

相对于游牧文化，农业文化表现出明显的"自给自足"的特征。虽然农业生产也受制于自然条件，但水利工程的修建增强了抗旱能力，农耕民族又具有丰富的抗灾经验，不像游牧民族那样，一旦遇到草枯水乏，只能在饥饿的驱使下南下掠夺。因此，农业文化表现出"自给自足"的特点。农耕民族主动修建长城拒敌于千里之外，从侧面证实了农业文化的这一特点。

4. 高度发达的中原文化

中原地区拥有高度发达的物质文化和精神文化，生产水平和文化繁荣程度都远远高于其他地区。在不同类型文化交融的过程中，中原定居农业文化始终处于主导地位。历史上，有多个少数民族政权的统治者提倡中原文化，全面模仿汉族的各种制度。游牧民族也曾数次用武力征服中原地区，却又被这里的文化所吸引，总是自觉或不自觉地效仿和吸收中原文化，最后沦为文化的被征服者。

(二) 北方草原游牧文化

秦汉以来，中国的游牧区和农业区大致以长城为分界线，长城以北是广袤的游牧区，长城以南是肥沃的农业区。根据文献记载和近年的考古发现，中国北方游牧区的形成晚于农业区，大致出现在西汉以前的1000多年。游牧文化具有三个非常典型的特征。

1. 风吹草低见牛羊

"天苍苍，野茫茫，风吹草低见牛羊。"这首南北朝时期的民歌带有鲜明的游牧民族的色彩，是对北方游牧民族生产方式的生动概括。游牧民族以畜牧业为主，放养牛、羊、马等牲畜，以牲畜的肉和乳为食物，用牲畜的毛皮做衣服。同时，他们还从事狩猎、采集、耕作，以补充生活资料。

2. 逐水草而居

古代文献曾将匈奴、乌孙、西夜等游牧部落形象地称为"行国"。由于放牧需要，游牧民族一直过着迁徙不定的生活。蓄养牲畜需要大量的牧草，一片牧场的牧草消耗殆尽后就需要转移到另一片牧场。夏季，游牧民族把牲畜赶到海拔较高、气候凉爽、水草丰茂的牧场；秋冬季节，气候严寒，再把牲畜赶到海拔较低、气候温暖的牧场中过冬。至今，草原上的游牧民族还保留着这种"转场"的风俗。

3. 对农业文化的依附性

游牧区的生产无法充分满足游牧民族的生活需要，农业区出产的粮食、盐、茶叶、酒、布匹、铁制工具等各种生活资料，都是游牧民族所需要的。游牧经济主要产出的是畜牧产品，畜牧产品不如农业经济的产物（粮食谷物）那样易于保存。一旦遇到暴雪、蝗灾、瘟疫等，牲畜在短时间内大量死亡，游牧民族的生活资料就会损失殆尽，直接面临死亡的威胁。蒙古族的牧民中至今还流传着"家财万贯，长毛的不算"等谚语。所以，从整体看来，游牧民族缺乏农耕民族那种顽强持久的抗灾避灾能力。从地理分布来看，游牧民族往往分布在农业文化的周围，以便进行贸易。在遇到重大自然灾害时，游牧民族也会选择用战争的方式获得必需的生活资料。

(三) 南方山地游耕文化

中国南方山地的自然条件不如黄河长江中下游地区。当黄河长江中下游地区的各民族兴修水利、提高种植技术、采用精耕细作的生产方式时，南方山地的各民族还长期保留着人类童年时期的生产方式，因而也表现出不同于前两种文化类型的一些特征。

1. 刀耕火种的农业技术

"刀耕火种"是一种比较原始的生产方式。游耕民族用铁斧等工具砍伐地面上的植被，晒干后用大火焚烧。经过焚烧的土地会变得松软，焚烧后形成的草木灰成为农作物生长的肥料，播种后就不用再施肥。但这种生产方式导致土地几年后就失去了生产能力，这就需要重新寻找一块土地，曾有文献对此进行记载："地力渐薄，辄他徙。"

2. 渔猎：农业的重要补充

由于农业技术较为落后，所提供的生活资料无法满足游耕民族的需要，所以南方山地里丰富的野生动物资源，就成为农业的有效补充。游耕的生产方式比较简单，不需要像中原地区那样精耕细种，节省下来的劳动力就可以从事狩猎或捕鱼。以上因素导致渔猎在游耕文化中的地位非常突出。

3. 迁徙不定的游动生活

与农耕民族安土重迁不同，游耕民族"食尽一山则移一山"，这是由其生产方式决定的。他们总是不断迁徙，寻找理想的生存环境。与此相应，他们的住房通常十分简陋，商业和手工业也不发达。

正是由于以上三种文化类型的不断交流和融合，中华文化才最终得以形成，并长期保持着旺盛的生命力。

二、中华民族传统文化融合的三次高潮

在中华民族形成和发展的漫长历史过程中，各民族之间一直进行着各种形式的文化交流、碰撞和融合，还出现了三次民族文化融合的高潮。

（一）春秋战国时期

春秋时期，华夏民族居住在中原地区，四周居住着其他民族，这些民族由于生活在华夏民族的四方，被统称为"四夷"。由于周边民族不断向中原地区迁徙，各民族之间的交流日益密切。经过数百年的变迁，一些原来被视为"四夷"的民族，也逐渐被华夏民族所同化。如秦国人原来被视为戎狄，楚国人原来被视为"蛮夷"，后来两国在语言文字、制度礼仪等各方面与华夏民族渐趋一致，最终与另外五国并称战国七雄，融合发展成为一个统一的民族，已不再有"夏夷之别"。经过数百年的斗争与融合，在中原地区逐渐形成了以华夏为主、融夷戎狄为一体的汉族。

夷夏融合告一段落后，民族融合的重心转向了胡汉之间。胡是当时中国西方和北方的游牧民族。赵武灵王倡导的"胡服骑射"是这一时期民族融合的典型事件。战国时期，赵武灵王在与游牧民族的作战中，发现中原战士作战时驾驶兵车，在兵车上与敌人搏斗，不如游牧民族骑在马上那样机动灵活。要从车兵战改为骑马作战，首先要改变服装，把宽衣博带的中原传统服装改为胡服。胡服是北方游牧民族的着装，短衣长裤，脚上穿靴，便于骑马。赵武灵王下达了"胡服骑射"的命令，让军队改穿胡服，学习骑射。虽然统治者的本意是加强军事实力，但在客观上促进了民族交流与融合。

（二）魏晋南北朝时期

魏晋南北朝由于战乱不断，造成了民族大迁徙、大混乱和大融合。匈奴、鲜卑、羯、氐、羌等少数民族从北方迁入中原地区，与汉族杂居，改为从事农业生产，经过300多年的融合，这些民族逐渐汉化，其族名也慢慢从史籍中消失。

这一时期，一些少数民族的统治者发起了自上而下的汉化改革。其中，北魏孝文帝的改革是当时最著名的事件。孝文帝力排众议，迁都到中原文化的中心洛阳，效法汉族的政治经济制度，推行了一系列的汉化政策，包括要求鲜卑族改为汉姓，改穿汉服，改说汉语，改用汉礼，鼓励与汉族通婚，等等。经过孝文帝改革，鲜卑族从生产方式到生活方式，全面汉化，从而与汉族完全融合了。

在北方少数民族迁入黄河流域时，中原的汉族人为避战乱，也在不断向南迁徙，这使得南方民族的迁徙也频繁起来，有汉族迁徙到少数民族地区，也有少数民族迁徙到汉族聚居处。有些地域，少数民族被汉族所同化，也有些地域，汉族被少数民族所同化。各民族之间的文化交流愈来愈密切，最终"你中有我，我中有你"。

魏晋南北朝是中国历史上非常混乱的时期，但这一时期的民族大融合，为后面隋唐文化的繁荣奠定了基础。

（三）辽夏金元时期

辽、夏、金、元分别是契丹族、党项族、女真族和蒙古族建立的政权，这些少数民族非常注重学习汉族文化，他们的政治体制、官僚制度都是模仿汉族设置的。契丹族、党项族和女真族还在汉字的基础上创制了自己的文字。女真族和蒙古族学会了汉族制造和使用火药、火器的方法。汉族的一些经典著作被翻译成各个民族的文字，流传开来。这期间各民族互相杂居，交流十分密切。像西夏境内除了党项族，还居住着汉族、藏族和回纥族。元代政治统一，疆域辽阔，民族迁徙活动一直持续不断进行着。有蒙古人迁入中原驻兵防守，也有汉族和其他少数民族被迁到蒙古或其他地区屯田。经过多次大规模的迁徙活动后，元朝时形成了普遍的民族杂居的状况，这有利于加强各民族间的经济文化联系。

与上一次民族大融合相比，在这一次的民族大融合中，少数民族没有因为学习汉族文化而被彻底同化，反而在广泛学习汉族文化的基础上，发展了本民族的文化。

三、汉族文化对少数民族的影响

在民族融合的漫长历史过程中，每个民族都作出了独特的贡献，都丰富了中华文化的内容，但占据主流地位并贯穿始终的是先进的汉族文化，它始终强烈地吸引着各个民族。从生产方式到思想文化再到生活习俗，汉族文化在各个方面都深刻影响了少数民族。这种影响有些是自然发生的，有些是汉族通过"和亲"等政策有意推进的，还有些是少数民族的统治者，出于增加国力和加强统治的需要，自上而下推动的。汉族文化对少数民族的影响主要表现在以下几个方面。

（一）生产方式的转变

北国北方草原的游牧民族虽然以放牧为主，但受到汉族农业文化的影响，在一些气候、水源、土壤合适的地方，也兼营农业生产。根据文献记载，早在公元前3世纪，匈奴的游牧区就有汉人在从事农业生产。《汉书》曾记载："秦时有人亡入匈奴者，今其子孙尚称秦人。""秦人"就是汉人。这些汉人有些是被匈奴人抢掠来的农民，有些是战败投降的官兵，还有些是逃亡到匈奴的贫困农民。他们把中原地区先进的农耕技术传授给游牧民族。秦汉以后，很多游牧民族继续兼营农业生产，还从汉族那里学会了打井、兴修水利、使用铁制农具，进一步提高了农业生产的效率。

除了在游牧区兼营农业生产，还有一些内迁到中原农业区的游牧民族，在和汉族杂居的过程中，逐渐放弃了原先的游牧生活，改为从事农业生产。如内迁到山西的匈奴、羯、鲜卑等各族，在南北朝时期还以牧业为主，曾经把北方的农田开辟成牧场，但到了隋代，就以从事农耕为主。有些少数民族的统治者还积极采取措施鼓励农耕，北魏孝文帝推行的均田制就促进了农业生产。

（二）儒家文化的传播

儒家文化对少数民族有着非常深刻的影响，根据《北史·高祖孝文帝本纪》记载，北魏孝文帝"雅好读书，手不释卷，五经之义，揽之便讲"。辽朝和金朝都尊崇孔子，奉儒学为正宗，以儒家思想作为政治文化的主导思想。在辽朝，由朝廷刻印并颁布发行过《五经传疏》。金朝的国学非常重视经学的学习，把经书列为必读书目。元代忽必烈提倡程朱理学，以朱熹注释的四书五经作为科举考试中选拔人才的标准，使朱学成为元代的官学。

（三）文字、文学和姓氏的影响

汉族早在殷商时期就有了甲骨文，而一些少数民族是有语言无文字的。当他们建立起政权后，对文字的需要就产生了。这时，成熟的汉字立刻成为少数民族仿制的对象。"凡异族之以武力兴者，率多同化于汉人之文教，即其文字有独创者，亦多出于华文。"（柳诒徵《中国文化史》）历史上契丹族、党项族和女真族曾参照汉字，分别创制了契丹文、西夏文和女真文。10世纪初，契丹族建立辽国后，先后仿照汉字创造了两种文字用来记录契丹语，称为契丹大字和契丹小字。11世纪，党项族建立西夏后，也仿照汉字创制了西夏文。12世纪女真族建立金朝后，又参照契丹字和汉字制成女真字，成为金朝官方通用语言。这三种文字都使用了几百年的时间，由于各种原因，现在已经失传。

汉族的优秀文学作品一直受到各族人民的喜爱。根据文献记载，苏轼的弟弟苏辙出使辽国时，"每被行人问大苏"（总有行人问起他的哥哥苏轼）。苏轼本人和辽朝来的使者共饮时，使者还能诵读他的诗句"痛饮从今有几日，西轩月色夜来新"，以证明苏轼有酒量、善饮酒。可见，辽朝很多人熟悉并喜爱苏轼的诗词。此外，陶渊明和白居易的诗在辽朝也广为传诵，贾岛的诗还是当地儿童的启蒙读物。有些少数民族的优秀领袖也喜欢汉族的文学作品，后金的首领努尔哈赤就"好看三国、水浒二传"，他还命令把《三国演义》译成满文，发给自己的部下阅读。

在与汉族密切接触的过程中，有些少数民族还改姓汉姓。如北魏孝文帝曾下令让鲜卑族改姓汉姓，把拓跋氏改为元氏，丘穆陵氏改为穆氏，贺赖氏改为贺氏，独孤氏改为刘氏等。从此，鲜卑族和汉族在姓氏上几乎看不出什么差别了。

四、少数民族文化对汉族的渗透

文化的交流是双向的，汉族文化在发展过程中，从衣食住行到音乐舞蹈，从民间故事到诗词戏曲，也受到少数民族文化的广泛影响。少数民族的文化极大地丰富了汉族人民的物质和精神生活，二者共同构成了光辉灿烂的中华文化。少数民族文化对汉族的渗透主要体现在以下几个方面。

（一）饮食起居

在汉族的饮食中，有很多食物是来自其他民族的。北方人爱吃的芝麻烧饼，原来叫胡饼，本来是西域的食品，通过新疆的少数民族传入了内地。胡饼在唐代就成为受人青睐的美食了，白居易的诗里还写道："胡麻饼样学京都，面脆油香新出炉。"除了胡饼，花椒（胡椒）、香菜（胡荽）、黄瓜（胡瓜）、红萝卜（胡萝卜）、核桃（胡桃）、蚕豆（胡豆）、芝麻（胡麻）、大蒜（胡蒜）、菠菜（波斯菜）、石榴、葡萄等多种瓜果蔬菜和粮食作物，以及葡萄酒和烧酒的制作技术都是通过少数民族传入内地的，这些都已成为汉族和其他各族人民餐桌上的美食。

少数民族在生活起居方面也影响了汉族。汉族原来是席地跪坐，端庄得体但不舒适。东汉末年，胡床传入了中原地区。胡床，就是现在的马扎，可开可折，方便携带，可以挂在马鞍上，是适应北方游牧民族的放牧需要而产生的。坐在胡床上，双脚下垂，称为胡坐。据说，当时的汉灵帝就喜爱胡床与胡坐，上层社会的人士争相效仿。跪坐渐渐从汉族人民的生活中消失了。在胡床的启发下，中原人民不断发明创造，适应垂足而坐的桌椅板凳渐次出现，成为人们生活中不可缺少的家具。

(二) 衣着服饰

从赵武灵王的胡服骑射开始，少数民族的服装就一直影响着汉族。文献记载"唐人大有胡气"，说的是唐代服装受西北少数民族影响很大，上至皇帝下至平民，很多人都喜欢着胡服，不仅男性穿，连女性也穿。当时胡服的特点是窄袖、紧身、翻领、头戴貂帽，脚上穿靴。从现在保存下来的唐代绘画中，还能看出胡服对当时人们的影响。

近代流行的旗袍，是从满族人的传统旗袍演变而来的。满族人男女老少都穿旗袍，最早的旗袍特点是圆领、窄袖、左衽，衣摆下面开衩，这种服装有助于御寒，适合骑射时穿。满族入关后，男女旗袍稍有区别。后来，男性旗袍逐渐废弃，女性旗袍却不断发展，并被汉族女性所接纳和改进。改良后的旗袍既能够体现女性的曲线美，又显得端庄典雅，在20世纪二三十年代非常流行，是当时中国女性的主要着装。

少数民族除了在服装风格上直接影响了汉族，还促进了纺织技术的传播，提高了服装原料的生产效率。汉族服装最初以麻、毛、丝为原材料制作而成，后来，棉花从新疆少数民族地区传入中原地区。到元朝时，陕西等地已经开始广泛种植棉花。长江流域的汉族也从海南黎族人那里学会了种植棉花的技术。黎族人民的纺织技术非常先进，生产的纺织品远销江南。汉族女性黄道婆在海南岛生活了30多年，从黎族人那里学到了先进的纺织技术，返回自己的故乡松江乌泥泾（今上海乌泾镇）后，积极推广黎族的纺织技术，还根据汉族纺织丝麻的经验，改进了从轧花到织布的一系列生产工具，极大地提高了生产效率。从黄道婆的事迹可以看到，各民族之间在生产技术上一直是相互启发、相互影响的。

(三) 音乐舞蹈

长期以来，汉族的音乐文化中就包含了很多少数民族的音乐文化成分。单就乐器而言，很多都是从少数民族那里传过来的。唐代诗人王之涣的《凉州词》里写道："羌笛何须怨杨柳，春风不度玉门关。"这里提到的羌笛最早在印度流行，后来传到中国西北和西南的羌族地区，最后又传入汉族地区。维吾尔族的手鼓、壮族和苗族的笙、古代龟兹人的管子、新疆各民族从国外引进的箜篌、琵琶、唢呐、胡琴等都被吸收到汉族的乐器中来。除了乐器，西北地区少数民族流行的龟兹乐（来自现在新疆库车）和凉州乐（来自现在甘肃威武），对隋唐时的音乐影响很大。当时很多乐师精于龟兹乐，还有一些乐师是胡人或西域人。他们创作的乐曲，深受包括汉族在内的各族人民的喜爱，"洛阳家家学胡乐"就描述了当时的情景。

与"胡乐"紧密相随的"胡舞"，同样受到当时人们的青睐。唐代最负盛名的是来自西北少数民族的胡旋舞，白居易曾在诗里详细介绍过胡旋舞的特点："胡旋女，胡旋女，心应弦，手应鼓。弦鼓一声双袖举，回雪飘飖转蓬舞。左旋右转不知疲，千匝万周无已时。"

（四）文学作品

丰富多彩的少数民族文学，是中国文学的重要组成部分，也对汉族文学产生了重要影响。

藏族的《格萨尔》、蒙古族的《江格尔》和柯尔克孜族的《玛纳斯》，并称为中国三大英雄史诗，它们填补了汉族缺少英雄史诗的空白。《格萨尔》采用了藏族人民喜爱的民歌形式，讲述了格萨尔王为民除害、伸张正义的故事，塑造了100多位性格鲜明的人物形象，还描写了藏族和汉族人民友好往来的场景，长期在各个民族间流传。

一些少数民族的诗人和词人也很有名，他们创作出不少佳作。如唐代南昭白族诗人杨奇鲲的《途中诗》、段义宗的《洞云歌》和《题大慈寺芍药》就被收入《全唐诗》中。清代时满族人纳兰性德的词清丽婉约，感情真挚，王国维在《人间词话》中评价其"北宋以来，一人而已"。

此外，傣族的长篇叙事诗、维吾尔族和壮族的民间故事都有很高的艺术价值，长期受到各族人民的喜爱，《阿凡提的故事》就深深吸引了各族的小朋友们。

思考与练习

1. 从北魏孝文帝到元代的忽必烈，很多少数民族的统治者都积极学习汉族文化，你认为他们的动机是什么？

2. 在中国历史上出现了三次民族大融合的高潮，第三次与前两次的融合有何不同？这种不同导致了什么后果？

第六章 中华民族传统文化融合与中外传统文化交流

第二节 中外传统文化交流

学习提示

　　文化交流是世界文化进步的一个重要条件，也是推动文化全球化和多样性的内在要求。文化交流包括人员的往来、物产的移植、衣食住行、婚丧嫁娶等风俗习惯的相互影响，哲学、宗教、文学、艺术等领域的交汇以及思想情感类型的传播。交流的途径亦是多种多样，如政府出使、异国留学、宗教传播、商业活动等，甚至战争，都曾为文化交流提供渠道。中国与各国之间文化交流的深度和广度各有不同，彼此所受对方影响深浅及产生的结果，也因国家与时代而异。但总的来看，中国与各国之间文化交流是历史发展的必然，且在与各国交光互影的漫长过程中，中外双方均从中受益。在本节课的学习过程中，请同学们以时间为线，厘清中外文化交流的各个阶段，同时思考根据当时中国的不同国情，不同时期的交流有哪些区别；另外，尝试以地域分布为线，明确中华传统文化在对外传播中给世界带来了哪些影响。希望同学们在学习中看到我们中华文化的灿烂与辉煌，树立文化自信，为进一步吸收消化外域文化精髓来充实中国文化，将中国优秀先进的文化推广至世界而贡献力量。

学习目标

1. 掌握中外传统文化交流的不同阶段及中华传统文化的传播情况；
2. 明确中外传统文化交流的方法与途径，树立文化自信。

　　中华传统文化不仅在内部各民族文化的融合中得到发展，而且在与外部世界的接触中相互渗透。一方面，中华文化善于学习外来文化的长处，并加以消化吸收，使自身保持旺盛的生命力；另一方面，中华传统文化也源源不断地向外辐射和传播，滋养外域文化，对人类文明的发展作出自己的贡献。

一、中外传统文化交流的重要通道

　　丝绸之路是一条富有浪漫气息和神秘色彩的中国古代商路，它使得中外交流得以实现并持续千年。广义的丝绸之路是包括欧亚大陆甚至北非和东非在内的长途商业贸易和文化交流线路的总称，分为陆上丝绸之路和海上丝绸之路。

(一) 陆上丝绸之路与张骞通西域

陆上丝绸之路是横贯亚洲、连接欧亚大陆的陆上商业贸易通道，它以西汉时期的长安（今西安）为起点，经河西走廊至敦煌，西达地中海东岸（今罗马），全长7000多千米。很多人认为，张骞两次出使西域，形成了这条"国道"的基本干道，打破了东西方之间最后的屏障，开辟了中外交流的新纪元。

西汉时，虽然国家强盛，但仍受到北方匈奴的侵袭。为彻底摆脱匈奴的威胁，汉武帝派出聪明又勇敢的使者张骞去联合大月氏等西域各国共同抵抗匈奴。公元前138年，张骞出使西域，途中两次被匈奴扣留。由于大月氏饱受匈奴的侵袭，当张骞最终到达西域后，却没能说服大月氏与汉朝一起抗击匈奴。这一次出使，一共花了13年。回到汉朝后，张骞为汉武帝提供了大量关于西域地理位置、人文物产等方面的军事信息。公元前116年，汉武帝再次派他出使西域，这一次，张骞率领300余人的使团，带着大量礼物和汉朝特产来到西域。他出使了乌孙、大宛、康居、大月氏、大夏等西域诸国，他的副使也先后访问了安息、条支、身毒等国家。这些西域国家看到了汉朝的实力，都同意与汉朝结盟，并交换礼物，甚至纷纷派使者跟随张骞来长安，答谢汉武帝的友谊，拉开了中国与中亚、西亚等国家官方往来的序幕。

张骞两次出使西域后，连通了西域诸国与中原，开辟了一条沟通中外文化的重要道路。在与各国使者相互走访的同时，中原商人接踵西行，西域的商人也纷纷东来，中外优秀的文化与优质的商品通过这条道路得以传播和交流。其中，丝绸作为中国特产成为经济文化交流的重要商品。养蚕缫丝是中国先民的生活日常，从西汉起，中国的丝织品大量出口，从长安通过河西走廊、今新疆地区，运往西亚，再转运到欧洲，这条路渐渐成了中外闻名的"丝绸之路"。一方面，蚕丝技术和冶铁术的西进，促进了人类文明的进步；另一方面，又把西域各国的奇珍异宝经"丝绸之路"，输入中国内地，中原逐渐栽培起来自西域的核桃、葡萄、石榴、蚕豆、苜蓿等十几种植物，汉族人民奏响了胡琴等西域的乐器，人们的物质生活和精神生活得到了极大的丰富。印度的佛教东进，也与这条道路有着密不可分的关系。

(二) 海上丝绸之路与郑和下西洋

汉武帝以后，西汉的商人还常出海贸易，开辟了中国与外国贸易和文化交往的海上交通要道。这条海上贸易通道形成于秦汉时期，发展于三国至隋朝时期，繁荣于唐宋时期，转变于明清时期，是已知的最为古老的海上航线。中国的丝织品除通过陆上交通线大量输往中亚、西亚和非洲、欧洲国家外，也通过海上交通线源源不断地销往世界各国。因此，人们在丝绸之路的名称上加以引申，称这条海上通道为海上丝绸之路。自 8 世纪末起，中国著名的瓷器也主要经由这条海上交通路线销往各国且持续千年，因而也有人称这条海上交通路线为"陶瓷之路"。

古代中国造船业和航海技术的不断发展，使得海上丝绸之路逐渐超越陆上丝绸之路，成为对外交往的主要通道，中国的航海和造船技术也随之突飞猛进。明朝郑和下西洋就是中国先进航海术的突出表现之一。

郑和下西洋是一场规模宏大、声势浩大的海上远航活动，首次航行始于永乐三年（1405 年），末次航行结束于宣德八年（1433 年），期间 28 年，由 200 多艘海船、2.7 万多人组成的船队在郑和的率领下共计航行 7 次，远航西太平洋和印度洋，拜访了 30 多个国家和地区，最远到达东非、红海，是 15 世纪上半叶世界航海文明的一次高水平的展示，直接体现了明朝的强盛。航路指南系统、天文导航等多种导航技术、测深辨位等船位测定方法，以及不少郑和船队所采用的航海技术都领先于世界，明代的造船技术也堪称世界一流。

郑和的船队虽浩荡庞大，但遵循"只顺天道、循理安分，勿得违越，不可欺寡，不可凌弱，共享太平之福"的准则，船队以平和的姿态收获了各国物品，也换来了与各国人民的深厚友谊。

郑和下西洋还给了我们一个重要的历史启示，那就是文明的建设需要海纳百川的胸怀。当前中国"一带一路"项目建设就是在开放包容的文化理念推动下，追求和平合作、互利共赢。

二、不同时期的中外传统文化交流

中国与外域的文化交流由来已久，随着时代的发展，这种交流日益加深。外域优秀文化不断融进磅礴的中华传统文化大河中，使中华传统文化愈益娇妍多姿、博大精深、源远流长。

（一）秦汉时期中外文化交流

秦汉时期是中国封建社会的上升时期，秦汉文化借助中央集权的统一局面，对周边邻国辐射传播，产生了巨大影响。同时，域外优秀文化也融入进来，丰富了中国人民的生活内容。

秦汉时期中国与朝鲜、日本、越南、印度、安息（波斯帝国）、大秦（罗马帝国）都有频繁的经济文化往来。中国大规模对外派遣政治使节是从汉代开始的，这期间中外文化交流最著名的例证莫过于张骞出使西域（公元前 138 年）。他前后两次出使西域，长达 17 年，促进了内地与新疆各民族的友好关系，不但达到了孤立匈奴的目的，而且进一步沟通了西北陆上丝绸之路，促进了东西方经济文化的交流。除张骞外，甘英和班超也为开通西北陆上丝绸之路作出了不少努力。可惜甘英西使半途折返，罗马东征安息屡屡失败，促使中国和罗马帝国不得不另辟蹊径，走海上丝绸之路。陆上丝绸古道和海上丝绸之路的开辟使得佛教东传，也促进了中外经济及文化艺术的发展与交流。

佛教和佛教所代表的印度文化是历史上中国人第一次大规模接触的外来文化。外来佛教文化融入中国后成为中华传统文化不可分割的一部分。伴随着佛教的东来和佛经的译出，印度文化中的文学、音韵、音乐、舞蹈、杂技、绘画、雕塑，以及医学、天文学等也同时注入中土，为汉文化的发展提供了丰沛的水源。中国的大乘佛教经陆路传到朝鲜、越南，经海路传到日本，对亚洲邻国的文化产生了重大影响。

秦汉时期，国家的统一、经济的繁荣、长期稳定的生活、贵族官吏的好尚，使乐舞艺术得到蓬勃发展。汉代乐舞经常与百戏中的其他节目掺杂或相间演出。域外乐舞杂技传入后，汉朝兼收并蓄，再融合进中国乐舞杂技艺人的智慧，促进了汉代乐舞百戏体系的形成。

秦汉时期中外文化交流虽面临重重困难，但仍然取得了令人瞩目的成绩，积极的心态和对外部世界的不懈探索是取得成绩的前提和基础。

（二）魏晋时期中外文化交流

魏晋南北朝是中国历史上政权更迭最为频繁的时期。较之秦汉时期，魏晋南北朝时期中外文化交流有更大程度的发展，交流的国家和地区进一步扩大。这一时期，建康（今南京）不仅有大批的罗马商人，拜占庭文化也进入中原地区，除与罗马的交流，与东南亚各国如林邑（今越南中南部）、顿逊（今泰国南部）和扶南（今柬埔寨）的交往也很频繁，其中著名例证是东晋穆帝与大秦（罗马帝国）的交往。交流的项目和内容更为丰富多彩。中外文化交流使得这一时期在宗教、艺术、雕塑、壁画及为佛教服务的乐舞艺术、文学艺术方面的表现都大放异彩。魏晋南北朝时期，传统的儒家文化主动汲取外来文化因素，道家文化主动汲取儒家传统，佛教在中国的传播使其与以儒道为代表的中国本土文化产生了碰撞与交流，最终融入中华文化。此后，中国的建筑、艺术及生活方式均受此影响，西方文化艺术开始"东渐"。魏晋南北朝时期虽然社会动荡，但是在文化大交流的背景下思想与文化的发展却突飞猛进。

（三）隋唐时期中外文化交流

隋唐时期的中国是一个先进的文明国家，中国的经济和文化处于世界领先地位。在此时的中外交流中，中国也处于优势地位，在国际舞台上拥有相当分量的话语权。

唐朝中外交通有了进一步的发展，形成了通往国外各地的海路交通网：陆路从长安出发，向东可以到达朝鲜、日本，向西经丝绸之路可以通往今天的阿富汗、印度、大食、东罗马帝国及非洲的许多国家；海路从登州、扬州或广州出发，可以到达今天的韩国、日本、东南亚国家、波斯湾。唐朝政府执行较为开放的对外政策（如鼓励外国人到中国经商、居住、做官等），而且这些政策以兼收并蓄、善交友邦而彪炳史册。这些都为该时期的中外文化交流及其繁荣提供了便利和条件。

隋唐时期境内不时出现来自不同国家、操着不同语言、身着不同服饰的外国人，这些外国人中，有为外交斡旋的使节，有为贸易奔忙的商贾，更有向往唐文化的外国留学生和学问僧。西北陆上丝绸之路在农产品、农业技术、工业品、工业技术等物质文化层面和宗教思想、乐舞艺术、天文历算等精神文化层面的交流非常丰富。

以佛教为纽带是隋唐时期文化交流的一个显著特色，比如，鉴真东渡与玄奘西游。特别值得一提的是高僧玄奘，他为求得对佛学的真解，赴印度各地，与众多学者论辩切磋，历17年方回长安，后译经、论75部，他还撰《大唐西域记》一书，把印度佛教、历史、地理、风俗人情等介绍到中国。随着印度佛教的传入，唐代采撷印度文化精华。在物质文化方面，贞观年间，印度熬糖法传入中国。在文学方面，由于佛教经典的译述，产生了与佛经有密切联系的变文。唐代传奇小说的不少情节都来源于印度的佛教故事。在艺术方面，中国敦煌、麦积山、云冈和龙门石窟是世界闻名的石窟艺术宝库，这里的雕刻、壁画和塑像都直接受到了印度艺术的影响；唐代名曲《霓裳羽衣曲》是唐代汉乐与胡乐融合发展的最高成就。在医学方面，大唐境内有印度医生行医，当时印度的外科手术、整骨术、眼科以及解剖学对中国医学影响很大，唐代名医孙思邈在其著述中曾引用印度按摩法。在天文历法方面，印度的《九执历》被译成汉文，成为《大衍历》的一个组成部分。

隋唐时期，作为"文化熔炉"的中华文化发展成了世界性文化，深为当时世界各国人民所向往。世界各国人民把域外文化带入中国，又把中华文化传播四方，促进了中外文化大交流，推动着世界历史演进。

（四）宋元时期中外文化交流

尽管五代宋元时期战乱频仍，但文化的交流未曾间断。而且，这一时期的对外文化交流较之唐代又向前发展了一大步。海运的发展为宋代开辟了中外文化交流的广阔通道。宋朝积极开辟国际通道，勇于开展中外文化交流的进取精神是值得称道的。宋代经济重心南移，丝绸之路由陆路移至水路，沿海地区出现了多个港口城市，海上贸易发达，瓷器超越丝绸制品在出口商品中占有突出的地位，其他日常生活、生产用品的出口也增加了。

元代交流的范围比宋代更广。发达的远洋航海事业为明代郑和下西洋创造了条件，海路通日本、朝鲜、东南亚、印度、波斯湾以至非洲各地；元朝在中国历史上建立了地跨亚欧的空前规模的大帝国，原来的中国西部边界完全处于开放状态，中原地区同中亚的阿拉伯、波斯、伊斯兰世界连成一片。

这一时期，大量波斯、阿拉伯文化传入中国，如阿拉伯的天文历法、医药、数学、建筑都很受重视。元朝设立专门的天文、医药机构，让阿拉伯人来参与管理，各地的清真寺都体现出一种阿拉伯式的建筑风格。

(五)明清时期中外文化交流

郑和下西洋扩大了中国同亚非许多国家的交流,促进了中国与亚非的物质文化、制度文化和精神文化的交流,推动了华侨移民与商业、宗教的发展,而三者相辅相成的作用,又反过来推动了明代中国经济、贸易、文化的进步。明万历时,西方天主教的传教士随西方商船来到中国,他们以学术作为传教的先导,带来了许多迥异于中华传统文化与知识体系的西方学术成果。在天文学方面,利玛窦等著《乾坤体义》《历法西传》《坤舆图说》等,介绍了亚里士多德、第谷、哥白尼和伽利略等人的学说。利玛窦、汤若望等人协助徐光启等修改历法,完成《崇祯历书》,至今沿用的阴历就是这个历法。在地理学方面,利玛窦绘制《坤舆万国全图》,引进明确的地图概念,并以经纬度划分球面,有助于中国人形成比较开阔的世界观念。在数学方面,利玛窦与徐光启合作翻译了古希腊数学家欧几里得的著作《几何原本》(前6卷),还与李之藻一起翻译了《同文算指》,传入了整数与分数的四则运算。然而,西方传教士的目的并不单纯,这种情况渐为明清政府所察觉,中国开始进入闭关自守的状态。16世纪开始,殖民者相继来到东方,西方资本主义列强的侵略使中国一步步地陷入了半殖民地半封建社会的深渊中。

步入近代,林则徐是中国"开眼看世界第一人",他主持编译了《四洲志》,向国人系统地介绍世界地理,打开了中国人的眼界。

如今,在这个经济全球化和区域集团化日益加深的时代,文化的软实力作用越加突出,所以加强中外文化交流也就成为国家发展一个不可或缺的环节。一方面,我们应该加强中外文化的交流、借鉴与融合,以世界优秀文化为营养,充分吸收外国文化的有益成果;另一方面,我们要在加强中外文化交流的基础上善于超越和创新,用中国话语讲好中国故事,为人类命运共同体建设和世界各国的文化发展提供中国智慧。

三、不同地域的中华文化传播

丰富而厚重的中国传统在对外交流的历史进程中散发出其独有的魅力,深刻影响着周边国家和地区,形成了世界公认的以中华文化为核心的东亚文化圈。而且,中华文化也以其强大的辐射力影响着世界文明的进程,对人类文明的发展作出重要的贡献。

(一)中华文化在亚洲的传播

1. 中华文化在东亚的传播

中华文化与域外文化的交流,若论历史之久、关系之密切,在国际上首推朝鲜。

远自商周时代，中国与朝鲜便开始了密切地交往，箕子建立"箕氏朝鲜"，中华文化便开始传播于朝鲜半岛。战国时，汉字、儒学输入朝鲜。汉代以后，朝鲜半岛分裂出高句丽、百济和新罗三个国家，他们从不同渠道竞相吸收中国文化。中华文化对朝鲜的影响主要体现在四个方面：一是采用汉姓；二是长期借用汉字并学习汉字书法，新罗文字"吏读"就是新罗学者利用汉字进行的创新；三是仿效中国的教育，7世纪便在庆州设立国学，讲授《左传》《礼记》《孝经》等中国儒家经典；四是崇尚佛教，唐初，高祖曾遣使并携道士和天尊像同行前往传播道教。在韩国，中华文化中儒家思想和明清以后的实学思想影响最大，韩国相当完整地保留了中华文化中的礼教内容。

中国与日本是一衣带水的邻邦，中日文化交流源远流长。徐福东渡日本的传说正反映了公元前2、3世纪中国移民促进古代日本文化飞跃发展的历史事实，日本出土的汉代铜镜等物品表明中日文化交流在秦汉之时也在进行。4世纪中叶，大和政权统一日本。隋唐之后，日本直接派遣使节、留学生主动学习中华文化。中华文化对日本的物质文明和意识形态诸多方面产生了全面而深刻的影响。政治方面，日本派遣来的留学生回国后，认真研究带回的唐朝典章制度，考察唐朝的律令制度，在日本"大化改新"中，改革官制，模仿均田制等隋唐制度；佛教方面，唐朝鉴真和尚东渡，将中国兼容儒家忠孝思想的佛教文化以及雕塑、文学等传到日本；语言文字方面，留学生吉备真备利用汉字的偏旁创造了片假名，学问僧空海又模仿汉字草体创造了平假名，在汉字的基础上，日本才形成了自己的文字，词汇语法方面也深受汉语的影响；文学艺术方面，唐代诗人的文集相继传入日本，白居易和他的作品就很受日本人的喜爱，日本人喜爱唐朝的绘画，经常仿效摹绘，宋元时期的山水画就影响了日本"云谷画派"和"狩野画派"的形成；科学技术方面，中国先进的生产技术、天文历法、建筑、印刷术等相继传入日本，日本人结合中国著名的医学著作与自身医疗实践经验，创建了"汉方医学"等。

2. 中华文化在东南亚的传播

越南出土的秦汉风格的青铜器物表明中华文化在古代越南文化中烙下了深深的印记。汉代，在汉武帝灭南越进行统治后，中华文化更加广泛而深入地传入越南。越南的出行仪式、婚娶礼法几乎是中原模式；越南曾长期使用汉字，中国著名古典小说在越南民间家喻户晓；中国的传统医术为越南人民的健康提供有力保障，越南人民对中国古代的医药学家如扁鹊、孙思邈等十分敬重。

中华文化在柬埔寨、泰国和缅甸、印度的传播也有迹可循。元朝初期，游历家周达曾在《真腊风土记》（真腊即当时的越南）中具体写到了中国侨民对柬埔寨开发建设的贡献，记载了将瓷器、丝绸、生活用具甚至荔枝带到柬埔寨的事件。泰国王宫的建筑样式、建筑材料和瓷器楹联装饰等都来自中国。缅甸人们感恩于中国在

诸葛亮时期传入本国先进的农业技术，为诸葛亮建诸葛武侯庙。音乐《秦王破阵乐》及梵文版的《道德经》都流传于天竺（今印度），深受大家喜爱。

3. 中华文化在中亚和西亚的传播

汉代海陆两条丝绸之路的开辟，对中华文化源源不断地输入中亚、西亚十分有利。中国的丝织品被当时的中亚各国视为珍品，中国的四大发明、冶铁技术、铁器、井渠法、医学著作等也沿丝绸之路传往中亚、西亚各地，中国画的题材也成为西亚画家常用的题材。

（二）中华文化在非洲的传播

虽然中国和非洲远隔千山万水，但双方的文化交流史却源远流长。西汉张骞出使西域后，中国的丝织品、生丝原材料以及提花机通过丝绸之路逐步输往埃及。在中国原料、技术的推动下，非洲的丝织业取得飞速进步，亚历山大里亚城成为当时非洲丝织业的中心，就连埃及女王都钟爱穿中国丝袍。唐宋时期，中非交往的频率和广度都有所提高，北非和东非的许多地方都挖掘出了唐宋的瓷器和钱币，如埃及的富斯塔特遗址曾发掘出数以万计的唐、宋瓷片，在桑给巴尔等地区发现了大量宋代的钱币。此时，中国先进的科学技术如造纸术、印刷术也随着阿拉伯帝国掠走的中国匠人传入非洲。元朝形成的中国大一统局面，使中国和非洲的文化交流更加密切。明代，郑和七次率大型船队下西洋，到达东非海岸，把中华文化直接传播到非洲的土地上。中国的纸币、火药传入非洲，中国的瓷质餐具备受非洲人民喜爱，瓷器还被作为房屋和坟墓的装饰品。然而，由于西方殖民主义者的入侵，明代以后，中非文化交流基本中断。

（三）中华文化在欧洲的传播

中国与欧洲很早就有接触，然而双方的频繁交往则在十二三世纪以后。元朝是一个版图空前广大的帝国，在广袤的连为一体的欧亚大陆上，中国与欧洲的文化交流气势宏大。亚欧大陆的沟通，为旅行家的远游提供了极大的便利。在众多来华的冒险者和旅行家当中，意大利人马可·波罗是大家最熟悉的一个，他将在中国的见闻，付诸笔端，用生动传奇的语调在《马可·波罗游记》中向西方讲述了中华帝国的美丽、富饶，引起了更多的欧洲人对中国古老文明的无限向往。

1. 精美高雅的陶瓷工艺

中国的瓷器精美高雅，在世界上拥有极高声誉，西方人甚至直接用"China"（瓷器）来称呼中国。中国瓷器成为欧洲风靡一时的商品，得益于马可·波罗的介绍。15世纪后半期，精美的瓷器被介绍到意大利威尼斯之后不久，便在欧洲风行起来，中国的制瓷技术也传到了欧洲。美国学者德克·海德在《中国物品西传考》中，高度认可了中国的陶瓷工艺，他说："虽然从此以后在欧洲和其他地方生产了大量的瓷器，但是，在瓷器之乡以外的地方，还从来没有过什么工艺品可以跟中国陶瓷工最出色的制品相媲美。"

2. 精致幽雅的艺术情调

中国神秘又多彩的艺术，曾使一些西方哲人和艺术家为之倾倒。17—18世纪欧洲洛可可艺术风格风靡，它以生动、优美、轻俏、自然为特色，其核心就是崇尚包括丝绸、瓷器、漆器、园艺建筑在内的精致、柔和、纤巧、幽雅的中式艺术情调。法国凡尔赛宫中陈设着整套中国漆制家具，英国上层妇女以绘漆为时尚；中国风格的壁纸成为欧洲豪华家庭必备装饰品；欧洲画家在画作中融入山水画背景的中国风韵；欧洲园林艺术以中国园林的布局为"一切园林艺术的典范"，想要营造像中国园林一样立体风景画般优美、高雅的布局。法国作家巴尔扎克认为："中国艺术有一种无边无涯的富饶性。"中华文化对欧洲人的艺术水平和生活情调产生了重大影响。

3. 丰富多样的文学作品

在中华文化走向世界的过程中，独具东方魅力的中国文学对欧洲文学界也产生了一定的影响。以德国大诗人歌德为例，他在求学时代就十分偏爱中国哲学和文学，还研读过儒家经典"四书"，他还阅读了大量中国文学作品，曾试图把中国元代杂剧《赵氏孤儿》改编成德国式悲剧。他曾经在谈到中国文学时说："当中国人已拥有小说的时候，我们的祖先还正在树林里生活呢！"像歌德这样从中华文化中汲取营养的作家不在少数，大家熟悉的法国作家雨果也在读了"四大名著"译注后对中国古代文化产生了浓厚的兴趣。

4. 理性智慧的哲理伦理

17—18世纪，欧洲思想文化界将传教士带回的中国哲学加以吸收利用。中国孔子和儒家思想受到当时不少重要思想家的崇拜，莱布尼茨、伏尔泰、歌德、卢梭、孟德斯鸠、狄德罗等，都将儒家思想作为他们"自由、平等、博爱"等民主思想的一个重要根据和来源。

"我们从前谁也不信世界上还有比我们的伦理更美满，立身处世之道更进步的民族存在，现在从东方的中国，给我们以一大觉醒！"德国古典哲学的先驱莱布尼茨对中华文化表现出了极大的热情。他在《中国新论》等著作中，认为中国儒家的理论同基督教的教义有许多共同之处。他借用儒家"秩序""道德"表达对德国旧传统的不满，借用中国"大同""大一统"的思想追求来表达对欧洲和平的向往。康德的道德哲学吸收了中国儒家道德的理论，费尔巴哈"爱"的宗教以人本主义为依托，

德国的哲学领域，总能找到中华文化的痕迹。

法国启蒙运动的核心人物伏尔泰选择从中国古代文明中汲取精神力量。伏尔泰对孔子推崇备至，他认为孔子"重人道、轻天道"的思想和以"仁"为本的哲学理念，充满着人道主义精神，他所提倡的人的权力与尊严，与孔子"爱人"学说完全吻合。法国著名哲学家孟德斯鸠援用中国伦理道德规范论述自己关于国家和法的观点，批判法国的封建专制制度。法国著名经济学家、重农学派的创始人魁奈，一生热爱中华文化，对儒家思想颇为推崇，被称为"欧洲的孔子"。他将中国社会的自然秩序、开明的君主政治、儒家的道德理想作为欧洲社会的理想目标，并在《中国专制制度》中宣称："中国的学说值得所有国家采用为楷模。"

欧洲思想家所表示的中华文化、中国哲学思想，是经过他们自己的理解和吸收才生发出来的，都带有明显的理想化色彩。但不可否认，在18世纪的欧洲启蒙运动思想体系的完善中，中国哲学确实起到了不可忽视的促进作用。

 思考与练习

1. 简要概述中华传统文化在全球范围的传播和影响。
2. 结合中外文化交流的历史，分析"一带一路"的意义、机遇与挑战有哪些。

 文化践行活动

1. 我们生活中的衣食住行，都是民族融合的结果，请分成小组讨论，列举出这样的例子，并记录下来。
2. 开展寻找"一带一路"里的中国元素主题活动，制作多媒体课件进行展示。

 **知识链接**

1. 客家文化

客家人是汉族大家族的一个特殊分支，是中原地区的汉族人为了躲避战乱和天灾，多次向南方大规模迁徙后形成的一个地缘性群体。南迁的汉族在与当地少数民族相互融合的过程中，形成了独特的客家文化，被誉为中原古文化的活化石。

首先，客家人拥有独特的语言——客家话。客家人非常重视客家话，认为"宁卖祖宗田，不卖祖宗言"。客家话是古汉语的活化石，能与古代韵书记载的发音对应，客家话至今仍是现代汉语的七大方言之一。其次，客家人有独特的民俗风情。客家人世代在土楼居住，女性不缠足，饮食有素、野、粗、杂的特点。最后，客家人有特殊的文化意识和独特的客家精神。客家文化中"万般皆下品，只有读书高"的传统观念很强。在辗转迁徙定居建设的过程中，客家人还形成了代代相传的勇于开拓、积极进取的精神。

2. 茶马古道

茶马古道，是中国西南地区的民间国际商贸通道，以马帮为主要交通工具，被称为中国西南民族经济文化交流的走廊，与"丝绸之路"相媲美。唐代以来，汉藏民族间主要以茶易马或以马换茶为内容进行贸易往来，故历史上称之为"茶马互市"，或"茶马贸易"。随着这一贸易开通的商道，被称为"茶马古道"。

茶马古道以川藏道、滇藏道与青藏道三条大道为主，位于中国西南部的横断山区与西藏高原之间，地跨川、滇、青、藏，延伸入不丹、锡金、尼泊尔、印度境内，直到抵达西亚、西非红海海岸，是世界上地势最高、山路最险、距离最遥远的文化传播古道。

从有关史籍记载看，茶马古道的历史可追溯到唐朝与吐蕃交往时期，茶叶也正是在这一时期由内地传入吐蕃。在康藏，茶叶因解脂肪、防燥热，成了藏民"一日不可或缺"的生存必需品，但藏区不产茶。在内地，大量的骡马用于民间役使和军队征战，供不应求，而藏区产良马。于是，具有互补性的茶马交易——"茶马互市"便应运而生。茶马古道大规模开通与兴起在宋代，盛于明清。

"茶马古道"在贸易往来、文化交流、治藏安康等方面产生过不可替代的历史作用。它是中国西南各民族交往、融合的走廊，也见证了藏汉民族不断交融和西藏自古以来是中国的一部分。随着现代交通的发展，茶马古道渐渐失去了昔日的地位与功能，但其丰厚的历史积淀和文化底蕴永不褪色。千年茶马古道承载着中国人自强不息、奋发有为、开拓进取的豪迈情怀，也成为中华民族精神的重要组成部分。

附 录

一、中国历史年表

社会	朝代	起止年代/年	重要事件	创建人	都城
原始社会	五帝	约前30世纪初—约前21世纪初	史前	黄帝、尧、舜	—
奴隶社会	夏朝	约前2070—前1600	第一个国家 第一个奴隶制王朝	启	阳城
奴隶社会	商朝	前1600—前1046	文字接近成熟	汤	亳→殷
奴隶社会	西周	前1046—前771	国人暴动	武王	镐
奴隶社会	东周	前770—前256	《易》	周平王	洛邑
奴隶社会	春秋	前770—前476	春秋五霸、新兴地主阶级、老子、孔子	—	洛邑
奴隶社会	战国	前475—前221	战国"七雄"、"百家争鸣"	—	—
封建社会	秦朝	前221—前206	大一统的封建集权王朝、焚书坑儒、商鞅变法	秦始皇	咸阳
封建社会	西汉	前202—8	推恩令、张骞出使西域、独尊儒术	汉高祖	长安
封建社会	新朝	9—23	—	王莽	长安
封建社会	东汉	25—220	黄巾起义、佛教	光武帝	洛阳
封建社会	三国 魏	220—265	九品中正制、屯田制	曹操	洛阳
封建社会	三国 蜀	221—263	平定南中、五次北伐	刘备	成都
封建社会	三国 吴	222—280	卫温首次出使台湾	孙权	建业
封建社会	西晋	265—317	八王之乱、九品中正	司马炎	洛阳
封建社会	东晋	317—420	—	司马睿	建康

续表

社会	朝代	起止年代/年	重要事件	创建人	都城
封建社会	十六国	304—439	—	—	—
	南北朝	420—589	孝文帝改革、玄学盛极	—	—
	隋朝	581—618	三省六部制、瓦岗军农民大起义	杨坚	大兴
	唐朝	618—907	均田制、租庸调、"贞观之治"、武则天建周、"开元盛世"、安史之乱、黄巢起义、唐诗	唐高祖	长安
	五代十国	907—960		—	—
	宋朝 北宋	960—1127	科举制度、租佃制、活字印刷、指南针及火药、庆历新政、王安石变法、宋词、四书五经	赵匡胤	开封
	宋朝 南宋	1127—1279	—	高宗	临安
	辽朝	916—1125	"檀渊之盟"	耶律阿保机	上京
	西夏	1038—1127	"庆历和议"	李元昊	兴庆
	金朝	1115—1234	—	完颜阿骨打	中都
	元朝	1271—1368	领户分封制、四等民族划分、元曲	忽必烈	大都
	明朝	1368—1644	内阁大学士、郑和下西洋、土木之变、《永乐大典》	朱元璋	南京→北京
	清朝	1616—1911	康乾盛世、更名田、摊丁入亩、《四库全书》、明清小说	努尔哈赤	北京

二、中国的世界遗产名录（截至 2019 年）

世界文化遗产			
序号	名称	入选时间/年	地址
1	长城	1987	东起山海关，西至嘉峪关
2	明清皇宫	1987/2004	北京、沈阳
3	秦始皇陵及兵马俑坑	1987	陕西临潼
4	莫高窟	1987	甘肃敦煌
5	周口店北京人遗址	1987	北京房山
6	布达拉宫历史建筑群	1994/2000/2001	西藏拉萨

续表

	世界文化遗产		
序号	名称	入选时间/年	地址
7	曲阜孔府、孔庙、孔林	1994	山东曲阜
8	承德避暑山庄及周围寺庙	1994	河北承德
9	武当山古建筑群	1994	湖北丹江口
10	平遥古城	1997	山西平遥
11	丽江古城	1997	云南丽江
12	苏州古典园林	1997	江苏苏州
13	颐和园	1998	北京海淀
14	天坛	1998	北京东城
15	大足石刻	1999	重庆大足
16	龙门石窟	2000	河南洛阳
17	青城山与都江堰	2000	四川都江堰市
18	皖南古村落：西递、宏村	2000	安徽黟县
19	明清皇家陵寝	2000/2003/2004	河北、湖北、北京、江苏、辽宁
20	云冈石窟	2001	山西大同
21	高句丽王城、王陵及贵族墓葬	2004	吉林、辽宁
22	澳门历史城区	2005	澳门
23	安阳殷墟	2006	河南安阳
24	开平碉楼与村落	2007	广东江门
25	福建土楼	2008	福建
26	天地之中历史建筑群	2010	河南登封
27	元上都遗址	2012	内蒙古锡林郭勒
28	大运河	2014	北京、天津、河北、山东、河南、安徽、江苏、浙江
29	丝绸之路	2014	河南、陕西、甘肃、新疆
30	土司遗址	2015	湖南、湖北、贵州
31	鼓浪屿：历史国际社区	2017	福建厦门
32	良渚古城遗址	2019	浙江杭州
	世界文化景观遗产		
1	庐山国家公园	1996	江西九江
2	五台山	2009	山西忻州

续表

世界文化景观遗产			
序号	名称	入选时间/年	地址
3	西湖	2011	浙江杭州
4	红河哈尼梯田	2013	云南红河州
5	江花山岩画	2016	广西崇左市
世界文化与自然遗产			
1	泰山	1987	山东泰安
2	黄山	1990	安徽
3	峨眉山—乐山大佛	1996	四川乐山
4	武夷山	1999	福建
世界自然遗产			
1	黄龙风景名胜区	1992	四川阿坝
2	九寨沟风景名胜区	1992	四川阿坝
3	武陵源风景名胜区	1992	湖南张家界
4	云南三江并流保护区	2003	云南
5	四川大熊猫栖息地	2006	四川
6	中国南方喀斯特	2007/2014	云南、贵州、重庆、广西
7	三清山国家公园	2008	江西
8	中国丹霞	2010	贵州、福建、湖南、广东、江西、浙江
9	澄江化石遗址	2012	云南
10	新疆天山	2013	新疆
11	湖北神农架	2016	湖北
12	可可西里	2017	青海
13	梵净山	2018	贵族铜仁
14	中国黄（渤）海候鸟栖息地（第一期）	2019	江苏盐城

三、中国入选联合国教科文组织非物质文化遗产名录（截至 2019 年）

人类非物质文化遗产代表作名录			
序号	项目名称	入选时间/年	所属类别
1	昆曲	2008	表演艺术
2	古琴艺术	2008	表演艺术；传统手工艺
3	新疆维吾尔木卡姆艺术	2008	表演艺术；口头传统和表现形式，包括作为非物质文化遗产媒介的语言
4	蒙古族长调民歌	2008	表演艺术；口头传统和表现形式，包括作为非物质文化遗产媒介的语言；社会实践、仪式、节庆活动
5	中国篆刻	2009	传统手工艺
6	中国雕版印刷技艺	2009	传统手工艺
7	中国书法	2009	传统手工艺；社会实践、仪式、节庆活动
8	中国剪纸	2009	传统手工艺；社会实践、仪式、节庆活动
9	中国传统木结构建筑营造技艺	2009	传统手工艺
10	南京云锦织造技艺	2009	传统手工艺；社会实践、仪式、节庆活动
11	端午节	2009	社会实践、仪式、节庆活动
12	中国朝鲜族农乐舞	2009	表演艺术；社会实践、仪式、节庆活动
13	妈祖信俗	2009	社会实践、仪式、节庆活动
14	蒙古族呼麦歌唱艺术	2009	表演艺术；社会实践、仪式、节庆活动
15	南音	2009	表演艺术
16	热贡艺术	2009	传统手工艺
17	中国传统蚕桑丝织技艺	2009	传统手工艺；社会实践、仪式、节庆活动
18	龙泉青瓷传统烧制技艺	2009	传统手工艺
19	宣纸传统制作技艺	2009	传统手工艺；社会实践、仪式、节庆活动
20	西安鼓乐	2009	表演艺术；社会实践、仪式、节庆活动
21	粤剧	2009	表演艺术
22	花儿	2009	表演艺术；口头传统和表现形式，包括作为非物质文化遗产媒介的语言
23	玛纳斯	2009	口头传统和表现形式，包括作为非物质文化遗产媒介的语言

续表

人类非物质文化遗产代表作名录			
序号	项目名称	入选时间/年	所属类别
24	格萨（斯）尔	2009	口头传统和表现形式，包括作为非物质文化遗产媒介的语言；社会实践、仪式、节庆活动
25	侗族大歌	2009	表演艺术；口头传统和表现形式，包括作为非物质文化遗产媒介的语言
26	藏戏	2009	表演艺术；口头传统和表现形式，包括作为非物质文化遗产媒介的语言；社会实践、仪式、节庆活动
27	中医针灸	2010	有关自然界和宇宙的知识和实践
28	京剧	2010	表演艺术
29	中国皮影戏	2011	表演艺术；口头传统和表现形式，包括作为非物质文化遗产媒介的语言；传统手工艺
30	中国珠算	2013	有关自然界和宇宙的知识和实践
31	二十四节气	2016	有关自然界和宇宙的知识和实践
32	藏医药浴法	2018	有关自然界和宇宙的知识和实践
急需保护的非物质文化遗产名录			
1	羌年	2009	社会实践、仪式、节庆活动
2	黎族传统纺染织绣技艺	2009	传统手工艺
3	中国木拱桥传统营造技艺	2009	传统手工艺
4	麦西热甫	2010	社会实践、仪式、节庆活动；口头传统和表现形式，包括作为非物质文化遗产媒介的语言；表演艺术
5	中国水密隔舱福船制造技艺	2010	传统手工艺
6	中国活字印刷术	2010	传统手工艺
7	赫哲族伊玛堪	2011	口头传统和表现形式，包括作为非物质文化遗产媒介的语言
优秀实践名册			
1	福建木偶戏后继人才培养计划	2012	—

四、古都及历史文化名城名录

中国八大古都

这是指由中国古都学会通过并经国内史学家承认的古代都城。按定都时间先后，包括洛阳（从夏朝始）、郑州、安阳、西安、开封、南京、杭州和北京。

由于中原地区不仅是中华文明和中华民族的主要发源地，而且长期是中国古代的政治、经济和文化中心，所以八大古都中，有四个位于今河南。

中国历史文化名城

中华人民共和国国务院已将113座城市列为中国历史文化名城，并对它们进行了重点保护。这些城市，有的曾被各朝帝王选作都城；有的曾是当时的政治、经济重镇；有的曾是重大历史事件的发生地；有的因拥有珍贵的文物遗迹而享有盛名；有的则因出产精美的工艺品而著称于世。它们的留存，为今天的人们回顾中国历史打开了一个窗口。

历史文化名城的分类如下：

古都型：洛阳、西安、北京、南京、苏州、杭州、开封、大同、安阳、荆州、成阳、邯郸、临淄、广州、福州、曲阜、沈阳、大理、拉萨、绍兴。

传统风貌型：苏州、扬州、潮州、平遥、韩城、榆林、镇远、阆中、临海、祁县、歙县、赣州、大理、丽江、聊城、凤凰、巍山、同仁、特克斯。

风景名胜型：承德、桂林、扬州、苏州、杭州、绍兴、福州、镇江、常熟、都江、乐山、天水、昆明、肇庆、吉林、青岛、岳阳、蓬莱、泰安、吐鲁番、宜兴、嘉兴、无锡。

地方及民族特色型：拉萨、日喀则、大理、丽江、喀什、江孜、银川、呼和浩特、建水、梅州、巍山、同仁、泉州、长汀、集安、凤凰、吐鲁番、绩溪。

特殊职能型：泉州、宁波、扬州、景德镇、曲阜、淮安、自贡、寿县、大同、亳州、榆林、武威、张掖、敦煌、代县、佛山、广州、邹城、泸州、山海关、蓬莱。

近现代史迹型：上海、天津、武汉、广州、重庆、哈尔滨、青岛、长汀、南昌、延安、遵义、沈阳、南京、无锡、南通、北海、中山、海口。

一般古迹型：济南、长沙、成都、郑州、保定、太原、襄樊、宜宾、正定、漳州、衢州、南阳、钟祥、雷州、新绛、汉中、浚县、随州、柳州、安庆、颍州、濮阳、金华。

五、中国文化经典选目

【哲学与宗教】

［周—春秋］《易经》。

［春秋战国］《老子》《论语》《孟子》《庄子》《墨子》《韩非子》《荀子》。

〔汉〕《礼记》《孝经》《论衡》。

〔隋唐〕《百喻经》《坛经》。

〔宋〕《正蒙》《朱子语类》《近思录》。

〔明〕《焚书》《传习录》。

【史学与政治】

〔春秋—西汉〕《尚书》《春秋》《左传》《战国策》《国语》。

〔唐〕《史通》《通典》《贞观政要》。

〔宋〕《资治通鉴》《通志》《文献通考》。

〔明清之际〕《明夷待访录》。

〔清〕《文史通义》。

【科技】

〔春秋战国〕《黄帝内经》《甘石星经》《九章算术》。

〔秦〕《水经注》。

〔北魏〕《齐民要术》。

〔汉〕《伤寒论》《金匮要略》《神农百草经》。

〔唐〕《茶经》。

〔宋〕《本草纲目》《河防一览》《农政全书》《营造法式》《天工开物》《徐霞客游记》。

〔清〕《物理小识》。

【语言文学】

〔春秋战国〕《诗》《山海经》。

〔汉〕《淮南子》《说文解字》《楚辞》、汉赋。

〔唐〕〔宋〕〔元〕〔明〕唐诗、宋词、元曲（元杂剧）、《三国演义》《水浒传》《西游记》《金瓶梅》。

〔清〕《儒林外史》《红楼梦》《三言》《二拍》《聊斋志异》。

【军事】

〔春秋〕《孙子兵法》。

〔东汉〕《三略》。

【教育】

〔春秋战国〕《论语》《学记》《荀子》。

〔南朝〕《千字文》。

〔宋〕《大学》《百家姓》《三字经》。

〔明〕《幼学琼林》《增广贤文》《菜根谭》《笠翁对韵》。

〔清〕《弟子规》《声律启蒙》。

参 考 文 献

[1] 张岱年，方克立．中国文化概论［M］．北京：北京师范大学出版社，2019．

[2] 张建，刘荣．中国传统文化［M］．北京：高等教育出版社，2018．

[3] 程裕祯．中国文化要略［M］．北京：外语教学与研究出版社，2011．

[4] 李泽厚．美的历程［M］．天津：天津社会科学院出版社，2001．

[5] 郭齐勇．传统道德与当代人生［M］．武汉：武汉大学出版社，1998．

[6] 叶朗，朱良志．中国文化读本［M］．北京：外语教学与研究出版社，2016．

[7] 王振复．中国建筑的文化历程［M］．上海：上海人民出版社，2000．

[8] 潘谷西．中国建筑史［M］．北京：中国建筑工业出版社，2004．

[9] 罗来恒．从中国传统文化观看中国园林［J］．门窗，2013（3）．

[10] 萧默．中国建筑艺术史［M］．北京：文物出版社，1999．

[11] 张培瑜．中国天文学史大系——中国古代历法［M］．北京：中国科学技术出版社，2013．

[12] 张庶平．天文历法探秘［M］．北京：知识产权出版社，2020．

[13] 张岂之．中国传统文化［M］．北京：高等教育出版社，2010．

[14] 张建．中国传统文化［M］．北京：高等教育出版社，2007．

[15] 朱忠敏．浅析宗法制度对中国传统文化的影响［J］．重庆科技学院学报，2010．

[16] 陈森．论宗法制度的演变及其影响［J］．宁夏大学学报，1989（4）．

[17] 彭林．中国古代礼仪文明［M］．北京：中华书局出版社，2004．

[18] 顾希佳．礼仪与文化［M］．北京：人民出版社，2001．

[19] 彭云枫．礼仪之邦话文明［M］．郑州：河南人民出版社，2005．

[20] 石兵．民族节日俱欢颜［M］．郑州：河南人民出版社，2005．

[21] 左岸．传统节日天下庆［M］．郑州：河南人民出版社，2005．

[22] 余世存．节日之书：余世存说中国传统节日［M］．北京：北京时代华文书局出版社，2019．

[23] 杨景震．中国传统节日风俗的形成及其特征［J］．中华文化论坛，1998（3）．

[24] 王文章，李容启．中国传统节日的文化内涵［J］．艺术百家，2012（3）．

［25］王介南．中外文化交流史［M］．太原：山西人民出版社，2011．

［26］王小甫，范恩实，宁永娟．古代中外文化交流史［M］．北京：高等教育出版社，2006．

［27］费孝通．中华民族多元一体格局［M］．北京：中央民族学院出版社，1989．

［28］张岱年．中国文史百科［M］．浙江：浙江人民出版社，1998．

［29］叶茜．中华民族的文化与性格［M］．北京：民族出版社，2006．

后　记

　　为高职学生和热爱中华优秀传统文化的朋友编写一本深入浅出的读本，是我们的愿望和目标。疫情酷暑，我们启动了这项工作，线上研讨沟通，线下精心编写，力求编一本能科学展现中华传统文化整体面貌的，而不是碎片化的读本，编一本结构新颖，适合学习者学习和进一步提升的读本，编一本有吸引力，能引发学习者思索的读本。

　　我们努力了，也许并不如所愿。但我们会总结得失，继续努力。

　　我们的编写团队中有一线教师、资深教授、文化学者，特别是年轻的研究生参与，使本书更具时代气息。它适合高职高专院校、技师学院的学生学习，也适合热爱中华优秀传统文化的朋友们使用。

　　参与编写的人员有：

　　吴向东（唐山工业职业技术学院）　　王映霞（唐山职业技术学院）

　　张　静（唐山工业职业技术学院）　　郭　婧（唐山工业职业技术学院）

　　张志莹（嵩山少林武术职业学院）　　吴　菡（唐山职业技术学院）

　　朱　宝（唐山工业职业技术学院）　　王丽萍（河南职业技术学院）

　　李　光（开封大学）

　　吴向东、王映霞、张静、郭婧、张志莹、吴菡等负责章节统筹工作。王丽萍、张志莹参与了大纲的拟定、后期的统稿及图片设计工作。

　　本书在编写过程中，得到许多专家、学者的指导支持，特一并表示感谢。

　　由于水平所限，本书如有不足之处，敬请使用本书的师生与朋友批评指正，以便修订时改进。

编　者

2020 年 8 月